耶穌基督復臨

何漢從◎著

目錄

第三段　為耶穌回來作準備

第四段　復臨信徒的信心

呈獻

欣逢本會在華設立三育系統一百周年榮慶；
謹將此書呈獻百年（一九〇三——二〇〇三年）之間，
中華三育系列機構全體

師長　同工　同學

以為紀念

一九三三至四八年
沐春風承恩澤受業
何漢從　**敬誌**

再版序

不久前時兆出版社主筆卓甫鄉牧師傳真帶來大好佳音，說「耶穌基督復臨」一書已經售完。感謝卓牧師和出版社並發行部主內同工的幫助，可以把此書再版，以供愛慕耶穌顯現的信徒閱覽，為祂的復臨作妥善的準備，是祝是禱。

這本書的初版，現在的再版，得何伍毓蓮博士慷慨資助全部印刷費用，謹此致衷心的感謝。

更請讀者每次開卷的時候，先求聖靈的光照，是所祝禱。

引言

兩年前，「耶穌基督自己」一書出版，描述耶穌的完全和善美，是獨一無二，獨一無比，無雙，無匹，祂的完全，是天國那樣的完全。所羅門王在雅歌書五章十六節說耶穌是「全然可愛」，當代聖經譯本譯作「祂整個人都是那麼可愛」，現代中文譯本修訂版譯作「祂多麼使人迷醉」。十七世紀宗教作家費拉賀約翰用一本書的篇幅發揮這節聖經的含意，分為八項：

❶ 耶穌絕對沒有不可愛之處。

❷ 祂是完完全全的可愛。

❸ 我們一切所想所求的，都在祂裏面。

❹ 失去了耶穌，人便失去了一切。

❺ 世界上有可愛的人，也有可愛的物品；耶穌的可愛，遠遠勝過這些人和物品。

❻ 耶穌的可愛，是永恆不改變的（人和物都可以改變）。

❼ 我們與耶穌越接近，交往越密切，便發現祂越多的可愛之處，是沒有窮盡，沒有止境的，叫信徒不會有厭倦或「不過如是」的感覺。

❽ 耶穌的可愛，能滿滿足足地應付我們一切或任何的需要。祂的可愛，完全是基於祂對世人無盡的大愛，祂對每一個人的關懷、顧惜，要為人謀今生和來世的幸福。

為此，祂所留給我們的應許說：「我必再來接你們到我那裏去」，乃是最寶貴，是再好不過的應許。

「耶穌基督復臨」，是一個十分重要的題目，筆者本來不敢以此為這本書的題目，但是這就是本書惟一討論的主題。所以筆者很衷誠地對讀者說，這是「掛一漏萬」的嘗試，只希望讀者能得一些屬靈的助益，此外不敢有別的奢望。還請讀者每次開卷的時候，先求聖靈的光照，是所祝禱。

序言

這本書的印行，祇有一個目的，就是與讀者分享「有福的盼望」，耶穌基督復臨的大好佳音。

這本書不是為專門學術刊物而寫，書中的資料是筆者三十多年講道貯存而得。講道的時候，不須向聽眾詳細說明材料的來源，所以許多材料的出處，已無法稽考，祇能在此向多位無名氏們道謝。又因為這是多年間的講道，有些聖經章節和舉例，重覆用了多次，在所難免。

講道時，常有錯誤，教友們聽了這些錯誤，一下子便忘記了。可是要把這些講稿用白紙黑字印出來，事先必得大加修改，所以跟原來的講道辭，大不相同。

這書能寫成，要向澳洲雪梨和美國羅馬林達兩個華人教會的教友致謝。我的一位老師，預言之聲創辦人利查士牧師，教導我們把每篇講道辭逐字寫出來，既可以免除講道時「跑野馬」，離題萬丈，更能防止在講台上信口開河說錯話。我的教友大多知道我要坐下三天寫作安息日的講道，他們樂意給我充分的時間，我實在感謝他們。

這書撰述的時候，筆者已經在海外生活了整整半個世紀。英文沒有甚麼進步，中文卻未免退步多了。幸有鄧宗煊牧師把字句訛錯——錯字，別字，白字——之處，予以修正。又加上若干潤飾和中文的美麗詞語。謹此向鄧牧師致謝意。

這本書的出版，得何伍毓蓮博士慷慨資助印刷，謹此致謝。

本書的全部印刷過程——輸入電腦、排版、選擇字體、紙張色澤、校對、申請國際書碼等等——全得時兆出版社主編及經理大力幫助，始能順利完成。謹此向卓甫鄉牧師致謝。

這書的封面，得林伯涵先生費神精心設計，筆者衷心感謝。

這書的聖經，引用幾本十分完美的譯本，如現代中文譯本修訂版、聖經新譯本、當代聖經、今日佳音，給現代人的福音，新約全書新譯本，及聖經和合本等等，謹此致謝。

最後，懇請讀者每次開卷之前，先作禱告，求聖靈幫助自己為耶穌基督復臨作妥善的準備。阿們！

第一章　因為祂是我們絕代的大恩人

中國人十分讚賞的一種美德，就是感恩圖報的美德。在這個罪惡世界中，許多人都有悽慘的遭遇，幸而有許多人肯解衣推食，雪中送炭，便成了受助者的恩人。筆者有一位大恩人，只可惜他早死，不能向他作絲毫的報答。有許多人受了別人的恩惠，便一輩子盡力報答，把所得的恩惠十十足足向施恩者報答。本文討論耶穌是我們絕代的大恩人，我們就算用全部人生的時間和精力去報答祂，也不能報答祂恩惠的萬一。

耶穌說：「救恩是從猶太人出來的」，筆者對猶太人的傳統和猶太人宗教教師（拉比）的言論，都帶有幾分敬意。最近讀了一篇真實的故事，把耶穌作為我們絕代的大恩人，書寫得淋漓盡致，深刻細膩動人，盡描摹之能事，願與讀者分享。

十八世紀期間，在德國出生了一位著名的哲學家，名叫孟德頌，是一位猶太人。（他有一位普世聞名的孫子，是十九世紀多產的作曲家，寫了「以利亞神曲」，「仲夏夜之夢序曲」。）在這位哲學家到了結婚年齡的時候，親友們都希望他能跟當時猶太人社區裏一位才貌雙全的女郎成親。當時猶太人的風俗很像那時中國人的風俗，男婚女嫁都是憑父母之命和媒妁之言。雙方家長沒有徵求兒女的同意，便訂定成親的日期。女方家長十分富有，要大排筵席，邀請社會名流，和一切有名氣的拉比來觀禮。

在舉行婚禮那一天，依照猶太的傳統，新郎和他的男性友伴在教堂的一所房間裏唱愛情歌曲，又提論建立美滿家庭的秘訣。新郎要說一席話，友伴可以隨時善意地打斷他的話柄，看他能不能接著說下去。新娘和她的女性友伴在另一個房間裏唱歌，聽用重價請來的音樂家演奏。

舉行婚禮的時間快到了，雙方家長和近親便把新郎和新娘帶出兩個房間，作為他們第一次的會面，然後便到大禮堂舉行婚禮。

孟德頌用手揭開新娘的面紗時，驚喜交雜，原來她比他想像中的女郎美麗得多了。但是新娘一看見新郎，竟立時驚嚇得暈倒在地上，昏迷過去。

原來新郎不單是容貌不揚，簡直是醜陋不堪。鼻子特別小，鼻尖特別尖，兩隻眼睛不同顏色，眼睛上面的雙眉又粗又橫，好像蟲豸在額頭上爬行。他的背忽而彎曲，忽而隆起，他站立的時候，胸向前歪……他們把暈倒的新娘抬到房間來。

過了一會兒，她醒過來，向爸爸哭著說：「爸爸，他這麼醜陋，我絕不能嫁給他，他很恐怖，我情願死也不要嫁給他！」母親趕忙來勸女兒快快整裝到大禮堂去舉行婚禮，她說：「媽媽，他這麼醜陋，我絕不能嫁給他，他很恐怖，我情願死也不嫁給他！」

父親走到新郎身旁，說：「對不起，我的女兒不肯行婚禮，我一點也沒有辦法！」新郎是個哲學家，很鎮靜地說：「我明白」，他深思了一會兒，說：「在接受你女兒決定之前，我有一個請求，請你准許我和她獨自在一起十五分鐘，好嗎？」

猶太人的社會，也是男女授受不親的社會。這樣的請求叫爸爸吃了一大驚，怎能讓他們在婚禮之前獨自在一起呢？母親說：「問問福證的拉比好了」。拉比聞言也感覺這是不合情理的請求，卻對家長們說：「男女在婚禮之前，絕對不能獨自在一起。但是今天的婚禮，是我們猶太人社團裏的一件大事，新郎和新娘都是極有地位的人。你們的親人和社會的名流都在教堂裏等候。這是攸關榮辱、禍福，甚至生死的關頭，所以我們要讓他們獨自在一起。我們都在門外等候，一到了十五分鐘，我們便要衝進去！」

他們把新郎帶進一個房間裏，靜坐等候。不久，有人輕輕敲門，他把門打開，看見一大群親友和拉比在門外的走廊站著等候。新娘蒙著面紗，萬分緊張地走進來。他把門關上，柔聲對她說：「親愛的，請坐下。我想把我們猶太人最敬重的拉比經（拉比們的著作，有人相信是從摩西或文士以斯拉而來）中一個故事告訴妳。拉比經說我們世上的人，原是從天上下來生而為人。當我們從天上下來的時候，每一個人都有一位天使陪伴著，又聽聞有個聲音宣佈每一個人日後結婚伴侶的名字。

我在天上準備下降的時候，聽聞那個聲音，但那個聲音卻是用我所不懂的天國語言說話，所以我不知道那個名字是甚麼。我便對我的天使說，「請你把我將來有一天要娶為妻的那位女子給我看一看」，他說：「這不合律法，萬萬做不到！」

我說：「我的請求一點也沒有過分。有一天我要跟她結為夫婦，所以我應該有看看她相貌的機會。」

天使說：「我們趕著下去，不要多生枝節了！」

我說：「這是我的終身大事，不能不細心查問。我將來要作個有名的哲學家，我必須先看看未來妻子的相貌。」

天使很不耐煩地說：「夠了，不要再說了。這是違反一切規例的要求。我若依從你的話，必要受罰。天使們要受的刑罰，比世人要厲害得多，你知道麼？」

「這樣我就不下去了，」我很生氣地說。

「甚麼？你不下去怎成！」天使大吃一驚。

「我若不能先看看她的相貌，我便不要生在世上作著名的猶太哲學家！」

「你為甚麼給我這麼多的麻煩？」天使雙眼瞧看上天（其實他已是在天上），又說：「要聽我的話，動身下凡！」

我卻不聽他的話，不停地反抗他，囉唆他，駁斥他。

最後，天使無計可施，便在我耳旁微聲說：「算了，假如你肯不再作聲，我肯給你瞧瞧她的相貌，只是短短的一瞧，你也絕不要告訴誰，不然，我必受重罰，懂嗎？」

就在一剎那間，天使給我在異象中看見了她。我一看見她，便驚嚇得暈倒下去。她真是醜陋萬分。鼻子特別小，鼻尖特別尖。兩隻眼睛不同顏色，眼睛上面的雙眉又粗又橫，好像蟲豸在額頭上爬行。她的背忽彎忽拱，她站立的時候，胸向前歪……我不要多說了，若再形容她的醜陋我便不是個正人君子了。

我醒過來，滿心大怒地說：「天使，她這麼醜惡，我絕對不要娶她。她很恐怖，我情願死（我還沒有出生！）也不要娶她為妻！」

天使說：「你現在知道你帶給我多大的煩惱。我聽你的話，違例給你看她一眼你便不肯娶她，我必因此受重罰。我曾說天使受罰比人重得多了，我怎能受得起呢？」

我說：「真是對不起你。這樣好了，我肯下去生為著名的猶太哲學家，我也肯娶她為妻。我只有一個要求，也是我惟一的條件，你要准許我把她一切醜惡的相貌，和她腰背全部的畸形怪狀取過來，據為己有，又把我端正的五官和挺直的腰背給她，叫她成為一位美麗可愛的女子……。」

立時敲門聲大響，在走廊等候那大群人叫喊說：「十五分鐘過去了，我們要進來了！」他們果然全都衝進來，你擠我擁，神情十分緊張。新娘的爸爸心驚膽戰地問她說：「女兒，妳的決定是甚麼？」想不到她把面紗打開，面帶笑容地說：「請立時開始婚禮的儀式！」她深知他是自己最大的恩人。

雖然上面的敘述是十八世紀真有其人其事的傳記，但是拉比經所說人原是從天上下降的理論，在聖經中找不到根據。但是全本聖經的主題，卻是描述一位從天上下降，生而為人的耶穌基督，與我們罪人作全宇宙間最不公平的互換。

最不公平的互換

最不公平的互換，這就是上帝救贖人類整個計劃的核心：

耶穌：		罪人：
受刑罰	↔	得平安
受鞭傷	↔	得醫治
擔負世人罪孽	↔	得稱為義
被欺壓	↔	得釋放、享自由
將生命捨去	↔	得著永遠的生命

（以賽亞書第五十三章）

戴荊棘冠冕	↔	戴榮耀的冠冕
失去外衣內衣	↔	得穿公義之袍
失盡一切	↔	得著一切
與上帝暫時分離	↔	與上帝和好
為我們成為有罪	↔	白白稱為公義

（新約全書）

我們在宇宙間還能找著比這更不公平的互換嗎？絕對不能！以我們陷在絕望境地的罪人來說，在宇宙中能有一位比耶穌更大的恩人和恩主嗎？絕對沒有！為此，我們作基督信徒的人，在我們的人生中只有一個願望，就是向祂感恩圖報。

以筆者自身來說，要切望耶穌回來的另一個原因，就是在祂把我們接到天國裏去的時候，我們要站在玻璃海上唱摩西和羔羊的歌。我雖然沒有天賦繞樑三日的嗓子，卻十分愛好聖樂。更叫我喜出望外的，就是站在玻璃海上高唱摩西和羔羊歌曲的唯一條件，不是美好的嗓子或腔調，而是勝過獸、獸像、和獸名字的數目。

在出埃及記第十五章可以找著摩西的歌，摩西帶領以色列人出離為奴之地，象徵耶穌救我們罪人脫離撒但的奴役。所以對我們來說，羔羊的歌比摩西的歌意義深長多了。啟示錄書兩次提到聖徒在天國要唱一首新歌，第五章說這首新歌就是羔羊的歌。以全本聖經的記載來說，再也找不著比這更雄壯更偉大的羔羊之歌。

也許不少的讀者也像筆者那樣熱愛韓德爾的彌賽亞神曲，音樂評論家稱之為「最受人愛慕的聖樂」。除了在家中經常聽唱片，把十多套（市上有二十多套）比較復比較來欣賞之外，筆者每年必到音樂廳聆聽，三十多年如一日。韓德爾能在短短的二十二日中廢寢忘餐（男僕把飯菜送進房來，卻多時原封不動）把這首神曲一氣呵成，在我來說，是一個神蹟。我有一個迷信（我找不到比「迷信」更好的用語），彌賽亞神曲是上帝特別賜給韓德爾的。這就是古人所說：「此曲只應天上有，人間那得幾回聞。」我的迷信也有一些根據。原來在這二十二天裏，他把自己關在小屋內。伺候他的男僕常常看見他雙目向空中凝注，見他魂遊象外，他的心神好像完全離開了這個污濁的塵世。當他寫完了神曲第二段的「哈利路亞」大合唱時，僕人看見他滿眶眼淚，他說：「我果真看見了整個天庭，也看見了巍巍無法形容偉大上帝的威煌！」

為此，我還有一個迷信，就是當聖徒在玻璃海上唱羔羊之歌的時候，彌賽亞神曲最後的「羔羊頌」大合唱很可能是羔羊之歌的一部分，因為此曲原是從天而來的。啟示錄第五章說：

羔羊走前來，從坐寶座者的右手裏拿了書卷。祂拿過了書卷，四活物和二十四位長老，就俯伏在羔羊面前，各拿著金琴，和盛滿了香的金爐。他們唱新歌，說：祢配拿書卷，配揭開七印，因為祢曾被殺，用自己的血從各族、各方、各民、各國中買了人來，叫他們歸於上帝。又叫他們成為國民，作祭司，歸於上帝，在地上執掌王權。

我又看見，且聽見，寶座與活物並長老的周圍，有許多天使的聲音，他們的數目有千千萬萬，大聲說（彌賽亞神曲最末後的大合唱，是羔羊頌和阿們頌，羔羊頌用下面的字語）：

曾被殺的羔羊，是配得

權柄

豐富

智慧

能力

尊貴

榮耀

頌讚

尊貴

榮耀

權勢

都歸給坐寶座的和羔羊，直到永永遠遠，阿們。

我們在電視螢光幕看見許多世界性偉大的場面，像世運會開幕閉幕的場面，英國皇室婚禮的場面，美國總統宣誓就職的場面。可是這些場面若與玻璃海上頌讚羔羊的場面比較，必定失色，黯然無光。

我有生之日，要不斷地祈求上帝給我和讀者擁有向我們絕代大恩人大恩主耶穌親口道謝的機會。這就是二千多年來基督信徒切望耶穌復臨的因由。主耶穌阿，我願祢來！阿們！

第二章　耶穌必定要再來——有福的盼望

提多書第二章十三節

自從亞當夏娃陷人類於罪裏，世界便同時有絕望和盼望，悲觀和樂觀的存在。家父出生在第一次世界大戰前，那時是一個極度樂觀和有盼望的時代，因為進化論學說風行一時，倡導人類前途十分光明，帶來叫人興奮的盼望。怎知第一次世界大戰過後不久，第二次世界大戰接踵而來，原子彈的雲層籠罩在廣島和長崎的上空，世人樂觀的氣氛便消失得無影無蹤。

另一個叫人悲觀和絕望的現象，就是世界人口過多。創世後經過五千八百多年，世界上才有十億人口，是主後一八二五年的統計數字。以一世紀的今天來說，世界人口此後每十年便增加十億。科學家估計世界農業的產量，最多只能供養八十億的人口。今日世界上人口祇有六十億，但是每三個人中，便有一個在晚上餓著肚子去睡覺，多麼可憐！至於空氣，河流和環境的污染，更是叫人生發絕望和悲觀的感覺。

研究古代不信奉基督教民族歷史的學者，發現這些族類的著作和言論中，全沒有提及前途光明或充滿美好盼望的話語。所以保羅說了一句很中肯的話：「那時（還沒有信奉耶穌之前），你們只是一些不聖潔的外族人，與基督無關，又不是以色列人。對於上帝應許賜下的各種福樂來說，簡直是局外人，你們心中沒有上帝，你們人生也沒有盼望」（以弗所書第二章十二節）。沒有盼望，人生便沒有意義。

在過往的一百年間，世界各地曾有過不少的革命事業，也提出許許多多的主義，卻都只是在鼓吹和宣傳的期間，給人帶來為時甚為短暫的盼望。可惜這些運動和主義，至終一一成為泡影，沒有為人類帶來甚麼幸福。心理學家說：「我們與生俱來都有盼望的本能。」人有一天的生命，便有一天的盼望。保羅說有三樣永存的事，就是信心、愛心和盼望。

基督耶穌給復臨信徒的盼望，與世界上的盼望，大不相同。世界上的盼望，往往只是欲望和奢望。我有幾位好朋友，買了許多股票，奢望股票上漲。怎知近日世界股票作有史以來最慘重的滑落，一切在股票上投資的人全都成了泡影。

有一位學者說耶穌要回來的盼望，有下列幾項的特色：

❶ 聖經所提出的盼望與世界情況的好壞完全沒有關連。信徒的盼望是上帝所賜予的盼望，不受世界情況轉變的影響。

❷ 上帝所賜予的盼望，足以導引信徒每時每刻的生活，因為這盼望能決定信徒永遠的命運。信徒在這寶貴的盼望中度日子、過生活。

❸ 這盼望是真真實實的盼望，因為耶穌的復活是真真確確的事實。耶穌的復活保證祂復臨的實現。換句話說，這盼望是以耶穌基督為中心的盼望。

猶太人的觀點

耶穌時代的猶太人把人類有史以來分為兩個世代：

一：現今的世代，就是現今罪惡管轄世界的世代。

二：彌賽亞的世代，罪惡不復存在，伊甸樂園的美境完全復原——獅子喫草如牛，小獅子與羔羊同臥。

可是耶穌在伯利恆誕生便把這兩個時代的理論摧毀無餘。因為彌賽亞雖然已經來到，猶太人所想像的彌賽亞世代沒有完全實現。同時，他們卻不能否認耶穌真是要來的彌賽亞，因為祂施行千百神蹟，治癒病人，趕出污鬼，甚至叫死人一個一個都復活起來，最後連祂自己也復活了。又在耶穌傳道的三年半中，罪人得嘗救恩的滋味，這都是猶太人觀念中彌賽亞世代的特色。然而彌賽亞的世代，不是猶太人所想像那樣轟轟烈烈的臨到，卻是分三個階段來臨：

❶耶穌第一次降臨，在猶太地出生。耶穌依照上帝本著祂無窮智慧所定的程序，為整個救贖計劃作了美善（卻是有限度）的開始，首先建立了上帝恩典的國度（卻沒有建立榮耀的國度）。

❷耶穌第二次降臨，終結世界上人類犯罪作惡的活動，把得蒙救贖的人帶到天上與祂一同生活一千年。

❸ 一千年過後，耶穌第三次降到世上來，把罪惡的創始者魔鬼和惡天使並一切的惡人消滅。上帝要把我們這個星球中一切被罪污染的痕跡清除淨盡，回復伊甸樂園的完美，給我們永久居住之處——新天新地。

有福盼望的實現——耶穌降臨（註）

耶穌第二次在榮耀中降臨，是自從創造世界以來最叫人恐懼，最驚心動魄的大事。實際上來說，這是一件翻天覆地的重大事情，因為耶穌回到世上來要把整個世界上的活動陷入停頓的狀態中，政治軍事工業商業農業和一切正常的運作，完全停止下來。這時，世界上只有兩種人，就是上帝忠心的子民——復臨信徒（善人），和逼害復臨信徒的人（惡人）。在耶穌回來的前夕，復臨信徒不會在安舒的家裏看電視或錄影帶，也不會在河畔、湖邊、或海濱風景幽美的高級住宅區生活。過去二十多年，我和妻子住在美國加里福尼亞州一個偏僻小地區，名叫羅馬林達，只有兩條主要街道。本會信徒在這小地區聚居的人幾達一萬。這裏有一所羅馬林達大學，招收三千多學生。大學有醫院，僱用三千多工作人員，直升飛機和救傷車不停地把病人送來。大學教會有五千多教友，這是一個很熱鬧的復臨信徒聚居處。

但是在耶穌復臨的前夕（前夕指一段時間），復臨信徒不再聚居一處，他們各散東西，受全世界各國政府執行強逼人守星期日律法而來的逼迫。然而這更是上帝為保護祂忠心兒女大顯身手的時候，且看七個大災難——毒瘡，水變血，太陽如火烤惡人，黑暗叫惡人因痛而咬自己的舌頭，史無前例的大地震，九十斤重的巨型冰雹之災，一個也不會落在復臨信徒身上。雖然他們有被關在監牢裏，也有逃到高山的洞穴裏，但是上帝卻在監牢或在山上洞穴保守他們，連一個也不失落。因為到了這復臨前夕的時候，他們就是為道殉身，也不能感化惡人的心腸，所以上帝不會再讓一個信徒喪生。為此，我們不須過度憂慮或害怕耶穌復臨之前信徒所經受的逼害，上帝是要保守他們到底的。

記得我某次旅行歐洲，到義大利北部阿爾卑斯山區去憑弔瓦典西人的遺跡時，在靈性上正好打了一劑強心針。他們為了要遵守上帝寫在聖經裏的一切真理，便被逼害。上帝為他們在崇山峻嶺間所預備的避難所，真是再好不過的地區。我在這裏吸納最清鮮的空氣，暢喝小小河溪（到處都有）最純淨的清水。這裏到處都是又高又大的栗子樹林，滿結著又美味又營養豐富的栗子。上帝為他們所預備的避難處，是十全十美的居所。我要再說：我們復臨信徒不要過分憂慮或害怕在耶穌復臨之前所經受的逼害和苦難。瓦典西人有被殺害而喪生的，但是在復臨前夕的信徒，再不必有人為道殉身，上帝要時刻保護他們。

逼害復臨信徒的情勢急轉直下，政府宣佈某日的半夜，群眾便可以任意殺害聖徒。這時刻快到之際，大群的惡人已把聖徒重重包圍，要在半夜的時候把他們全都殺盡，群眾卻不知道這半夜也正是上帝伸手拯救祂兒女的時候。就在這時，忽然有一陣比午夜更濃厚的黑暗降到地面上來。隨著，一條巨大無比的彩虹在天空上出現，它好像包圍著每一群正在禱告求救的聖徒。這班瘋狂要殺害聖徒的群眾看見彩虹便呆住了，竟忘記自己殺害聖徒的行動，卻只想著怎樣躲避彩虹極度猛烈的光輝。

起先，這些誠懇禱告的聖徒沒有看見天空上的彩虹。後來，他們聽見有聲音說：「你們舉目向天上看！」他們抬頭便看見彩虹，又看見濃厚的黑雲飄散。天門打開了，他們便像司提反看見天庭裏面，耶穌在天父上帝的榮耀中，坐在祂的寶座上。祂向他們保證要拯救他們，聖徒對前途的恐懼消失淨盡，便高聲吶喊勝利。

太陽忽然出現，強光普照，世界在一霎時間從午夜的漆黑中進入正午的光明裏。惡人渾身打戰，極度驚慌地眺望這幕景象。大自然界一直是那麼井井有條，現在似乎完全顛倒了秩序。江河溪澗的水停止向下流動，濃密的烏雲彼此相撞。在那狂怒的諸天之中卻留出一片明亮的空隙，從這空隙中上帝發出像眾水的聲音說：「完成了！」這是震動天地的響聲。立時，這震動變成了人類有史以來最劇烈最慘重的地震。蒼天好像一扇門戶，忽開忽閉。這時，旋風颶風暴風海嘯合力施行毀壞，峻嶺像風前的蘆葦左右搖動，連串的山脈往下陷落。地面彼起此伏而破裂，地的根基好像在崩塌。海浪翻騰，許多有人居住的島嶼下沉到深海中。天上降下大冰雹千萬顆，每顆重約九十斤，把世人用巨資建造輝煌的摩天大廈都摧毀無餘。監獄的牆壁破裂，叫那班忠於上帝而被囚禁的善人立時重獲自由。

舊約的先知但以理提示在耶穌降臨之前，有一次小規模的復活，是特別的復活。他說這一次復活的人中，「有得永生的，也有受羞辱永遠被憎惡的。」新約的先知門徒約翰說「連刺祂的人」也要看見耶穌駕雲降臨，這就提示必有一次特別的復活。第一等人要承受永生，這些人曾堅守第三位天使訊息而死。第二等人就是大祭司該亞法，該亞法的岳父亞拿，彼拉多，希律王，眾祭司和民間的長老，猶太人的公會會員，這些人都是包括在「刺祂的人」之內。至於那些呼喊「釘祂十字架！釘祂十字架」的瘋狂群眾，那些大叫「祂的血歸在我們和我們子孫身上」的人，那些搖頭譏誚挑戰祂「從十字架下來」的人，那兩班戲弄祂的兵丁和下手把祂釘在十字架上的兵丁，當然更是列在「刺祂的人」之內。

還有，那些窮兇極惡反對上帝真理，殺害上帝子民的人，都要在這一次特別的復活中有分。

這時密雲遮蔽天空，但是太陽卻偶而出現，好像是耶和華報應行審判的眼睛。猛烈的閃電從天空發射，如同一片火焰包圍著地球。有又神秘又可怖的聲音，駕乎那駭人的雷霆之上。這聲音不是人人都能聽懂，那些傳講假道理的卻能完全明白。一切逼害守上帝誡命的人現在無不驚慌戰慄，連鬼魔都在戰慄，在基督的神性和祂的威儀前，俯首降服，無話可說。

瞬時從烏雲的縫隙中透出一顆巨星，它的光輝因四圍的黑暗而增強了四倍。為那些忠心謹守上帝律法的聖徒，這顆星帶給他們希望和喜樂。但對干犯上帝律法的人，這顆星卻向他們顯示嚴厲和忿怒。這班冒死忠愛上帝的人，身心要起著一番奇妙的變化。不久前他們臉色蒼白枯槁，心神焦急，現在卻精神煥發，充滿著驚奇，信靠和愛慕上帝之意，高聲唱凱旋讚美上帝之歌。

就當他們的歌聲升到上帝面前的時候，空中的烏雲便向四面散開，現出星光燦爛的諸天，天國聖城的榮耀從半開的門戶發射出來。這時，天上忽然顯現一隻手，拿著合起來的兩塊法版，世人看見便知道這是上帝審判的標準。那隻手揭開法版，顯示十條誡命。那些一直為討人喜歡而踐踏上帝律法的惡人見狀時所表露的恐怖和絕望，真是無法形容。就在此時，上帝用震動天地雷轟的聲音，宣佈耶穌降臨的日子和時刻。

接著，在東方出現一塊小黑雲，約有人的半個手掌那麼大。上帝的子民看見了，便知道這就是人子降臨的徵兆。他們看見那雲彩越來越近，便越有光彩，越加輝煌，變成了一片大白雲，白雲底層的榮光好像烈火，白雲的頂端是立約的虹。有數不盡的天使歡唱天國的聖歌護送耶穌降臨。穹蒼充滿了天使光亮的形體，人的筆墨無法描述這種情景，屬血氣的人更不能想像那極度威煌的場面。

萬王之王在烈火中駕雲降臨了，天就被捲起像書卷一樣，全地在祂面前顫動，各山嶺和海島都被挪移離開本位。這時，站在耶穌面前的義人和惡人，他們的臉色都變得青白。義人戰驚地問耶穌說：「誰能站立得住呢？」天使們止住了他們的歌聲，經過一刻可怕的沉寂。然後，主耶穌開口說：「我的恩典夠你用的」。於是義人容光煥發，心中洋溢著喜樂，高聲歌頌耶穌。惡人不願意，也更是不敢與他們所藐視所拒絕的主見面，便向山和巖石說：「倒在我們身上罷，把我們藏起來，躲避坐寶座者的面目，和羔羊的忿怒，因為祂們忿怒的大日到了，誰能站立得住呢？」

當地球東倒西歪，電光四射，雷聲大作的時候，耶穌向著義人的墳墓舉手向天呼喊說：「醒起來！醒起來！醒起來罷！你們這睡在塵土中的人都要起來！」從天涯到地極，死人要聽見那聲音，都要復活。這些人從各國、各族、各方、各民中出來，聚成極大的隊伍，他們的腳步聲要響遍全球。他們要從死亡的監牢裏出來，身上披帶著不朽的榮耀。這時，活著的義人和復活的聖徒同聲發出經久而歡樂的勝利吶喊。

從墳墓出來之人的身材正如他們進墳墓時一樣。亞當站在復活的群眾中，顯出高大尊嚴的形狀、身材只稍遜於主耶穌。但是他與後代人類比較起來，便現出鮮明的對照，使人看出人類的體格是大大退化了。然而所有復活的人都賦有永遠青春的精力。當他們品嘗那久已失落的伊甸園中生命樹上的果子，他們的身材便會漸漸長成，與亞當在起初無罪的榮耀中原有的身量相像。

活著的義人要在「一霎時，眨眼之間」改變。上帝的聲音使他們得著榮耀，變為不朽的，然後與復活的聖徒一同被提到空中與他們的救主相遇。天使要將年幼夭折的嬰孩送到他們慈母的懷抱裏。被死亡分隔久別的親友從此團聚，永遠不再離散。他們一面歌唱，一面升往上帝的聖城。

到了聖城，耶穌便打開那珍珠門，對得贖的子民說：「你們這蒙我父賜福的，可以進來承受那創世以來為你們所豫備的國。」當得贖的人被歡迎進入聖城的時候，空中便發出一陣頌讚的歡呼，因為兩個亞當快要相會了。上帝的兒子站在那裏伸手來擁抱人類的始祖。亞當知道自己的罪曾使救主的身體得了十字架的釘痕，他現在看見這殘酷的釘痕，便不敢投身在救主的懷中，只是謙卑抱愧地俯伏在祂腳前，說：「曾被殺的羔羊是配得權柄的！」救主溫柔地把他扶起來，帶他重遊伊甸的家鄉，就是他已長久離別了的老家。

亞當喜出望外地去觀賞自己從前所喜愛的樹木，這些樹上的果子是他在無罪和快樂的日子中所摘取喫用的。救主領他到生命樹前並摘下那美麗的生命果請他喫。他環顧四周園的情景，只見蒙贖的子子孫孫都站在上帝的樂園中。亞當便脫下閃爍的冠冕，放在耶穌腳前，並投身在祂的懷裏，擁抱著救贖主。隨後，他拿起金琴彈奏，他的全家便同聲歌唱：「被殺而又活著的羔羊，是配得榮耀的！」

在得贖的人群中，有千百萬人曾因堅決不肯順服撒但，以致身在地窖、地洞、荒山、曠野，甚至在監獄牢中，死刑台上。他們受貧乏，患難和毒害，度盡痛苦和流淚的日子。現在，上帝要擦去他們臉上的眼淚，叫全體得救的人群永遠享受天國的福樂。

親愛的讀者，耶穌復臨真是多麼有福的盼望。願這有福的盼望，引領你每一天的生活。

註：討論耶穌榮耀的復臨，還有甚麼能比懷愛倫夫人在善惡之爭，這書中第四十章「上帝的子

民蒙拯救」，更引人入勝，更充滿靈感的敘述。這「有福盼望的實現——耶穌降臨」整段，是摘錄該章而成。特此向懷愛倫夫人致謝。

第三章　復臨信徒對耶穌性格的認識(一)　聖　潔

安息日學學課某季曾引用一段短短的會話：

一個四歲的男孩子問母親說：「媽媽，上帝的頷下有沒有長出一撮又厚又密的鬍鬚？」母親沒有作正面的回答，卻反而問他說：「你為甚麼要知道上帝有沒有鬍鬚？」

小孩說：「我很害怕那些有鬍鬚的人。假如上帝有鬍鬚，我便得學會不害怕有鬍鬚的人。因為我將來到天國見上帝的時候，我要擁抱祂，親吻祂的臉面。」

我們等候耶穌回來的信徒，也應該像這個天真無邪的小孩，要為到天國與天父，聖靈和耶穌同住而早作準備。耶穌給我們最佳美的應許，說：「我去原是為你們預備地方去，我去為你們預備好了地方，就必再來接你們到我那裏去，好使我在那裏，你們也在那裏。」所以，耶穌基督復臨之日，就是我們跟祂永遠同住的開始。請問讀者，你有想到跟上帝同住是怎樣的一回事嗎？

我們常聽聞人說：「相見好，同住難」，這是至理名言。當然，對上帝來說，與得救的聖徒同住，不是難事。上帝是至聖至善，永不改變，也永不需要改變。而要改變的，是那個四歲的小童，也是我們每一位復臨信徒。換句話說，我們應當細心去研究上帝的性格，也就是耶穌的性格，效學祂的品德，冀能達到使徒彼得的願望，就是信徒能「與上帝的性情有分，分享上帝的性格。」（彼得後書第一章四節）

記得我五、六歲的時候，對將來到天國去一事，十分興奮。我惟一的願望，就是行走精金的街道。在廣州市的動物園看見過老虎和獅子，是關在鐵籠裏面的。我到天國時，最大的快樂就是騎在獅虎的背上。這是幼小孩童對天國的期望。思想成熟的聖徒，對天國最大的期望，就是與我們心心相連，情意相合的上帝一同生活。

不久前，我認識羅馬林達大學宗教系其中一位教授，他的弟弟不幸自殺身亡。在他死後的歲月間，家人時常談論他得救或不得救的問題。（有些人因為神經錯亂或服用過量的藥物，以致失去理智，不能有清醒的腦筋去思考。我們相信全智全知的上帝，要把這一切辨明，作最公平和最合理的決定。）在一次的討論中，眾說紛紜，教授的母親一語道破，說：「只有一件事能叫我不幸的兒子不得進入天國，就是上帝知道他在天國裏毫不快樂，感覺拘束，坐臥不安，」這是至理之言。沒有上帝那樣性情的人，在天國裏必定侷促不安。以上帝仁慈的本性，絕不會這樣叫人永遠在天國受難受苦——有如地獄。

上帝的聖潔

全本聖經的啟示是從多個不同的角度去顯示上帝的性格。啟示錄書第四章把我們帶到天上上帝的寶座前：「我觀看，見天上有一道門開著，並且有我第一次聽見的那個好像號筒的聲音，對我說：『你上這裏來！我要把以後必定發生的事指示你。』我立刻置身在靈裏。看哪！有一個寶座設立在天上，有一位坐在寶座上。那位坐著的，看來好像碧玉和紅寶石，又有彩虹圍繞著寶座，看來好像綠寶石。寶座的周圍有二十四個座位，上面坐著二十四位長老，身穿白衣，頭戴金冠。有閃電、響聲、雷轟從寶座發出；又有七枝火炬在寶座前點著，這就是上帝的七靈。寶座前有一個看來好像水晶的玻璃海。

「在寶座中間和寶座周圍有四個活物，前後佈滿了眼睛。第一個活物像獅子，第二個活物像牛犢，第三個活物的臉面像人，第四個活物像飛鷹。四個活物各有六個翅膀，裏外佈滿了眼睛。他們晝夜不停的說：

聖哉！聖哉！聖哉！
主，全能的上帝，
昔在，今在，以後永在的那一位。

「每逢四活物把榮耀、尊貴、感謝，獻給那坐在寶座上，活到永永遠遠的那一位的時候，二十四位長老就俯伏在坐在寶座那一位的面前，敬拜那活到永永遠遠的，又把他們的冠冕放在寶座前，說：

主，我們的上帝，
祢是配得榮耀、尊貴、權能的，
因為祢創造了萬有，
萬有都是因著祢的旨意而存在，

而被造的。

在這極輝煌的景象中，四個活物三次用同一個字顯示上帝的性格：聖哉！聖哉！聖哉！讀者也許記得在舊約時代，先知以賽亞在異象中看見上帝寶座的威嚴景象，寶座周圍有一班特別的天使，名叫撒拉弗，也有六隻翅膀，用兩隻遮臉，兩隻遮腳，和兩隻飛翔。他們彼此高呼說：

聖哉！聖哉！聖哉！

萬軍之耶和華！

祂的榮光充滿全地。

事實上，在聖經開始的時候，上帝便向人顯示祂神聖的性格。看看摩西在曠野牧羊時，遠見荊棘叢被火燒，燒得很久卻沒有被燒掉。好奇心叫他向火燒處前行，上帝便從荊棘裏呼叫說：「不可過到這裏來，先把你腳上的鞋脫掉，因為你所站的地是聖地。」摩西聞言，立即把自己的臉蒙住，因為他害怕看見上帝。

聖哉，聖地，聖城，聖殿，聖山（指何烈山，又名西乃山），聖火，聖餅，聖所，至聖所，聖天使，聖日，全本聖經提及因屬上帝的事物而稱為聖的，有一千次之多。我手上用了五十多年的和合譯本聖經在出埃及記第二十八章三十六節是用特大號的字體印**「歸耶和華為聖」**。英文詹姆士譯本也用大字母印出這幾個字。

猶憶我到印度的加爾各答城和新德里京城觀光時，在街道上看見許多佛教的聖人，我相信他們是很聖善的人。中國古時也有聖人，像孔子孟子都是聖善的人。使徒保羅也稱他的教友為聖徒。但是沒有任何一個世人能像上帝那樣聖善和聖潔，尤以聖潔為然。上面說過的「聖哉！聖哉！聖哉！」若把它譯為「聖潔！聖潔！聖潔！」是更能表達原文的含意。世人的聖潔是相對的，上帝的聖潔卻是絕對的。

提起「絕對」一詞，便想到在中學讀物理學的時候，讀過絕對零度的定義。絕對零度是在可能範圍內最低的溫度（應當說寒度或冷度）。若把一件物體中的熱量完全移走，這物體便到達絕對零度。天文學家說有一個星球離太陽太遠，得不著絲毫的熱力，溫度降到不能再降的最低點，再沒有寒冷能比它更寒冷，這就是絕對的零度。上帝的聖潔就是絕對的聖潔，因為沒有誰可以比祂更聖潔。祂是一切聖潔的源頭，又是聖潔的最高典範，祂更是聖潔的惟一標準。

有一次我在禱告會中和信徒研究約伯記，到了第二十五章五節的時候，我說：「我不懂這一節聖經的話」，它說：「在上帝眼前，月亮也無光亮，星宿也不清潔。」我參考了多本聖經評註，評經家也無法解釋。一九六七年，美國太空人乘阿波羅十一號太空船登陸月球，我們在電視看見月球的表面，多麼純淨、多麼清潔，全無污染，也絲毫沒有罪惡的痕跡。寫約伯記的摩西在西乃山上一個多月，與上帝日夕相處，知道一些上帝的聖潔，所以當他寫約伯記的時候，說：在上帝眼前，我們的衛星月亮，也不算清潔。

聖經最少有四次記載古人驚歎上帝聖潔的性格。大衛在詩篇第七十一篇說：

上帝啊！祢的公義達到高天，
祢曾經行過大事，
上帝啊！有誰能跟祢相比呢？
以斯拉人以探在詩篇第八十九篇說：
耶和華啊！諸天要稱頌祢行的奇事；
在聖者的會中，祢的信實也要被稱頌。
在天上，有誰能和耶和華相比呢？
在全能者的眾子中，有誰能像耶和華呢？
在聖者的議會中，上帝是令人驚懼的，比一切在祂周圍的，都更為可畏。
耶和華萬軍的上帝啊！有誰像祢？
記得以色列人過了紅海，法老全軍在紅海底覆沒之後，摩西作了一首歌給以色列會眾高唱說：
耶和華啊！萬神之中有誰像祢呢？
有誰像祢那麼榮耀聖潔，可頌可畏，施行奇事呢？

大衛和以探都是上帝的信徒，所以他們對外邦人的假神也許沒有多大的認識。摩西和以色列人卻是在埃及出生長大，熟悉埃及人數以千計的假神。看看上帝為叫法老王准許以色列人出境所降的十個災難，全是針對他們的假神而降。埃及人拜尼羅河為神，青蛙、虱子、蒼蠅、牛羊馬驢駱駝、冰雹雷電、蝗蟲、太陽都是埃及人的神。

我有機會在埃及首都開羅城觀光。讀者若有機會到此一行，不要費太多時間去看金字塔，須留多些時間去參觀開羅博物館。

我花了整整四天的時間在這裏，看土達加𢙣王墓的寶物，千百具各個朝代的木乃伊，我這一輩子再不用花時間去看木乃伊了。可是最好看的還是博物館裏的「千神室」。說「千神」一點也沒有言過其實，因為考古學家發掘了古代埃及人的神像，在這室裏面陳列的有二千二百個！製造神像的材料，有泥、銅、鐵、木、石、雲石、水晶等等。這千神室不大，四壁滿是櫃櫥，櫃內間隔十分狹窄，便把千百座神像堆進去，擠得水洩不通。幸而它們都是沒有知覺和不用呼吸的死物，不然氣也透不過來。美國的監獄以人滿為患著名，但是這千神室比美國監獄更糟。個子大的神像，擺在地板上，再把中型神像堆放在大神像的頭頂，真是大大地委屈了它們！

古埃及人的想像力十分豐富，讀者一定看過開羅城外幾個著名金字塔旁邊的人首獅身像的照片，這是他們的神，有獅子的身體，頭卻是女人的頭。我在千神室裏看見一些很不平凡的「綜合」神像：❶鳥神（專事保護雀鳥的神）有男人的身體，頭卻是鳥的頭；❷牛神有人的身體，頭是男人的頭，卻多出一雙牛角來。埃及人的神也像古希臘人的神，有男有女，也有兄弟姊妹。古埃及神話描寫這二千多個神之間的明爭暗鬥，姦淫擄掠，和彼此仇殺，至為生動。有一個故事記述兩男神爭與一女神結婚，一個先下手為強，把情敵砍成一千塊碎片，情敵的家人則向兇手報復云云。摩西也許稍稍涉獵過這些神話，所以在他作歌的時候，說：

耶和華啊！萬神之中有誰像祢呢？

有誰像祢那麼榮耀聖潔？

啟示錄書說我們將來要唱摩西的歌：「我又看見好像有一個摻雜著火的玻璃海；也看見那些勝過了獸，獸像，以及獸名的數目的人。他們都站在玻璃海上，拿著上帝的琴。他們高唱上帝僕人摩西的歌，說：

主啊！全能的上帝，
萬國的王啊，
祢的作為又偉大又奇妙！
祢的道路又公正又誠實！
主啊！誰敢不敬畏祢，
不榮耀祢的名呢？
因為獨有祢是神聖的，
萬國都要來在祢面前下拜，
因為祢公義的作為已經顯明出來了。（啟示錄書第十五章）

上述摩西的兩首歌，不約而同地強調一件事：獨有上帝是聖潔的神。但是在第二首歌中，摩西告訴我們聖潔是甚麼。我們身為復臨信徒的人，應當對聖潔有深切的認識，因為保羅對我們說：「你們務要聖潔」，「要在上帝的聖潔上有分」，「你們要盡力追求聖潔，因為沒有聖潔，誰也不能見主」。使徒彼得也苦口婆心地勸勉我們說：「但主的日子必要像賊一樣的來到。在那日，天必轟然一聲地消失，有形質的都要被烈火燒毀，地和其上所有的都要被燒盡。這一切既然都要這樣毀滅，你們行事為人，該當怎樣聖潔。」上帝更親自在利未記第十一章兩次告訴我們：「我是聖潔的，所以你們也要聖潔；你們要成為聖潔，因為我是聖潔的。」

摩西的第二首詩歌告訴我們：上帝是聖潔的，因為祂是公義的上帝。上帝的公義是聖經中的一個大主題，幾乎有八百個經節論及上帝公義的性格。

中文聖經用「公義」這兩個字去描摹上帝的聖潔，是很貼切的。我有這樣的一個觀念：「公」是公正、公平、和公道，義是正義，包含與罪惡水火不能相容之意。我們首先要思考這個「公」字，這個字給我帶來無限的安慰。我們都知道有一天要站在上帝的審判台前受審判。摩西五經和詩篇多次說：「上帝要按著公正，公平和公道審判我。」受審的人，還能奢求比公正和公道更好的判決嗎？我所得的安慰，並不是因為我是個好人，所謂真金不怕鴻爐火，只要上帝憑公平審問我，便知道我是個毫無錯失的完全人。絕對不是這樣的妄想。我所得的無限安慰是從使徒保羅的一席話中得來：「上帝使那無罪的基督替我們成為有罪的，又在基督裏使世人與祂自己和好，不再追究他們的過犯。」我若把自己藏在耶穌裏面，上帝看我的時候，祂看見的乃是完全的耶穌，耶穌沒有罪過，所以上帝看見我也沒有罪過。上帝把我看作是個義人，也是十分公正公平的，因為上帝自己付出了救贖人類最大的代價，就是祂獨生兒子耶穌的生命。

說到「義」這個字，在全本聖經裏善惡之爭——基督與撒但——的主題中，義與罪像水與火，不能共存，是互相敵對的兩個陣營。使徒雅各說上帝不能被罪惡誘惑，英文近代譯本說上帝從來沒有想過要做壞事。聖經作者常用「義」字表達純潔和無邪的性格。聖經有六次用火代表上帝的聖潔，祂是燒毀罪惡的烈火。上帝恨惡罪惡，哈巴谷先知說上帝的眼目清潔，不看邪僻，不看奸惡。

我們等候耶穌回來的信徒，效學上帝那樣公平公正，憎恨罪惡，是我們的當務之急，因為我們到達天國，要與公平公正和憎恨罪的上帝同住。讀者其勉諸！

第四章　復臨信徒對耶穌性格的認識（二）　公正與公平

上文引述過摩西第二首歌（啟示錄第十五章）的歌詞，說明上帝是聖潔的，因為上帝有公義的性格。就在這同一首詩中，摩西一再說明上帝是聖潔的，因為上帝有公正的性格。詞句有云：「萬國之王啊，祢的道路又公正，又誠實。」

上帝把渴慕公正的意念放在我們心裏。一個正常的人看見不公平不公正的事，便要怒不可遏，這就是通常所謂的義怒。讀者文摘有一欄名之曰「豈有此理」，報導社會間不合情理的事。例如美國有一個黑人球王，被控謀殺他那位白種人的妻子，證據確鑿，祇因為法院所選的陪審員大多數是黑人，便宣判他無罪，傷天害理，真是不公正不公平之至，豈有此理！

阿里斯多德說：「公正和公平是一切美善德行中最崇高和最寶貴的項目，比晨星和晚星更為可愛。」各位在繼續往下細續本文之前，我想請讀者把啟示錄書第十五、十六兩章先讀一次。原來摩西這首向上帝歌頌讚賞的偉大詩篇，是在上帝大怒中，快要把七個最可怕的災難降在那些決意反叛和抗拒祂旨意的惡人身上時所唱的。這七個是史無前例的大災：叫人生毒瘡；海水河水江水泉水全變為血；太陽如烈火烤人；無法解釋的黑暗使人痛極而咬破自己的舌頭；閃電、雷轟和有史以來最大的地震（不是七級八級，也許是我們不能想像的百級地震）。使徒約翰說：「上帝的大怒在這最後的七大災難中發盡了」。就在這個時刻，這種情況中，摩西歌誦說：「上帝，萬世之王啊，祢的道路又公正，又誠實。」

撒但從人類歷史開始的時候，便不停地向世人誑說上帝既不公平，又不合理。他向夏娃說的第一句話：「上帝真的說過不准你們喫園中任何的果子嗎？」（這豈不是叫你們夫妻餓死？多麼不公平，多麼不合理。）他第二句話：「因為上帝知道你們喫那果子的時候，你們的眼睛就開了，你們便會像上帝那樣，能知道善惡。」（上帝真是不公平，叫你們不能像祂那樣，能知道善惡，祂真是一點也不誠實。）這就是撒但的戰略。

「祢的道路又公正，又誠實，」寫這首歌的摩西是一個以色列人，通稱為猶太人。猶太人寫作詩歌的手法，常用兩個意思很接近的形容詞去形容同一個主題；第二個形容詞是用來強調第一個形容詞。此處以「誠實」用來強調「公正」。「公正」這個詞，包含許多意義：公平、公道、合理、合情、正當、正義、適當、適合、對的（錯的反面）、是的。

任何人讀舊約的時候，撒但便使用他的戰略叫人誤解所讀的，誣陷上帝不公正，叫人把聖經丟掉，不再讀下去。舊約中有三段記載，有人稱之為暴行的事件。第一：當以色列人進入迦南地時，上帝吩咐他們把當地的居民，就是赫族，亞瑪力族，希未族，耶布洗等多族中的男人、女人、耆老、孩童，盡行殺滅，不可留下一人，這真是叫人震驚的事。可是再想一想，摩西出生前一千年，上帝用洪水毀滅了那世代的人類（除了挪亞一家八口），不論是男人、女人、耆老、孩童，無一倖免。這比殺滅迦南人的規模大得多了。

我們也許會這樣想：我們知道男子漢可以落到窮兇極惡的境地，但是婦女卻是善良，孩童更是天真無邪，何以要一同受殺滅呢？可是我們須要知道這種想法是不符合聖經的啟示的。除了義者耶穌之外，世界上沒有一個不是生來就是罪人的。所以上帝毀滅罪人，祂仍然是公正、公平和適當的。近代考古家發現古代迦南各族人民的罪惡，比其他各地人民有過之而無不及。

第二，利未記第十一章一、二節作如下的記述：「亞倫的兒子拿答和亞比戶各拿著自己的香爐，盛上火，加上香，在耶和華面前獻上平常的火，是耶和華沒有吩咐他們獻的。就有火從耶和華面前出來，把他們燒滅，他們就死在耶和華面前。」

利未記第九章告訴我們這幕慘劇發生的時候，正是千萬以色列人來到聖所周圍，獻上贖罪祭牲，上帝便赦免了他們一切罪過的時候。有火從天降下來，燒盡放在祭壇上的祭肉和脂油，這是上帝悅納他們獻祭的明證。大祭司亞倫舉手為眾民祝福，耶和華的榮光向眾民顯現，百姓一看見榮光便高聲歡呼，俯伏在地上敬拜上帝。

就在這萬眾歡騰的喜樂氣氛中，亞倫的兩個兒子被上帝燒滅了，這兩個人是以色列國中地位極高的領袖。讀者看了這一段故事後，你對上帝的行事有甚麼感想呢？有些十分仰慕上帝的信徒覺得聖經裏面若沒有這一段記載，那是最好不過了。另有一些信徒閉門造車創立理論，要維護上帝美好的聲譽。大科學家愛因斯坦有一位朋友，名叫瓦立夫斯基，他也是科學家，作如下的猜測之想：正當亞倫舉手祝福百姓的時候，太空上有一顆巨大無比的彗星循著它運行的軌道來到極近我們地球之處，把地球的磁極作一百八十度的改變，地球便向反方向運行。這麼一來，中東一帶地底下大量的石油便像巨大的浪潮向地殼有縫隙之處湧出。亞倫的兩個兒子拿著盛上了火的香爐，從外面向聖所走來要獻香，路上經過一處地殼的縫隙。他們看見石油湧出來卻不知道石油是甚麼，被好奇心所驅使，想要知道石油若碰著火，會起甚麼作用。當他們把火丟在石油中間，轟隆一聲，石油爆炸，便把他們燒滅。瓦立夫斯基說：「在原始人的社會中，人人都會相信這是上帝的刑罰，但是事實上，這是由於自然界的特殊改變燒死了他們，上帝並沒有插手干涉，預聞其事。」

瓦立夫斯基提倡這一理論，是出於好意，但與聖經的記載不符。

上帝親自揀選亞倫為第一任大祭司，他與上帝之間的關係是十分密切的。他的兩個兒子犯了大罪，上帝會不會看亞倫的面，手下留情？沒有！上帝立時責罰，二人當場斃命，我們可以藉此稍稍窺見上帝公正方面的性格。

有些信徒作這樣的想法：事實上，拿答和亞比戶並沒有把不潔的豬肉放在祭壇上，故意玷污上帝的聖壇，他們只不過是用平常的火燒香。這兩個年輕祭司使用創新的思維辦理崇拜上帝的禮儀。不錯，他們應當接受懲戒，以免日後犯更大的錯誤，不如再給他們一個悔改的機會，難道不好嗎？何以二人要立時死亡呢？

父親亞倫有甚麼反應？亞倫大怒，他怎能不大怒。他把自己的一生獻給上帝，他這兩個兒子也秉承父志，為上帝效勞。他還清清楚楚記得這兩個兒子被膏作祭司時那隆重的禮儀。上帝有沒有為這一切向亞倫道過謝呢？不錯，使用平常的火燒香，是違反了上帝的吩咐。可是，這又算得甚麼樣大不了的錯呢？其實不值得吹毛求疵，小題大做。

聖經說：「亞倫急忙去找摩西」。有一個神學家說：「亞倫趕快去找摩西，似乎有意對上帝說：我要向摩西控告祢。祢得跟我和摩西說個清楚。」亞倫向摩西訴說一切之後，摩西回答說，耶和華曾經告訴我們的話，祂如此說：

「在親近我的人中，我要顯為聖潔，在眾人面前，我要被人尊重。」

瓦立夫斯基說這兩個人死於非命，是自然界的現象，聖經卻說他們是死於超自然的神力，一點也不是偶然發生的事。摩西的回答是從上帝那裏得來的。

我們要知道，古時的祭司能替上帝工作，是一件十分榮幸的事。他們知道聖所裏一切的用具，是謹謹慎慎地依照上帝十分詳細的指示而製成的。上帝的指示，絕對沒有含糊，尤其是在出埃及記中獻香的條例，極為詳盡。上帝說這香是十分神聖的，所以拿答和亞比戶不能辭其咎。

「平常的火」，有些譯本譯作「凡火」、「不聖潔的火」、「未經上帝批准認可的火」。古時聖所的外院裏，有火爐供祭司燒飯，這是平常的火。但是祭壇上的火，是上帝親自燃著的，是上帝批准認可用以燒香和燒祭牲的聖火。祭司們負責把這火保持光明，從不讓它熄滅。拿答和亞比戶多年在聖所供職，深知聖火的重要。

基督復臨安息日會聖經評註說：「除了亞倫和摩西，拿答和亞比戶得任全以色列國中最高的職位。這兩位青年有十分優渥的特權：他們在西乃山上聽聞上帝的聲音，他們在上帝面前喫喝，看見上帝。他們又在聖所裏協助父親辦理獻祭和崇祀，他們深知上帝所吩咐的條例是多麼神聖的。這一切優越的權利把他們的罪顯得更重更大。他們擅自用平常的火燒香，乃是反叛上帝，輕視上帝和侮慢上帝。

這是目中無上帝的傲態。」他們的行為，彷彿是對上帝說：「對的，我們知道祢的吩咐，但是誰要管祢的命令，我們要用甚麼樣的火，就用甚麼樣的火！」

請注意這一件事的收場。聖經說：「亞倫就靜默下來，一語不發。」

一切的證據已經擺在眼前，

一場憤激的辯論到此完結，

上帝作了祂的決斷，像法官那樣把小木槌敲在桌子上。

亞倫再想不出別的理由去反抗上帝的決定，他的緘默無言是他心悅誠服地承認上帝的決斷是公平公正的。公平公正的刑罰毫不愉快，卻因那是公平和公正，所以他的口被塞住了。

第三，讀者若感覺拿答和亞比戶的受死難以解釋，那麼，舊約烏撒的死亡便更難解答。

當大衛登位作王的時候，他要把約櫃從遠處運回耶路撒冷來。這約櫃是當時世界上最神聖的物件，歷代志上第十三章說：「他們把上帝的約櫃從亞比拿達家裏抬出來，放在一輛新車上，烏撒和亞希約趕車。大衛和眾以色列人在上帝面前，用詩歌以及彈琴鼓瑟，敲手鼓，響音鈸和吹號為之盡情歡慶。

「他們到了基頓禾場的時候，因為牛失前蹄驚跳絆倒，烏撒就伸手扶住約櫃。立時，耶和華向烏撒發怒，因為烏撒伸手扶住約櫃。所以上帝把他擊殺，他就在那裏死在上帝面前。大衛因耶和華忽然殺死烏撒，心裏愁煩……懼怕上帝，說：我怎可以把上帝的約櫃運到我這裏來呢？……便把它運到迦特人俄別以東的家中……耶和華賜福給俄別以東的家，和他一切所有的。」

這實在是駭人聽聞的記錄。有一位信徒善意地解釋說：「烏撒對這至聖至潔的約櫃是那麼尊敬，所以當他的手碰到約櫃時，惶恐萬分，引至心臟病突發而死，他是被驚嚇而死的。」我們生活在二十一世紀科學昌明時代的人，閱讀烏撒的慘遭擊殺故事，總覺得對上帝的公正會引起一些疑問。在我們的腦子裏，看見約櫃從傾斜的車輛向下滑動，一剎那便要掉在泥土裏，約櫃快要污損了，這真是一件不可想像的事。烏撒的反應是天性的和本能的，他善意要保護聖潔的約櫃，一點沒有反抗上帝的意念。他也沒有時間去思考，這純是一種自然的反射作用。有些人甚至認為烏撒應當聽聞上帝從天上大聲說：「烏撒！你幹得好，謝謝你！」但是上帝沒有稱許他，反而當場把他殺死。

讓我們從聖經的觀點去看看烏撒所犯的是甚麼罪。以色列人的十二支派中，利未支派擔負聖所全部的工作。利未支派裏分為好幾個家族，哥轄族的男丁專門負責搬運聖所器具，烏撒就是哥轄族人。這些男丁都受過嚴格的訓練，他們知道自己不是祭司，所以在任何情況之下，絕不能用手觸摸約櫃。以色列人在曠野飄流四十年間，經常拔營移到別地。祭司先用厚布把約櫃遮蓋好，哥轄人搬運的時候，絕對不可以揭開遮蓋的布幕去偷看約櫃，更不能觸摸它。

可惜烏撒竟伸手去扶住約櫃，這是知法犯法的罪，也是膽敢違背上帝命令的罪。有一個神學家說：「烏撒誤以為地上的泥土能以污染約櫃，他的手卻可能不至於污染約櫃。這真是大錯特錯了。地上的泥土一直是那麼順從上帝的命令，春天到了，大地聽從上帝的吩咐，叫百花怒放，雀鳥爭鳴。秋季時節，田地供給人畜充足的食糧，完成了上帝的計劃。上帝在太初立下一條定律，把水加在地土裏，便成了濕潤的淤泥，直到今天還沒有改變，泥土仍舊照著這條定律而行。所以烏撒絕不是個無辜受害的人，他受罰是因為他不聽從上帝的命令。上帝並沒有在那一剎那失去理智，便情感用事在盛怒之下把烏撒殺掉。」

我們生活在今日世代的人，讀了烏撒故事的情節，是那樣急轉直下，更以悲劇收場，感覺極度的驚駭，甚至為烏撒大抱不平，自然而然便向上帝發生了許多的懷疑（這也是人之常情）。為甚麼我們有這樣的反應？要回答這個問題，我們應當考慮下列兩個原因：第一，我們對上帝的聖潔，上帝的公正，和罪惡的真義，還未有深切和正確的認識。上文業已闡明上帝的聖潔和公正，以及罪的嚴重性質，所以在此不再多說了。

且看看第二個原因：那些隨從魔鬼憎恨上帝和聖經的人，都把他們的精力集中在上述三件事上，卻完全忽視舊約千百個顯明上帝仁慈忍耐和容忍的事例。最明顯不過的，就是上帝清清楚楚地警告亞當和夏娃不要喫分別善惡樹上的果子，「因為你們喫的那一日，你們必定要死。」亞當喫了，不單祇沒有在當日死去，卻活到九百三十歲，上帝是多麼慈憐！舊約提及謀殺人的，必被殺死，該隱謀殺了弟弟亞伯，卻沒有被殺，上帝是多麼慈憐！還有，出埃及後在曠野流浪那幾百萬以色列人都是「悖逆，硬著頸項，居心反抗上帝的人」，上帝卻忍耐，容讓他們壽終正寢而死，祂是多麼慈憐！

舊約事例中百分之九十九顯示上帝的仁慈和忍耐。我十分喜愛下面的話：

耶和華，耶和華
是有憐憫，有恩典的上帝，
不輕易發怒，
並有豐盛的慈愛和誠實，
為千千萬萬人留下慈愛，
赦免罪孽，過犯和罪惡，
一定要清除罪惡，
追討罪孽，自父及子至孫，
直到三四代。
對愛我守我誡命的，
我必向他們施慈愛，
直到千代！

出埃及記第二十章、三十四章

很自然的，讀者心中要發出一個問題：為甚麼上帝向千萬人恩惠有加，寬容忍耐，卻把拿答，亞比戶和烏撒予以殛殺，不能網開三面？請看下一篇文字，上帝自有祂的答案。

上帝是慈愛無比的上帝，同時祂也是公正公平的上帝。在我個人的靈程上，我深知上帝對我是多麼恩慈和忍耐。祂沒有照我應得的責罰加諸我，祂的恩慈是要引我行走天國的道路。

第五章　復臨信徒對耶穌性格的認識（三）秉行公平的用意

上文說明上帝行事，無不公正。在絕對公正的情況下，祂吩咐以色列人把迦南地罪大惡極的居民，男、女、孩童盡行殺戮。祂也公正正地把拿答，亞比戶和烏撒就地處決。有些人讀到舊約這幾件事，會作出一個結論：舊約時代的上帝是一位公正卻是嚴厲苛酷無情的神，新約時代的上帝卻是慈憐仁愛的神，我認為這個結論不很正確。為甚麼要說這個結論不大對呢？

第一，讀者記得使徒行傳第五章所載亞拿尼亞和妻子撒非拉欺騙上帝，上帝把他們二人當場判處，仆倒在地，立時氣絕而死。當時全耶路撒冷和猶太的基督徒，看見或聽聞這事，甚覺驚駭。其實，上帝本著公正行事，作出比上述更可怕、更駭人的決斷，不是在舊約時代，而是在新約時代。那就是當祂的愛子耶穌被釘十字架擔負全人類罪過的時候，上帝對罪惡發出了祂最猛烈的義怒。由此可見，上帝在耶穌的十字架上，完完全全地把祂公正的性格顯示出來。請讀者想一想：被掛在十字架上時耶穌所受的痛苦，與在十字架近處眼看著自己愛子被釘而受的痛苦，那一個比較重？各位做父母的都知道，在你看著兒女發高熱呻吟的時候，你情願自己患重病，代受其痛苦，總之，這還容易忍受。

第二，全本舊約全書三十九卷記載二千多年的歷史中，上帝向世人表現憐憫仁慈和忍耐的事例，比祂秉行公正當場刑罰罪人多得太多了。有一位神學家舉例說明如下：

上文結束時提到舊約歷史中，正如上面圖表所示，上帝對千百萬人恩惠有加，寬容忍耐，卻把拿答，亞比戶和烏撒擊殺，不肯網開三面，原因何在？能不能在聖經中找出一個圓滿的答案來？

也許我們不容易找到比下面更好的答案。摩西在西乃山上與上帝日夕共處，有四十日之久，上帝向他指示許許多多治理三百多萬人的法律，連十條誡命在內。又把建造聖所的詳細尺寸、材料，一一解釋。他求上帝說：「請祢親自帶領我和這些百姓前行。」上帝說：「我要答應你的請求，因為你在我眼前蒙了恩，並且我按著你的名認識你。」上帝跟摩西談話，像人跟朋友談話一樣，他覺得上

不公正
沒有

公正
拿答
亞比戶
烏撒

憐憫	忍耐	仁慈
亞當	摩西	所羅門
夏娃	亞倫	亞哈
該隱	法老王	約拿
拉麥	巴蘭	三百萬以色列人
亞伯拉罕	參孫	
以掃	掃羅	
雅各	大衛	

帝是那麼和藹可親，便有點熟不拘禮地向上帝要求一個特別的厚遇和恩寵：他想要見見上帝的聖面。就在這時，上帝對摩西說：「我要恩待誰，就恩待誰，我要憐憫誰，就憐憫誰。」為甚麼上帝在舊約時代（或任何時代）對千百萬人恩惠有加，卻把拿答，亞比戶和烏撒就地執行死刑？這是上帝自己擁有的權力，或許這是我們不能完全明白的答案。但是我們能明白的，就是上帝是完全公平公正，祂存仁慈施恩惠比秉行公義，立予擊殺多得太多了。這給我帶來無限的安慰，叫我感激上帝加在我身上偌大的恩惠，因為我深知自己的愆尤罪過眾多。

本文要談論上帝秉行公正的用意。先引我的神學教授的經驗，作為舉例（以下用第一人稱）：

新學期開課的時候，我的聖經班上有二百五十位學生。第一天上課時，我很清楚地告訴他們說：這學期有三個月、九、十和十一月。每月最後的一日，你們要繳交一篇短文，所以九月三十日正午，你們要交上第一篇。除非有病，或家中有喪事，沒有例外，不得遲交，遲交得零分，當然就是不合格，你們聽清楚了嗎？

他們都說：聽清楚了。

我問：你們有問題嗎？

他們說：沒有問題。

我說：你們在十月三十一日正午要交上第二篇，十一月三十日交上最後一篇，知道嗎？

他們說：知道了。

我說：遲交便不合格，要得零分，懂嗎？

他們說：懂了，教授。

九月三十日到了，二百二十五個學生交上第一篇作業。那二十五個沒有短文可交的，驚惶失措，在座位前站著發抖，悔恨不已。他們哀求說：教授，對不起，我們剛從中學上來，對大學的課程還沒有完全習慣。我們還沒有學會怎樣分配時間。求你不要給我們零分，這是聖經班，上帝是大有恩慈的，所以請你也大有恩慈。我們保證下次按時交上。

我慈心一動，說：好罷，我這一次饒了你們。記住，下一篇短文要在十月三十一日正午交來。聽見了沒有？

他們說：聽見了。

我問：有沒有問題？

他們說：沒有。

這二十五個學生十分感謝我給他們手下留情，滿口答應下次要按時交上作業。

十月三十一日到了。只有二百位學生交上短文，五十人空手來上課。這五十人沒有一個面顯驚惶，沒有一個發抖，也沒有一個有悔恨之意。我問他們為甚麼不按時交作業，他們說：請教授原諒我們，這是學期的一半，太多作業，忙不過來。上星期又是校慶，忙個不停，請再給我們一個機會，下一次必定按時交上。

我說：你們聽住，這是最後一次。下次若再遲交作業，給零分！你們不能再有任何藉口，零分就是零分，懂不懂？

他們說：好，教授，我們懂，你真好。

他們便合口同聲唱一首（英文）短歌，說：好教授，我們愛你，我們真愛你。

我聽了真是啼笑皆非。

也許讀者可以猜想十一月三十日，他們走進課室來，只有一百五十人交上作業。其他一百人帶著若無其事的神態，一點也沒有緊張的感覺。我向這一百個空手而來的學生詢問：你們的作業在那裏？

一個學生回答說：請教授不必擔憂，我過兩天交上，沒有甚麼了不得罷！

我拿出我的成績記錄冊來，把沒有交作業的學生一一記下來。我問：史密斯，你有沒有交作業？

他說：沒有。

我說：零分，便寫上零分。

我問：鍾士，你有沒有交作業？

他說：沒有。

我便又寫上零分。

忽然這一百個學生齊聲大叫說：教授，你不公平！你不公正！

我指著一個嚷叫的學生說：約翰，你說我不公正嗎？

他說：是的，你很不公正！

我說：你要的是公正嗎？我好像記得上一次你也遲交，我沒有給你零分。你若真真要求公正的話，我把上一次也改成零分，連今天的就是兩個零分，這是你所應得的成績！

他聽了這話，好像從夢中驚醒，無話可說。他立時在班上向我道歉，求我只給他一個零分。

親愛的讀者，有些時候我們信徒就是這樣對待上帝。不久前，全美國基督徒公選他們最心愛的聖詩，名列前茅的不是「平安夜，聖誕夜」，也不是「耶穌是我親愛朋友」，而是「奇異恩典」。這首聖歌的作者年輕時無惡不作，幹過喪盡天良的壞事。後來歸信基督，衷心感激上帝仍肯接納「我這個壞透了可恥的鄙夫」。當他體會上帝奇異的恩典時，叫他驚訝不已。

我們應當時常作自我的檢討，看看我們對上帝的恩惠有沒有漠視無睹的態度，有沒有以為自己有權可以要求上帝施恩。請問：上帝給你的恩典，還會不會叫你驚訝不已呢？使徒保羅一輩子都在詫異上帝給他的恩典，他說：「我好像一個未到產期而出生的人，我原是使徒中最小的，本來沒有資格稱為使徒。然而靠著上帝的恩典，我今日成了何等的人，這全是上帝的恩惠！」千萬不要以為上帝欠我們甚麼恩典的債。時常對上帝恩惠驚訝詫異的人，看見上帝偶爾執行公正，嚴刑處決罪人的時候，便不會大驚小怪，也不會不住地問：為甚麼？為甚麼？為甚麼？

一位德國很負盛名的神學家康漢斯說：「當我們讀舊約全書中少少幾次嚴厲的刑罰時，我們所發的問題，竟全是錯誤的問題。反之，我們應當向上帝發出一個正確的問題，說：『上帝阿，為甚麼絕大多數犯了罪的人，沒有立時被刑罰，卻能繼續存活下去呢？』」

我想這個問題的答案，是在路加福音第十三章：「就在那時候，有人告訴耶穌一件事，就是彼拉多把幾個加利利人的血和他們的祭物攙在一起的事。耶穌回答說：你們以為這幾個加利利人比其他的加利利人更有罪，才這樣受害嗎？不是的。我告訴你們，你們若不悔改，都要這樣滅亡。你們以為從前西羅亞樓倒塌時壓死的那十八個人，比一切住在耶路撒冷的居民更有罪嗎？不是的。我告訴你們，你們若不悔改，也都要這樣滅亡。」

耶穌活在世上的時候，彼拉多是管理猶太的羅馬官吏，他幹了許多笨拙的事，多次殺害許多猶太人。這些被殺的猶太居民，就是不幸被殺，運氣不好，住在沒有理性的彼拉多轄區，便被殺死。

耶穌又提及西羅亞樓倒塌的事。讀者記得有一次耶穌用唾沫和了泥，抹在一個瞎子的眼睛上，吩咐他去西羅亞池子洗眼，他便重見光明。西羅亞樓就是在西羅亞池子的旁邊，有一天，這座高樓倒塌，壓死了十八個人。這些人碰巧剛剛走到這裏便被壓死。有一個神學家說這十八個人不是在那裏示威搗亂，也不是剛剛劫了銀行逃走經過西羅亞樓。（我講這篇道的時候，一場颶風侵襲離我住處不遠的地區，六百多人死亡。這些人就是運氣不好，住在那個地區。兩週前，我住的地區得了一場暴風雨，雨極大，山洪衝向一座小小房子，把尚在夢中的夫妻二人活埋。）我們要問：這六百人和這對夫妻是不是比我們更有罪？耶穌說：不是！

耶穌也似乎正在對我們說：你們應當這樣發問，「為甚麼我們沒有被颶風殺死，被山洪活埋？」每次我們看見災禍和慘劇的時候，應當知道我們若不悔改，也要這樣滅亡。

基督復臨安息日會的信徒深信上帝賜給我們現代的真理，我們為此感謝祂。可是有些信徒內心的深處，會感覺我們對上帝的工作大有貢獻，上帝若是公正的話，祂必須把我們都接到天國去，天國裏若沒有我們這班信徒，便要失盡光彩。這是最為錯誤的思想。我們一點也不比別人好，我們應當聽耶穌的吩咐：「要悔改！」這就是上帝秉行公平的用意。

第六章　重訪一八四四年代復臨運動發祥地

當時復臨信徒的精神

在一八四〇到一八四四年間，維廉米勒耳和他的會眾定了五六個耶穌復臨的日期，最後一個是一八四四年十月二日。今天我們可以想像他們在當年七月二日的興奮心情：只有短短三個月的時光，耶穌便要回來了！八月二日到了，只有短短的兩個月！九月二日，只有一個月！十月一日，只有三週！十月十五日，只有七天！十月十九日，只有三天！

今天是十月二日！今天耶穌要回來！今天裏的任何一分鐘，耶穌都會回來！早上八時、十時，正午十二時，下午二時、四時，現在已是下午六時，耶穌還沒有回來。但是不用焦急，祂可能是用羅馬國的時間計算，比美國時間遲六小時。他們便繼續等候，晚上八時、十時、十一時，至午夜十二時鎮上的大鐘敲響了十二次，他們的大失望終於被確定了。有一位信徒寫日記，說：「我們痛哭，痛哭到早晨日出的時候！」

為甚麼這班復臨信徒經過極度的痛苦和失望，仍能堅持愛主的心，至終成為基督復臨安息日會的先鋒？筆者深信這是因為他們全心全意熱愛耶穌，和他們對聖經堅信的精神。

熱愛耶穌和篤信聖經的精神

維廉米勒耳的母親熱愛耶穌，他的母親從他童年的時候便教導他愛耶穌。到他成年的時候，他在聖經裏讀到耶穌到世上來拯救我們罪人，寫了一段感言：「我在思想耶穌的時候，心裏忽然感覺祂是多麼可愛，我儘可以把自己投入祂的懷抱裏，全心全意信靠祂。」這是每一位復臨信徒必須服膺的精神，我們必須知道耶穌是最可愛的，我們才會真心實意地愛祂。

維廉米勒耳自始把聖經看作是毫無靈感的一本書。叫他感覺奇怪的，就是使他知道耶穌可愛的一切話，都是從聖經而來。他更發現新約描述耶穌可愛，固然不在話下，連舊約也處處提及耶穌的可愛，「超乎萬人之上」（雅歌第五章十節）。奇怪，為甚麼從來沒有人告訴我聖經的前一大半對耶穌有那麼完美的描述？為甚麼我從前讀舊約，竟沒有發現它盡善極美的內容？為甚麼我從來不肯接受它是一本上帝給人類啟示的書？他說：「全本聖經所形容的耶穌，就是我最需要的救主。叫我最難明白的，就是這本並非上帝感動人所寫的，竟滿紙都是活在罪惡世界人類所需要的生活原則。我便被逼承認聖經必定是上帝給世人的啟示。從前，我看這本聖經充滿了矛盾，暗昧無光；現在，它乃是我腳前的燈和路上的光。我發現自己心裏一切所想所求的，全都可以在聖經裏面找得著。最重要的，聖經乃是醫治我心靈一切疾病的良藥。從此，我便失去閱讀任何別的書籍的興趣。」

我們可以看見在他的靈程上，產生了一個連鎖反應。首先，他的母親幫助他認識一些耶穌的可愛之處，叫他對耶穌生發了愛慕的心。第二，為要多認識這位他所愛慕的耶穌，他便閱讀聖經。第三，當他多讀聖經的時候，他便進一步認識耶穌。第四，在他愈認識耶穌的時候，他便愈愛讀聖經。筆者切望今日的復臨信徒，在靈程上都有像他這樣的連鎖反應。

維廉米勒耳的良性循環，進而產生了另一個極佳的反應。在他愈愛耶穌，愈認識耶穌，愈愛讀聖經的時候，他便開始關懷一切不認識耶穌不認識聖經的人，為他們的得救而憂慮。在一八三二到一八四四年間，他向群眾宣講耶穌回來四千五百次，平均每天宣講一次。當時收音機和電視尚未問世，聽他證道的人竟達五十萬之眾！

「一切全獻上」的精神

要向世人宣講耶穌的真理，需要大量的金錢。租賃聚會的場所，出版真理的書刊和印刷佈道會的傳單，在在需要金錢。維廉米勒耳原來是一位農夫，他早已不再務農了。在他的教會中，有一位名叫查士丁的信徒，也是個農夫。查士丁原來是個酒徒，他偶然聽聞有人攻擊維廉米勒耳，警告人不要誤信耶穌即將回來的謬道，他便起了好奇的心，把酒戒掉，去聽維廉米勒耳講道，成了他的信徒，大力支持他的工作。在他隨從維廉米勒耳之前，他人生最大的願望，就是多多購買耕種的田地，這是農夫的常情。但是查士丁現時人生最大的願望，就是叫世人聽聞耶穌即將回來的訊息。維廉米勒耳不斷地需要金錢，查士丁便不斷地出賣他的田地，並且為要立即得著現款，不惜廉價出售。

今天是一八四四年十月八日，星期二，再過兩星期耶穌便要回來。還只有兩個星期，便是十月二日，多麼叫人興奮！但是還有很多人全然不知道這一件即將來臨的大事。

查士丁的妻子，名叫馬利亞。馬利亞愛上帝，她天天讀聖經，她禱告，她深信耶穌快要回來。但她有感於查士丁和某些信徒做事有點兒偏執，有點兒走極端。例如今天晚上，可能是某天晚上，一位牧師要到她家裏來，向許多到她家來聚會的復臨信徒宣講耶穌復臨最新最近的資訊。他們要把新聞研究復討論，討論復研究，直到凌晨二時或三時才興高采烈，依依不捨地離去。馬利亞聽了多次，並沒有聽見甚麼新的見聞。他們卻如獲珍寶，叫她不明所以。她想：這有點像她家裏的狗，給它一條無筋無肉的枯骨，它可以玩賞多日，毫不厭倦。馬利亞知道，近日來查士丁白天到處去與人查考聖經，晚上到處去宣講真理。他已經多時沒有為家庭做任何工作，連照顧幼小女嬰五分鐘的時間也抽不出來。當然，他剩下的田地已經沒有多少了，今年（一八四四年）春天他甚麼種子都沒有撒下，因為他相信耶穌要在四月回來（維廉米勒耳和他的群眾多次預測耶穌復臨的日期）。四月失望後，他們再次預測耶穌要在十月回來，查士丁認為今年早春和初夏兩次撒種都不需要。還有兩個星期，便是十月二日，他連田裏自長已經成熟的莊稼也不去收割。他說：「我們快要回天家，為甚麼要浪費時間去收割呢？應當使用每一分鐘出去播散真理的種子，把將要沉淪的世人收進上帝的倉庫，才是上策！」雨水充沛，叫田裏的椰菜和馬鈴薯腐爛了。馬利亞眼看冬天快到而貯存過冬糧食的房間一無所有，陣陣酸楚湧上心頭。她想：經過五次的失望，耶穌五次都沒有在他們猜測的日期回來，假如祂在十月二日也不回來，將是最不堪設想的一次。因為查士丁和她沒有任何積蓄和存款。他們全部的財產，祇剩下兩畝農田和所住的小房子而已，怎能營謀生計呢？

她又回想多次查士丁賤價出賣田地時，她啼啼哭哭地反對和抗爭。今天她對他說：「我為全家的前途十分憂慮。」他說：「不用憂慮，我們再不需要甚麼東西了，上帝現在要我盡力拯救生靈，這是祂委派我的工作。剛才在睡房找手帕，發現小女兒的錢箱不見了，妳那套精美的茶具（當時美國家庭主婦大都有一套價值十分昂貴的茶壺和杯碟）也不在架子上了，也許有人進來偷去了。」

她知道查士丁曾從小女兒的錢箱取款給維廉米勒耳，她害怕他要把茶具賤價出賣，所以把它藏起來。他問她說：「你想我要再從小女兒的錢箱取款嗎？」她說：「也許不會。但是我們已經捐上一切，沒有剩下甚麼了，我卻要為女嬰孩留下些微財物，」說話的時候，她已全無恚忿，因為知道查士丁全心全意要為上帝拯救快要喪亡的罪人。雖然她多次叫查士丁看馬太福音第二十四章卅六節（那日子，那時辰，沒有人知道，連天上的使者也不知道，子也不知道，惟獨父知道），查士丁卻是充耳不聞。

那天晚上，為了討查士丁的歡心，馬利亞沒有用照顧女嬰孩的藉口不來聽牧師講道。她心想這位牧師不會帶來甚麼新思想，卻很有禮貌地專心靜聽。果然，牧師講道的頭一部分，她已經聽過好幾百回，一點也不新奇。出乎她意想之外，牧師忽然改變講論的主題，說：

許多人問我：你怎能確實知道耶穌快要回來？聽我講道的人以為我們這群復臨信徒絕不會查問到底我們相信耶穌即將回來這種理論，是不是絕對不會有錯誤的呢？

以我個人來說，有些時候我的心裏對耶穌快要回來存有懷疑的想法，但是當我懷疑的時候，我便立即禱告，多多禱告。

各位，我想你們知道一件事，我已經決定不管心裏有疑惑或對前途有所恐懼，也不管被人逼害或沒有金錢過活，我卻要繼續為上帝而生活，因為再只有兩個星期我便要站在上帝的跟前，與祂同活。所以在這兩個星期中，我要把自己的一切獻給上帝，我甘心情願為祂捨棄一切。

有些親友因為這一緣故不理睬我，但是上帝已經安慰我，祂已幫補我的不足。我為傳講耶穌再來，已經把我住的房子和任何有價值的東西都賣掉了，我把銀行存款也都取盡了。我現在所有的，就是一套用來更換的衣服，我的一匹馬（那時還沒有汽車）和我的一本聖經，此外，我已經身無長物。

但是，我的兄弟姊妹們，我在耶穌基督裏，生命豐盛，是為一個大富翁。

我決定不為自己留下甚麼，想不到我從來沒有像今天那樣快樂。我全心全意把我的生命交付給上帝，心裏感覺到出人意外的平安。我極度渴想要見上帝的聖面，我深知再過兩個星期便要見到祂！

馬利亞聽得入神，她看見牧師的臉上露出喜樂的容色，她十分渴想自己也能得著這樣的喜樂，叫她甚至有點嫉妒有這樣喜樂的牧師。繼而，這些信徒便開始禱告，馬利亞從來沒有看見過這樣真誠和懇切的禱告會。他們特別為還不肯信靠耶穌的親人禱告。接著，他們求上帝幫助他們為傳福音而獻上屬世的財物。當他們用一段時間作默禱的時候，馬利亞睜開眼睛，看見一位穿著得十分時髦的婦人向牧師走去。到了牧師跟前，她轉身對著眾人，雙眼流淚，雙手在頸項背部除下一串真正的珍珠，放在牧師的手中，說：「我很快樂，能把我最寶貴的東西獻給上帝！」

馬利亞十分認識這位婦人，這串珍珠不單只是這婦人屬世最貴重的財物，它更是她最愛的先父給她作為永久紀念的傳家之寶。馬利亞看見這位婦人臉上也露出像牧師那樣純真喜樂的笑容。

牧師說：「女士，謝謝妳的奉獻。還有誰願意為傳福音的工作獻上財物？」

一位年老的人說：「牧師，我要獻上我那匹馬，明天我要把它賣掉。」

一位新近歸信耶穌的人說：「牧師，我把我的手錶和銀行存款獻上，」他的妻在旁很誠意地點頭贊成。

馬利亞聽聞有金屬物品碰撞的聲音，看見一位她所認識的老婦人，這人一向十分愛慕虛榮。老婦人把頸上一串一串又一串的珠寶玉石摘下來，全放在她的手袋裏，向牧師走去，對他說：「牧師，我將這些飾物獻上為你傳福音使用」，她回到自己的座位坐下，頸項上空無一物，在座的人都說「阿們」！

牧師說：「讚美主，祂今天晚上在人人的心中運行。我們獻上給祂的禮物，祂要加倍報答我們。首先，祂把喜樂帶進我們心裏。第二，再過幾天，耶穌便要回來接我們到祂那裏去……」，話還沒有說完，一位工廠的工人站起來說：「牧師，我心中有一個大難題，有人告訴我假如耶穌回來的時候，我還欠別人一筆債，我便要沉淪，請問對不對？」

牧師打開他的聖經讀保羅的話說：「要彼此相愛，不要欠債。」

那人說：「我已經把房子和一切家當出賣還債，卻還欠人三百元，你想上帝能赦免我的罪嗎？說時聲淚俱下（一百五十年前的三百元，等於今日的三十萬元），全場寂靜了好一會兒。一位年老的婦人舉手說：「牧師，我僅有二十元，我給他還債好了。」一位醫師和其他兩個人湊夠了二百八十元給他作還債之用。在座眾人都為這三百元感到極大的喜樂。

又有一個人站起來說：「牧師，我要在這裏把我一切的罪過都承認出來。再過兩星期，耶穌便要回來，我不要容許任何罪過把我和耶穌隔開。我還有一項罪行，我像使徒行傳的亞拿尼亞，為自己不時之需，收藏了一筆錢財。我要在我的人生中把這軟弱除掉。牧師，假如我能活到明天，我要把這筆錢財帶給你」，會眾高聲說「阿們」！有人獻唱一首早期的復臨詩歌，在座的婦女一個一個把金戒指和首飾摘下來交給牧師。男士也一個一個把手錶袋錶和銀幣（當時沒有鈔票紙幣）交給牧師。有一個男子把皮靴脫下交給牧師，牧師把皮靴退還給他，說：「天寒了，你需要穿著，」那人說：「耶穌快回來，冷一些也沒有關係。」

查士丁看見他很熟的一位朋友，這位朋友不信耶穌，卻被查士丁邀請，好奇而來赴會。這就是多次向查士丁廉價購買田地的鄰居，他也是農夫。馬利亞看見查士丁跟這人談話，談完又握手，便到牧師那裏去，面上露出喜樂的神情。馬利亞意想她的丈夫一定是把他們住的房子和他們僅餘的兩畝農田又廉價出賣了。過往多次賣地時她所感覺的恚怒，現在也自然感覺得到。可是剛才她所見和所聽的，叫她感覺心中洋溢著一種無可解釋，又無法形容的平安。這是她人生中第一次感到這樣的平安。

她想：這些人臉上都滿有喜樂的面容，他們在過往的幾個月中，生活有顯著的改善。他們的禱告懇切真誠，並且這一切全獻上的精神給他們帶來無限的喜樂。現在她知道查士丁為甚麼這麼樂意出賣田地。在過去的幾個星期中，她心中多次發出多個問題：上帝差遣祂的兒子耶穌到世上來為我捨命，我曾把甚麼獻給祂作為報恩呢？每一天上帝賜我有美好的健康，我有報答祂嗎？從前她的大女兒出生時，先天不足而死去，不至成為終身殘廢的可憐人，上帝又賜她力量忍受當時的傷痛，她對上帝有甚麼報答和感謝呢？再想想查士丁還是個酒徒的時候，上帝賜她力量去應付一切，她對上帝曾有甚麼回應，表示衷心的感激嗎？

固然，馬利亞有讀聖經，也有禱告，但是除此之外，她知道自己對上帝一切的恩惠，還沒有多少具體和實在的感謝。她想：我若繼續縱容這樣自私的行為，兩星期後耶穌回來的時候，查士丁到天國去便沒有妻子，我的愛女到天國去便沒有母親，她便暗暗地溜出門外去，走到房子後面園子裏的一個角落處，撥開厚厚一堆的葉子和泥土，把她收藏著的寶貝挖出來，就在那裏她對耶穌說：「我現在把一切獻給祢，就是我小女兒的保健費用也全獻給祢。」

她跑回屋子裏，牧師正在講道，她卻不管，深恐自己會改變主意，要趁她現時，決定把她寶貴的珍品獻給上帝。她的心臟因腦子裏的掙扎引起劇烈的跳動。她把茶具放在牧師的手中，說：「這能換取高價。還有，這是我私自存下的錢。」立時，她的心靈洋溢著出人意外的平安，雙目流出喜樂的眼淚，向著自己的座位走回去。怎知查士丁把她的手拉住，帶她走出屋外，在漆黑中緊緊地抱著她。他們的兩顆心現在採取相同的節拍跳動，把上帝放在生命中最高的位置上。是的，馬利亞的掙扎到此終止了，不復存在，她把一切都獻給上帝，正像查士丁一樣。

親愛的讀者，今天上帝還沒有吩咐我們把自己居住的房子出賣，但是上帝卻要我們身為復臨信徒的人，把祂放在我們生命中最高的位置上，在一切事上以祂為首，願意把一切向祂全獻上，阿們！

第七章　耶穌來遲了嗎？祂一直在延期嗎？——猜測耶穌復臨的日期

最近我買了一本書，名為「猜測耶穌復臨日期的危險」。叫我大惑不解的，就是在基督教歷史中，應當沒有人膽敢違背耶穌的訓示，去猜測祂復臨的日期。但是事實上，猜測復臨日期次數之多，造成禍害之烈，竟能寫成一本書，信是無法解釋的現象。耶穌很明白的說：「你們看見這一切的事，也該知道人子近了，正在門口了。……但那日子，那時辰，沒有人知道，連天上的使者也不知道，子也不知道，惟獨父知道」，請問，讀了這一片段，還有誰可以懷疑或誤解耶穌的本意，而妄自去猜測祂回來的日期呢？

筆者在「今天！今天！今天！」講章裏，曾稍稍提及信徒猜測耶穌復臨的日期，是怎樣不符合聖經的啟示。在本章裏，筆者要用稍為不同的形式，首先簡單地述說一些猜測復臨日期的史實，然後提出這些猜測造成的後果，是多麼令人痛惜。

一〇〇〇年：在基督教歷史中，到第五世紀，被譽為使徒保羅後最大的神學家奧古士丁教父猜測耶穌要在主後一千年復臨。

一二六〇年。

一三〇〇年。

一八四三年：十九世紀美國浸信會信徒維廉米勒耳和跟隨他的群眾猜測耶穌要在一八四三年內某幾個日期回來。

一八四四年十月二日：維廉米勒耳和隨從者根據但以理書二千三百日的預言猜測耶穌將於此日復臨，造成信徒所謂的「大失望」。

一九五三年：有人認為一八三三年天星墜落是天體最後的一個預兆，從這一年再加上挪亞傳道的一百二十年，就是一九五三年。

一九五八年：有一班美國本會信徒反對教會領袖，脫離教會（一切脫離本會而另起爐灶的運動，大都是因與教會領袖不和所致），組織命名為「牧人杖」的團體，聲言耶穌在一九五八年回來，信徒應當跟隨他們遷居到耶路撒冷城，等候耶穌回來。一切不肯到耶路撒冷城的本會牧師，都將要被燒死。

一九六四年：一八四四年加上挪亞傳道的一百二十年。

一九八〇年：上述一九五八年「牧人杖」的宣告落空了，到了一九七六年，他們認為上一次計算耶穌復臨日期有錯誤，現在他們宣告新的日期，就是一九八〇年。

一九八七年：一班美國西岸的本會信徒在一九八四年宣告耶穌要在一九八七年十月三日回來，理由如下：

❶ 一九八四年正月十日美國政府與天主教重新建立外交關係，同年三月七日美國國會派出駐梵

帝崗大使。正月十日與三月七日最中間的一日，就是二月七日。二月七日再加上但以理書第十二章的一千三百三十五日，便是一九八七年十月三日。

❷美國總統雷根在一九八四年三月二十日原要命令全國公立學校每天開課前舉行禱告的儀式。雖然國會不通過這項法令，沒有實行出來，但是有一班本會信徒認為這是政府和教會合一的重要日期，便把三月二十日加上但以理書第十二章的一千二百九十日，又是一九八七年十月三日（事實上，仔細算一算，便知道不是十月三日，差了好多天，但是這一班人認為夠接近了）。

❸他們又說在一九八四年四月二日，有三十五萬人目睹教皇把聖彼得大禮拜堂的「聖門」關閉，結束了天主教的「救贖聖年」，便把四月二日加上但以理書第十二章的一千二百六十日，又是一九八七年十月三日。

❹某些人看見利未記第廿五章的「禧年」，就是上帝吩咐以色列人要守的聖年（每第五十年就是禧年），便從主前四千前開始計算，到一九八七年剛好又是一個「禧年」。

❺本會在印度有些信徒相信在一九八七年十月三日，美國國會要通過守星期日律法，全世界的復臨信徒將要受迫害。這一小群的印度信徒相率到附近山上逃避迫害。

一九八八年：以色列國在一九四八年以神蹟戰術把國土裏面的外國居民趕出，登時復國。有一位宗教作家在一九七〇年著書立說，倡言馬太第廿四章卅四節的「世代」是四十年，所以一九四八年加四十年，就是一九八八年，耶穌便要回來。當然，耶穌沒有回來，他卻成了大富翁，因為他售出他的著作，不下數百萬冊。

一九八八，一九八九年：有人印了一本書，寄給本會信徒。該書取名「耶穌必定在一九八八年復臨的八十八個理由」。耶穌沒有在那一年回來，作者又把日期改為一九八九年。

一九九四年：一位美國宗教廣播界的知名人士在全國電視網上推銷他的新著，預告耶穌要在一九九四年回來。

一九九六年：有人計算一九九六年是慶祝創世六千周歲之年，耶穌必要顯現。

一九九七年：一位名叫歐撒的大主教，以研究世界歷史年代著稱，他作出結論：耶穌要在一九九七年回來。

二〇〇〇年：猶記得這一年快到的時候，千萬基督徒誠惶誠恐地預期耶穌要在這一年回來。宣講這是基督復臨之年者，大有人在。

讀者看過了這些猜測耶穌復臨日期的史實，一定有感於心。我們身為耶穌信徒的人，怎能違反祂的話去猜測世人不可知曉的日期呢？他們猜測的方法，是穿鑿附會，東拉西扯，牽強之極。例如使用但以理書第十二章的一千二百九十日和一千三百三十五日，這都是直到現在還沒有人明白的兩個數字。還有，六千年前上帝創造世界確實是那一年，已經無可稽考，因為摩西寫創世記的時候，已經是創世後二千五百年，他並沒有把創世記作為年表而記錄。

這樣違反耶穌教導去猜測復臨日期的結果，顯然造成了多次的狂熱，多次的興奮和多次的失望。

這多次的失望，叫千萬信徒失去了信靠耶穌的心。一八四四年大失望之後，只有極少數的人繼續尋求上帝的引導，大多數的人不再到教會來，也不再信奉上帝，這是極為可悲的現象。上述一九八七年後的兩次大失望，連領導的人物都相繼離開教會，附和隨從的群眾，也大率放棄信仰，可堪浩歎！

懷愛倫夫人身受一八四四年大失望的痛苦，其後在她畢生的寫作中，強調在一八四四年之後，聖經再沒有關於時日的預言。她指出撒但聳動信徒猜測耶穌復臨的日期，只有一個動機，就是要毀滅基督徒對上帝的信任心。人若相信耶穌要在兩年三年後的某月某日回來，心靈便受到極大的刺激和震撼，興奮異常（懷愛倫夫人十分喜用刺激，震撼和興奮等詞），及至到了日期，大失所望，痛苦難堪，勢必叫人喪失對上帝的信靠心。這就使撒但的詭計得逞了。

除此以外，撒但更藉此傷害那些繼續信靠上帝的聖徒，叫他們多次聽聞耶穌何年何日再來，便對復臨一事產生厭煩感，實在是最可惜不過的事。使徒保羅說我們救主耶穌榮耀的顯現乃是信徒生命中「有福的盼望」（提多書第二章十三節照原文直譯）。把上帝原定要為信徒日常生活中時刻帶來喜樂的「有福的盼望」，變為叫人厭煩的失望，是十分可悲的現象。我們的禱告應當常說：「願祢的國降臨」，「主耶穌啊，我願祢來」（啟示錄第廿二章廿節）。使徒彼得敦促我們要「切切思慕和盼望上帝的日子來臨」，這應當是復臨信徒人生中的樂事。

我有一位神學教授，他的辨識力很強，他說我們可以從兩個不同的角度去看耶穌復臨與個人生活之間的關係。第一，假如信徒感覺需要知道耶穌即將回來的日期（比如十個月後），才有決心去過真正的基督徒生活，這是最錯誤不過的觀念。因為這就是說，如果耶穌不是即將回來，信徒便可以輕鬆懈怠，過任意妄為的生活。這就是耶穌在馬太福音第二十四章所描寫不忠心惡僕的心思意念：「我的主人必來得遲」。這種思想的後果，「就動手打他的同伴，又和酒醉的人一同喫喝。」實際上來說，不管耶穌是在甚麼時候回來，一位真心愛上帝的信徒，不會打人，也不會跟酒醉的人一同喫喝。

第二是本會特有的角度。我們相信死人毫無知覺，所以完全不知道時間的消逝。我在這一秒鐘死了，在無知無覺的狀況中來說，下一秒鐘就是耶穌再來叫我復活的時候。所以事實上，耶穌是在每一個人有生之日回來，這就是信徒要認真和謹慎過完美基督徒生活的最大原因。可見耶穌復臨的日期，一點也不重要（上帝絕對不會把對我們有關重要的事，不告訴我們），而認定耶穌必定要再來，才是最重要。

記得中學時代讀過文天祥信國公的正氣歌，云：「時窮節乃見、一一垂丹青。在齊太史簡、在晉董孤筆，在秦張良椎、在漢蘇武節。為嚴將軍頭、為嵇侍中血，為張睢陽齒，為顏常山舌。……生死安足論。」一大意是說在他和他以前的時代，致人死於非命的原因很多。如上所述、其中有死於政治迫害的，有死於軍事失利的，有死於秉筆直書的，有死於拒降不屈的，隨時都有死亡的可能。假如他今天要把廿一世紀能致人於死的原因加上去，我想他的文章自要加長盈倍。今日的人死於非命的機會，比文天祥和他以前的時代多得多了。例如地震、車禍、槍殺（特別是在美國）、恐怖分子的襲擊、心臟病猝發、中風等等，都是叫人絕無機會準備或悔改的死亡。親愛的讀者，我們必須時時刻刻要在準備妥當的狀況中過生活。

上帝遲延嗎？上帝改期嗎？

更有一些信徒看見人一次一次又一次，連續十多次猜測耶穌復臨的日期，每次都未見應驗叫人大失所望，便在心理上產生了「延遲」、「延期」或「改期」的錯誤觀念。這錯誤的觀念固然把責任推到上帝的身上，然後又把責任推到一般信徒的身上。我們先從他們把責任推到上帝的身上說起。

耶穌說只有天父知道祂復臨的日期，這就是說天父已經定好了一個日期。耶穌又說，沒有人，沒有天使，當時連耶穌自己也不知道天父所定的日期。既然沒有誰知道這個日期，我們便絕對不能說上帝延遲耶穌的復臨，更不能說上帝延期或改期了。在全本聖經的記錄中，上帝是絕對準時和守時的上帝。試看上帝呼召亞伯拉罕的時候預告他的後裔以色列人將來要在埃及國受苦四百三十年。摩西記錄出埃及那一天，他說：「正滿了四百三十年的那一天，耶和華的軍隊都從埃及地出來了！」（出埃及記第十二章四十一節）上帝是一位絕對準時行事的神，於此可見。

耶穌降生的時候也是上帝絕對守時的好例證。保羅說：「上帝所指定的日子一到，祂就差遣祂的兒子……降生在世界上」（加拉太書第四章四節當代聖經譯本）。一切提出上帝延遲和改期的理論，都是不符合聖經的記載。在聖經裏提出上帝遲延的話，大都是出自不忠於上帝的人的口，那惡僕心裏說：「我的主人必來得遲，就動手打他的同伴，又和酒醉的人一同吃喝。」在末世有好譏笑的人出現，隨著私慾嘲諷說：「嘿！主降臨的應許在那裏呢？從我們的祖先長眠不起直到現在，一切依舊，與創世之初毫無分別，主來的跡象一點也沒有」（見馬太福音第廿四章音和彼得後書第三章當代聖經譯本）。

至於把責任推到信徒身上，也不符合聖經的教導。有人濫引懷愛倫夫人一段話去設立所謂「收穫原則」，意謂當信徒的品格到達成熟階段的時候，像米稻或麥子到達成熟的時候，耶穌才可以回來。這就像一位猶太教拉比所說：假如全世界的猶太人能完全遵守某一個安息日為聖，那麼，他們等候了好幾千年的彌賽亞，便要立即降臨。根據這些人的理論，一切復臨信徒必須到達完全不犯罪的階段，耶穌纔能回來。換言之，信徒可以延遲耶穌復臨的日期。不久前，有兩位本會學者分別寫了一本書，兩本書的命名十分接近：「預備好或沒有預備好，我回來了」，很合聖經的教導，人不能阻延耶穌再來的日期。

復臨的豫兆

說到耶穌給我們好幾個祂復臨的兆頭（見馬太福音第廿四章，馬可福音第十三章和路加福音第廿一章），復臨信徒應當知道沒一個預兆可以作為確定耶穌再來日期的根據。筆者在美國西部加里福尼亞州住了二十多年，是地震區，地底下有千百個「斷層」，經常有三級四級和五級震動，司空見慣，一點也不稀奇。若是超過六級便是摧毀和傷亡慘重的震動，復臨信徒便大呼「耶穌快來了！」其實耶穌早已說過：「多處必有地震……這只是災難的開始。」祂也說：「你們聽見打仗和打仗的風聲，不要驚慌，這些事是必須有的，只是末期還沒有來到。」

還有一個兆頭，是確實指出末期到來的兆頭。耶穌說：「這天國的福音，要傳遍天下，對萬民作見證，然後末期才來到」（馬太福音第廿四章十四節）。但是這個兆頭要怎樣應驗，我們信徒無法知曉。假如世界上的每一個國家都至少有一個國外佈道士，這是不是福音已經傳遍了天下？是不是世界上的每一個人，都必須有機會聽聞福音，耶穌才可以回來？我們怎樣才可以知道福音已經傳遍天下？這幾個極關重要的問題，在聖經中找不到任何答案。總結來說，我們作復臨信徒的人，絕對無法預知耶穌再來的日期，所以時刻在準備妥當的狀況中生活，乃是耶穌在馬太福音第廿四章所給最美好和最穩妥安全的教導。

第八章　我必「快」來，多麼快，才算是快？

我在一九五〇年代到澳洲本會的大學攻讀。大學是在雪梨市北面九十多哩外的鄉下，自成一個世界，是信徒退休的好地方。我在這裏認識了一些與懷愛倫夫人同工的老年教會領袖，是十九世紀末葉的人物。那時代的復臨信徒相信耶穌快要回來，許多青年人讀完中學便作書報員或找別的工作，四出傳揚耶穌快來的喜訊，不願進大學耗費光陰，因為他們覺得耶穌很快便要回來，時日無多了。

數週前我赴一位年登九十六歲遠親的喪禮，牧師安慰家人說：「耶穌很快便要回來，這位忠心的信徒便要復活與家人永遠相聚，不再分離。」基督復臨安息日會宣講耶穌快來，已經有一百五十多年了。每年的十月廿二日，是本會信徒一個重要的週年紀念日，因為在一千八百四十年代，浸信會的熱心信徒維廉米勒耳宣講耶穌要在一八四四年十月廿二日回來。研究當時歷史的學者估計跟隨維廉米勒耳的群眾，有五萬到二十五萬之多。當然，耶穌在那天沒有回來，造成了所謂「大失望」，整個維廉米勒耳的運動便瓦解，分裂為四組。

第一組最大，人數最多，他們感覺十分丟臉（有許多人賣了房屋田地支持宣講的工作），被不信的親友譏諷，便惱恨上帝，懊悔自己糊塗盲信維廉米勒耳。這組人從此失盡宗教的信仰。

第二組人繼續宣講耶穌回來的新日期，卻找不到聽講的人，五、六年後便銷聲匿跡了。

第三組人沒有為復臨預立新的日期，卻仍深信耶穌必定要再來。他們沿著浸信會的規例，守星期日為聖日。在一八六〇年，他們正式成立「基督復臨信徒會」，到今天他們自己組織的教會，仍然持續運作，只是教友人數逐年減少，數年前他們在北美的人數眾多，達三萬一千之眾，現在卻減少了三分之一，只剩一萬九千教友而已。

第四組是人數最少的一組，只有五十人，這五十人散居在美國東部的幾個州中，領導人是懷雅各夫婦和退休的船長貝約瑟。他們在一八六三年正式組織成立「基督復臨安息日會」，守星期六（一週的第七日）為安息聖日，相信懷愛倫夫人得著預言之靈的恩賜，也相信耶穌在一八四四年十月廿二日進入了天上的至聖所，為我們作大祭司。他們也像「基督復臨信徒會」的信徒，不再預定耶穌回來的日期，卻深信祂必定要快來。他們在一八六三年把美國東部六州的區會組織起來，成立了基督復臨安息日會的總會。他們的事工從此突飛猛進，今日全世界有一千多萬教友。可是，經歷了一百五十多年的等待，是一段十分漫長的歲月，耶穌還是會再來嗎？

耶穌在啟示錄書中，曾有四次說祂要快來：

「我必快來」第三章十一節

其他三次記在第二十二章，就是全部聖經結束的一章：

「看哪！我必快來」第七節

「看哪！我必快來」第十二節

「我必快來」第二十節

我們當然確實相信耶穌快要回來，因為耶穌親口說出「我必快來」，竟有四次之多，祂絕對不會食言，祂每一句話都不會落空。但是耶穌說「我必快來」，是二千年前所說的，二千年還沒有回來，尚談得上「快」嗎？

上述「基督復臨信徒會」在一九六一年召開大會，席間作了一項議決，全體代表沒有一個反對這項議決，一致通過。茲把他們在等候耶穌快來一百一十七年後的結論，略述如下：

「許多年來，我們的信徒在問：這樣等候，這樣長久的等候，還有甚麼意義嗎？大家只須想一想，便知道我們不能再像我們的父親或祖父那樣衷心誠懇地宣講耶穌快來。就算我們繼續宣講，聽眾也必無動於衷，因為我們自己的心，也充滿著疑惑耶穌到底是不是要快來的思想。當然，我們仍舊深信自己對但以理和啟示錄兩本書中預言的解釋是正確的，但是我們對書中提及的時間，卻完全不明白。為此，我們已經失去了宣講耶穌快來的熱誠。信徒問為甚麼牧師們不再宣講耶穌快來呢？理由很簡單，牧師們自己對耶穌快來一事，還有許多不明白之處，所以不能向聽者胡謅，便以不宣講耶穌快來為上策。」

我們基督復臨安息日會的牧師和信徒，有些讀了上述的結論，也許感覺於我心有戚戚焉，又或有同感，自是意中事。

不久前，懷氏遺著託管會主任（現已退休，本文從他在公報的撰文中，得益不淺，受助良多，特此致謝）官恩牧師主持要道問答會中，有一位教友問：「二千年這麼長的時間，怎能說是快。難道耶穌在這二千年間一直欺騙我們，叫我們在預備妥當的情況中生活嗎？」

官恩牧師回答說：「這是一個值得深思的問題。我們要知道，舊約時代的信徒等候了四千年，耶穌才第一次降生到世上來。至於耶穌第二次降臨，我們才等候了兩千年。」

仔細研究聖經對時間的觀念，我們發現聖經的時間好像有「相對」（相對論）的性質。使徒彼得時代的信徒被不信的人隨著私慾嘲諷說：「主不是應許要再來嗎？祂在那裏呢？我們的祖先都死了，一切還不是跟創世之初一樣嗎？」彼得叮囑他們說：「有一件事你們不可忘記，在主的眼中看來，千年如一日，一日如千年。主並不是像一般人所想像的，遲遲不實現祂的應許。事實上，祂是在寬容我們，因為祂不願意有一個人沉淪，卻希望人人都悔改。」

千年如一日，一日如千年，這是聖經時間相對的性質。聖經還有一個時間相對性質的事例，若不慎謹研究，難免使人誤以為聖經有自相矛盾之處，茲特簡釋如下：

彼得被聖靈感動說：「你們等候上帝的日子，要竭力加速它的到臨」（彼得後書第三章十二節，當代聖經譯本，「加速」是最合原文的意義）。換句話說，信徒可以加速這日子的來臨，可以把耶穌回來的日子更改，提前。這麼一來，問題就發生了，因為保羅也是被聖靈感動，論到耶穌復臨的日子，他說：「上帝已經定了日子」。當然，耶穌自己說：「那日子，那時辰，沒有人知道，連天上的使者也不知道，子也不知道，惟獨父知道。」天父已經定了一個日子，祂當然知道是在那一天耶穌要回來。

彼得的話和保羅的話，是不是互相矛盾，彼此抵觸？有些不信上帝的人說彼得和保羅的理論相反，證明聖經不可靠，這是很可惜的結論。原來這兩位使徒的話，都是從上帝而來，上帝當然不會自相矛盾。上帝定了一個日子，這是上帝容許人類罪惡存在最後的一日，也是上帝容許惡人反抗祂最後的一日。到了這一日，耶穌便要回來，執行結束罪惡的第一步，就是把惡人除滅，把義人接到天上去（一千年後，耶穌第三次回到世上來，根除魔鬼，惡天使和惡人，自此便再無罪惡的存在）。沒有人能更改上帝所定最後的日子。

但是當上帝訂定耶穌復臨日子的時候，祂卻也本著無窮的智慧，鼓勵信徒把祂所定立的日子加速和提前。懷愛倫夫人解釋彼得「加速」一詞的意義說：我們若把福音傳遍天下，便可以加速上帝大日的來臨。

為甚麼上帝在訂定了耶穌復臨的日期之後，又要藉著彼得鼓勵信徒把這日期加速和提前呢？這是因為上帝深愛世人，愈早結束罪惡的存在，便能減少世人的苦痛。但是同時上帝也愛惜每一個人，不願意有一個人沉淪，連一隻麻雀掉在地上死了，上帝也知道，耶穌說我們比麻雀要貴重多了。親愛的讀者，耶穌到今天還沒有回來，是要給我們多一些時間，多一刻悔改的機會，我們應當好好地把握這個機會，好好地善用它。讓我們看看懷愛倫夫人怎樣深知彼得和保羅的理由，在一八五一年她寫下了一段話（一八五一年代所寫的，是她早期的訊息），說：

「我看見耶穌在天上至聖所工作的時間快要完結了，只有十分短少的時間了。」

三十二年後，就是一八八三年，反對她的人很不客氣地引用這段話質問她，指證她是個假先知。她對這班反對她的人作了一個回答，今日登載在「證言精選」第一輯，說：

「我看見耶穌的工作快要完結，但是時間卻延長了，難道我所寫的話就是假話嗎？請細心閱讀耶穌和門徒的話，誰能說當代的信徒受了欺騙呢？看看保羅寫信給哥林多信徒說：弟兄姊妹們，我要告訴你們：時候不多了（哥林多前書第七章廿九節）。保羅對羅馬的信徒說：黑夜快要過去，白天就要來臨」（羅馬書第十三章十二節）。耶穌藉著使徒約翰從拔摩海島對我們說：時日無多了；上帝差遣祂的使者，將那必要快成的事指示祂的僕人。看哪，我必快來。

「上帝的天使多次傳給世人的訊息，一向都是說時間是十分短促，上帝給我的指示，也一直是說時間短促。我早期的訊息傳出後，時間上實在是比我所說的延長了。我們的救主沒有像我們所期待那樣快速回來，這難道是上帝失信嗎？絕對不是！我們應當牢記一件事，就是上帝的警告和應許都是帶有條件的。」

我們常常忽略了一項真理，就是許多（不是全部）聖經的預言都是帶有條件的。例如上帝警告尼尼微城的居民，他們惡貫滿盈，四十日後便要遭毀滅。全城居民，連國王在內，立時痛改前非，棄惡從善，上帝便回心轉意，不把所說的災禍降與他們。上帝對尼尼微國民預言他們要遭毀滅只有一個目的，就是叫他們棄惡從善。他們符合了這個免災的條件，上帝便撤消了降禍的預言。

推而言之，耶穌回來，是確實和無可懷疑的，但是耶穌回來的日期，卻是帶有條件性的，更有提早的可能性。我們若明白這項道理，便不會以為彼得和保羅互相牴觸，或是懷愛倫夫人說錯了話。

「快」字對今日信徒的意義

歸根究底，這個「快」字對廿一世紀的復臨信徒，有甚麼切身的重要意義？我想：耶穌提及祂復臨之前許多的預兆，都是很重要的，但並不是這個「快」字對今日信徒最重要的意義。彼得鼓勵我們盡力為上帝工作，藉之以加速和提前耶穌復臨之日，這是很重要的，但也不是這個「快」字對今日信徒最重要的意義。這個「快」字對今日每一位復臨信徒最重要的意義，乃是叫我們確實知道我們每一個人的生命，隨時都有結束的可能。

我看過多位本會神學家的末世學論文，在他們研討「快」字的意義時，都有相同的結論：就是耶穌要在每一個人有生之日回來。在「耶穌來遲了嗎？上帝延期嗎」一文中，我已提說過一次這個結論，但是這結論有極大的重要性，所以應當再提說一次。本會得蒙上帝的指示，接受聖經教導人死後全無知覺，所以完全不知曉時間的消逝。我在這一霎時死了，以我在無知無覺的狀態中來說，下一霎時就是耶穌回來叫我復活的時候。所以實際上來說，耶穌是在每一個人有生之日回來。進一步來說，每一個人只能在鼻孔裏還有呼吸氣息，心臟還在跳動，腦子仍在清醒狀態的時候，準備妥當等候耶穌回來，這就是「快」字對我們生活在二十一世紀的復臨信徒最有切身關係的意義。

所以懷愛倫夫人在一八八二年寫了這段話：「今天我們要儆醒，叫自己不在說話和行為上犯罪。今天我們要尋求上帝，若是我們得不著祂與我們同在，我們便不能歇息。我們要謹慎，盡力工作，儆醒禱告，把今天當作是我們人生最後的一天。假如今天果真是人生最後的一天，我們要多麼緊密地隨從耶穌而生活，我們的處事為人應當要多麼誠懇和謹慎！」

多麼快才算是快？「這啟示有一定的日期，快要應驗，並不虛謊。雖然遲延，還要等候，因為必然臨到，不再遲延」（哈巴谷書第二章三節）。上帝用這節經文告訴我們：雖然我們以為祂是遲延了，但是在上帝看來，祂一點也沒有遲延。祂也深知我們等得不耐煩，以為祂是遲延了。這節經文給維廉米勒耳的信徒在大失望的時候帶來了極大的安慰和鼓勵。照樣，這節經文在今日也給我們帶來極大的安慰和鼓勵。耶穌警告我們不要心裏說：「我的主人必遲遲不回來」，這是不忠心的惡僕人的想法。使徒保羅引用哈巴谷先知的話，說：「所以你們不要放棄信心，有信心的人必得大賞賜。你們必須忍耐，使你們成全了上帝的旨意，就可以得著祂應許你們要得的。因為只差一點點的時間，那要來的就來，毫不遲延。」（希伯來書第十章卅五至卅八節）

使徒約翰對我們說：「每一個存著耶穌回來盼望的人，都應當潔淨自己，像祂潔淨一樣。」親愛的讀者，希望你能與約翰那樣懇切地說：「主耶穌阿，我誠心願祢快來！阿們，阿們。」

（本文大部分的資料，取自教會英文公報一篇撰述，作者是前任懷氏著作託管會主任官恩博士，特此致謝）

第九章　復臨信徒怎樣辨識撒但的騙局？（註）

小說中的一幕

一架波音七四七客機正在大西洋上空朝著倫敦市飛行，機長走出駕駛室，女機艙服務員向他走來，緊抓著他的雙臂，驚慌地哭泣，說：「乘客突然失蹤了！」

機長正在懷疑的時候，聽見許多乘客在尖叫，從座位上跳起來，尋找同坐的親人和朋友。（一半乘客失蹤，小童全部失蹤！）

電影中的一幕

飛機正朝著倫敦飛行，乘客都在睡覺，只有一位電視廣播員忙著搜集廣播資料。他忽然聽聞離他不遠的老太婆大叫：

「親愛的，你到那裏去了？」

「老太婆，有甚麼事嗎？」廣播員很關懷地問。

「坐在我身旁的丈夫突然失蹤了！」

「我想他是在你打瞌睡的時候，到洗手間去了。」

「你肯到洗手間去找找他嗎？」

「我去。」

「請把他這件外衣帶去給他。」

廣播員看見老太婆旁的空座位上，有一件外衣，一件襯衫，又有老公公的眼鏡。外衣和襯衫都被安全帶捆住，便對她說：

「我想他是赤著身子離座的！」

廣播員在倫敦辦完事飛回美國時，發現他飛往倫敦途中老公公失蹤的那一個晚上，在美國和在世界各地有千百架飛機上乘客失蹤，又有飛機駕駛員失蹤使得飛機衝落於地。世界各地有無數汽車失事，因為駕車的人突然失蹤，千萬家庭中忽然找不著親愛的人。貪財的資本主義人物壟斷食糧，人類面臨饑荒。

廣播員更發現一切重生悔改的基督徒全已秘密地被提到天國裏去。沒有被提去的人要受敵基督者的迷惑。這位被稱為敵基督者的，要使用政治和經濟的權力控制全人類。世界最重要的大事，就是敵基督者要在耶路撒冷城重新建造一座猶太人的聖殿。

小說和電影

這本小說名為「撇下」（香港譯本稱之為「末日迷蹤」，是很好的意譯），由兩人合力寫成，一位是聖經教師，另一位是小說家。此書一出，不脛而走，被列入紐約時報所登最暢銷書的名單上，又被一所巨大的出版社推介為「列在二十世紀十大暢銷書」中。因為它驚人的銷售數量，激發了作者將它擴充為十二冊的一部系列叢書。

自然而然，很快地有人根據這本小說的結構，製作了一套也叫做「撇下」的電影，在全美國電影院放映，轟動一時，甚至在連鎖雜貨店也能買到它的錄影帶。

我們且把這本小說的主題簡述出來，然後把這主題與聖經的教導比較一下，看看二者相差的距離有多大。

「撇下」這本小說一開頭便談到千百萬基督徒在啟示錄書中所敘述的大災難來到前，要在瞬息之間，無聲無響地秘密被提到天上，免受任何災難。這本小說視之為耶穌第一次的復臨，暗暗地把信徒提到天上去。至於那些被撇下的人，就是不肯悔改的外邦人和不肯信耶穌的猶太人，在其後的七年之間，要遭受災難的痛苦，這就是給他們悔改的第二次機會。他們若善用第二次悔改的機會，當七年期滿後，耶穌便要第二次復臨，拯救他們。又在這七年中，敵基督者要在耶路撒冷城建造猶太人的聖殿。

我們若仔細把上述小說的情節與聖經比較起來，有多處不符合聖經對基督復臨的教導：

❶耶穌在馬太福音第廿四章暢論祂復臨的景象時，說，「那時，兩個人在田裏，取去一個，撇下一個。兩個女人推磨，取去一個，撇下一個。」（四十、四十一節）小說作者看見兩個「撇下」便異想天開，認定聖徒是暗暗地，秘密地被提到天上去。全本聖經論到耶穌復臨接信徒升天，絕對沒有提及或暗示任何秘密的意味。反之，耶穌在馬太福音第廿四章說祂回來的時候，「太空的天體震撼不定。那時候，天空會出現我要來的兆頭，人類看見我駕著雲彩，帶著能力和榮耀降臨，都要悲哀痛哭。

我要差遣天使，用號角高聲從四方八面，從天這邊到天那邊，召集屬我的人」（廿九至卅一節，當代聖經譯本）。這是驚天動地，在眾目睽睽之下發生的大事，一點也不秘密，絕不是無聲無響暗暗地發生。

再看看保羅預告耶穌復臨的莊嚴景象，他說：「因為主必親自從天上降臨，有呼叫的聲音，和天使長的聲音，又有上帝的號筒吹響」（帖撒羅尼迦前書第四章十六節）。這裏提起的三種聲音，任一種都是震耳欲聾的聲音，再加上億萬信徒從死裏復活，和活著聖徒形體變化後一起被提到雲裏與主在空中相遇，這可能是全本聖經中描摹得最熱鬧、最生動，而且又是最公開的一幕，絕對沒有靜悄悄地發生的可能。耶穌更警告信徒說：「若有人對你們說，基督在這裏，或說，基督在那裏，你們不要信……若有人對你們說，基督在曠野裏，你們不要出去，或說，基督在內屋中，你們不要信。閃電從東邊發出，直照到西邊，人子降臨，也要這樣」（馬太福音第廿四章廿三、廿六、廿七節）。

❷小說的另一個主要情節，就是聖徒要在末世災難來臨之前被提到天上去，免受災難之苦。全本新約描述末日的災難最詳盡的，是啟示錄書，書中的第八、九、十六、十七章提說許多災難，再加上第十三章獸出現時要逼害上帝的聖徒，卻沒有提及聖徒將要被提去。正正相反地，啟示錄的著者門徒約翰在異象中看見聖徒在天上上帝寶座前讚美祂的時候，說，「這些人是從大患難中出來……上帝要擦去他們一切的眼淚」（啟示錄書第七章十四、十七節）。是的，這些災難是降在額上沒有上帝印記的人（啟示錄第九章四節），和那些流聖徒血的人身上的（第十六章六節），聖徒雖然仍在世界上，

卻不會經歷這些災難的傷害，像古昔以色列人在上帝向埃及人降十災的時候，沒有受害一樣。耶穌應許信徒說：「你既遵守我忍耐的道，我必在普天下人受試煉的時候，保守你免去你的試煉（第三章十節）」。

3 小說把基督復臨分為兩次或兩個階段，第一次是暗暗下來提走聖徒。七年後，祂要在榮耀中降臨，接取那些被撇下卻在七年間因受大災難而悔改的人升天。在新約聖經原文用三個字——回來，啟示，顯現——描述基督復臨，絕無兩次或兩個階段的說法。

4 這本小說還有一個很重要的情節，與聖經的教導相背而馳，就是人在拒絕接受基督救恩之後，仍有第二次接受救恩的機會。這個錯誤的理論能以誘惑人拒絕遵行真理，任意妄為，直至那第二次得救機會的來臨。聖經把基督復臨和決定個人前途連在一起，祂回來的時候要對義人說：「你們這蒙我父賜福的，可來承受那創世以來為你們所豫備的國。」祂卻要對惡人說：「你們這被咒詛的人，離開我，進入那為魔鬼和他的使者所豫備的永火裏去！」絕對沒有第二次悔改的機會。

5 實際上來說，依照聖經的教導，人拒絕了基督的救恩，不但不會像小說中的人受災難所害而悔改，卻更要變本加厲反叛上帝。埃及王法老一次再次又多次硬心，越發犯罪。照樣，啟示錄描述末日災難臨到的時候，世人「仍舊不悔改自己手所作的，還是去拜魔鬼……又不悔改他們那些凶殺、邪術、姦淫、偷竊的事」……還要「褻瀆那有權掌管這些災的上帝之名，並不悔改將榮耀歸給上帝。」（啟示錄第九章二十節、十六章九節）

6 最後，小說的一大主題，就是在上帝的計劃中，猶太民族仍舊佔有像在舊約時代同樣重要的地位。

以聖經的論點來說，在舊約時代猶太人是上帝特選的子民，以色列國是上帝御用的祭司，是聖潔的國度，是屬上帝的子民。基督徒應當對猶太民族常存感謝的心，聖經的四十多位作者，除了路加，全是猶太人。耶穌降生在世，祂也是猶太人。上帝把他們安置在歐洲亞洲和非洲的中心，要他們把上帝的真光傳給世界上的人。怎知他們起了驕傲心，到耶穌降世的時代，竟視外邦人（非猶太人）為犬類，又至終把耶穌釘死在十字架上。

在上帝的新計劃中，耶穌所設立的教會，取代了猶太民族的地位，換句話說，教會就是新的以色列國。所以使徒彼得將一些舊約中以色列人的稱謂使用在教會身上，說：「惟有你們是被揀選的族類，是有君尊的祭司，是聖潔的國度，是屬上帝的子民」（彼得前書第二章九節）。保羅更進一步，對加拉太外邦人信徒說：「你們既然屬於基督，你們就是亞伯拉罕的後裔」，換句話說，一切信主的人，都是屬靈的猶太人。

說到這裏，我們應當回到本文的題目：

復臨信徒怎樣辨識撒但的騙局？

以上所述「撒下」小說，是給我們辨識撒但對基督復臨設下各種騙局的現成例子。細讀全本新約，我們發現還有別的騙局，是上帝藉著使徒約翰和保羅給我們預作警告的：

❶ 啟示錄第十三章十二至十四節

❷ 啟示錄第十六章十三至十六節

❸ 帖撒羅尼迦後書第二章八至十二節

❹ 馬太福音第廿四章廿三至廿七節（「撇下」騙局，乃是其中之一）

這四個騙局所用的語詞，很有相似之處。既然是騙局，撒但便大大使用奇蹟和一切虛假的異能奇事，欺騙和迷惑世人。奇怪的是，這本專題研討末日大事的「撇下」一書中，對這些大騙局的經節，隻字不題。

「你們要小心提防，不要受欺騙」

四本福音書記載耶穌講論祂在末日降臨的細節時，祂七次用「欺騙」一詞，中文聖經譯本用「愚弄」、「迷惑」、「上人的當」等等譯詞，以析其義，頗能表達耶穌選用「欺騙」一詞的原意。有聖經學者統計在全本新約裏，每三節聖經中便有一節講論基督復臨。又在世界歷史開始的時候，亞當的第七代孫子以諾便宣告耶穌要帶著千萬聖者降臨。基督復臨既然是世界歷史中的大事，是聖經的大主題，撒但要在此極盡欺騙、愚弄和迷惑人的能事，是最自然不過的。本文篇幅所限，只能把歷史上幾個大騙局，簡略論述如下：

第一世紀：有人冒保羅的名寫信給帖撒羅尼迦教會的信徒，說：「主的日子已經來到了」，當時又有人說聖靈告訴他們耶穌已經回來了。所以保羅寫給這個教會第二封信，說：「你們不要被他欺騙，因為那日子以前，必有離道反教的事，並有那大罪人，就是沉淪之子，顯露出來。他是抵擋主，高抬自己，超過一切稱為神的，和一切受人敬拜的。甚至坐在上帝的殿裏，自稱是上帝。我還在你們

那裏的時候，已經把這些事告訴你們，你們不記得嗎？」（帖撒羅尼迦後書第二章）

第三世紀：奧利根，他是一位神學家，卻是一位以哲學立場去處理神學事物的神學家。他倡導在星期日敬拜上帝，因為以哲學的眼光來處理第四條吩咐人遵守第七日為安息日的誡命，守一週裏的那一天都可以，不必對聖經絕對聽從，或絕對忠實，不必拘泥，不必堅守細節，不必固執不變。他又從這相同的哲學出發點去研究基督復臨，設立一個理論：當一個人研讀聖經，得著真光把耶穌接進自己的心裏來，對這個人來說，這就是基督復臨。他的另一個理論說：當信徒在心中把世界釘死的時候，這就是世界的末日了。換句話說，基督復臨和世界末日都是現時可以發生的事，而不是將來或日後耶穌要從天上駕雲降臨。

第五世紀：聖奧古士丁主教對基督復臨的理論，和奧利根的理論很是相像。他也說當信徒把耶穌接進心裏時，就是基督復臨。奧古士丁卻不同意奧利根所說耶穌不會從天上駕雲回來，他說從耶穌出生開始計算，一千年後，就是第十世紀，耶穌便要駕雲降臨。在這一千年間，耶穌要逐漸充滿天主教信徒的心，然後親自回到世上來，設立上帝的國。

到了第十五世紀，改正教運動的領袖路德馬丁和喀爾文教導信徒要為基督復臨作準備，只可惜路德觀察當時歐洲的政局，在幾次講論中說耶穌要在一百年、二百年、三百年後回來。這兩位領袖說教皇是「敵基督者」，又說真教會和假教會相爭及其終點，就是基督第二次降臨。

第十八世紀：一七九八年美國耶魯大學校長在國慶日講道，宣稱耶穌回來，已在門口了。在他的腦子裏，耶穌回來並不是祂帶著千萬聖者降臨，而是「靈性上的復臨」。他根據一位英國作家的理論，倡言在耶穌復臨之前，聖靈要用祂的大能叫世界上的人全都悔改信主，隨之而來，世界有一千年之久的和平。在這一千年完結時，耶穌便要在榮耀中駕雲降臨。事實上，耶穌說：「這天國的福音，要傳遍天下，對萬民作見證，然後末期才來到」，祂卻沒有宣稱，也沒有暗示有一天，全世界上的人都要悔改歸信祂。

意想不到在這時候，一位天主教耶穌會的神甫出版了一本書，名為「彌賽亞要在威儀和榮耀中降臨」，宣稱耶穌不是在世界享受一千年的和平之後便回到世上來。他根據啟示錄第廿一章說基督復臨乃是一千禧年的開始。這本書起引許多信徒再用工夫研究聖經中對基督復臨的預言，維廉米勒耳領導查考的二千三百日預言，便是其中之一。

可惜今日有千萬誠心的信徒，誤信在這罪惡的世界上將有一千年公義與和平的美境，便不再寄望耶穌的復臨——有福的盼望。

第十九和二十世紀：撒但使用所謂「高級評經法」，是攻擊聖經極度狡猾和巧妙的方法。到了一八〇〇和一九〇〇年代間，基督復臨的信條受到重大的創傷。首先，舉世聞名的音樂家、神學家，又是到非洲的國外佈道士史懷哲醫師，他出版了名叫「追尋歷史中的耶穌」一書（一九〇六年）。他說耶穌企圖使用祂的言論，祂門徒的努力，和祂自身至終捨命去設立上帝的國，卻竟全無收效，一敗塗地，所以談不上復臨一事。幸而立時有一位神學家引經據典，從聖經證明耶穌成全了救贖人類的大工，打敗了魔鬼，戰勝了死亡，祂的言論和祂的捨命已經奠定了上帝的國，所以基督復臨是必然之事。

當然，千萬福音派的信徒在二十世紀末葉相信本文前段所述暗暗被提的理論。

第廿一世紀：今天風行的「新世紀」運動，是一個跨世紀的現象。許多新世紀運動裏的基督信徒大力倡導「基督在我們裏面」，與第三世紀奧利根說耶穌進入人心便是基督復臨，有異曲同工之妙。福音派相信耶穌復臨之前，世界上要有一千年的黃金時期，人類要把劍打成犁頭，把槍打成鐮刀，豺狼與羊羔同食，獅子喫草如牛。這與上述第十八世紀信徒的論調，如出一轍。

本文所要論列的是：復臨信徒怎樣辨識撒但的騙局？眾門徒問耶穌說：

甚麼時候有這些事？降臨和世界的末了，有甚麼豫兆呢？

耶穌回答說：

你們要小心提防，不要受欺騙。

我們作復臨信徒的人，應當個別下工夫，把聖經中討論基督復臨的教導詳細查明，列舉出來，又存記在心。當我們聽聞或閱讀有關耶穌復臨的時候，應當立時把握「小心提防」的客觀態度，查考聖經，察驗所聽所看的，是否合乎聖經的教導。這是辨識撒但一切騙局獨一無二的方法。

一位神學家說：

世界將要到達這樣的一個階段：整個的人類好像被捲入一個又漆黑又可怕的黑洞裏。國際間一切的錢幣已全無價值，世界的各大洲滿了戰爭和災難。就在全人類快將盡被滅絕的時候，忽然在世界各國首都的上空出現了一位輝煌榮耀無比的萬王之王，各國的元首立時在祂面前屈膝下拜。全世界的電視台停止了一切的廣播節目，廣播員異口同聲宣佈：「基督已經回來了！基督已經回來了！基督……。」

他是想著今日在全世界上每日廿四小時裏的每一分鐘內都有千萬人在看電視。但是耶穌回來的時候，祂降臨的兆頭要顯現在天空上，地上的各國人民都要哀哭。也許祇有極少數的電視迷是從廣播員口中得知耶穌已經回來了，但是絕大多數的人卻是親眼看見祂回來，看見人子有大能力、有大榮耀，駕著天上的雲降臨。

主耶穌阿，我願祢來！阿們！阿們！

註：本文的內容，是從時兆報，末世牧聲，評閱宣報，傳道者等刊物取材，謹此致謝。

第十章　今天！今天！今天！

讀者若愛好歐洲古典音樂，也許喜歡欣賞俄國一代大師作曲家柴可夫斯基的一八一二年序曲。當年俄國打敗了法國的拿破崙，此曲是用來慶祝俄國的勝利。原來一八一二年在北美洲也發生了一場戰爭。當時美國是英國的殖民地，還沒有立國。殖民地的軍隊在一八一二年跟英國軍隊開戰，要脫離英國的管轄，成為獨立的國家。維廉米勒耳是殖民地軍隊的一名中尉，戰事結束後他便回家重操農耕舊業。他在一八一六年受洗加入浸信會為教友，他受洗時有一個感想，他說：「聖經啟示給我的救主，是我最需要的救主，這位耶穌實在是我的朋友。」親愛的讀者，除非我們深愛耶穌，把祂視為我們最需要的救主和朋友；不然，作個復臨信徒是毫無意義的。

維廉米勒耳年少的時候，把聖經看作是一本不是從聖靈感動人所寫成的書，他的朋友大都不相信聖經是上帝的話。但是在他受洗之後，他覺悟到如果聖經能把他最需要的救主啟示給他，它一定是一本不平凡的書；他便定意要細心從創世記開始研究，目的是要解答他朋友對聖經的疑問。他發現聖經裏的預言引人入勝，特別是但以理書中的多項預言。但是最叫他興奮的，就是他心愛的救主和朋友耶穌，早已預言祂要回到世上來。他知道在聖經中許許多多指明其他事情的預言，已經一一應驗；那麼，指明耶穌復臨的預言，也必不可能例外。他用了整整兩年的時間去研究基督復臨的預言；便於一八一八年作出了一個結論：「耶穌要在廿五年後，即一八四三年回來。」然後他再用六年的時間去分析他的結論，免得自己犯了錯誤，害己害人。他在這八年間實在是又誠懇又專心地埋頭苦幹。他是個農夫，卻常常用整日，甚至整夜手不釋卷地研讀。他更提出許多假想的問題去反對自己所作的結論，比日後反對他理論的人所發的更多。

剛才我提到維廉米勒耳相信耶穌要在廿五年後回來，在這二十多年間，他和附從他的信徒訂定了六個耶穌復臨的日期，最末後的一個便是一八四四年十月廿二日。讀者記得那一日復臨信徒的失望是多麼的嚴重。過了十八天，他寫信給眾教友說：「雖然我是大大失望，但是我一點也沒有灰心。我對耶穌復臨的信心仍一如往昔那樣堅固。現在我再定下另一個耶穌回來的新日期，那就是：

今天！今天！今天！直到祂回來。

有人稱馬太福音第二十四章為基督復臨安息日會的一章聖經。維廉米勒耳用了多年的時間，研究這一章聖經。耶穌提出祂回來之前的多個預兆，如打仗和打仗的風聲、饑荒、瘟疫、地震等等。隨後，祂十分明確地指示祂復臨的日期，說：「當你們看見這一切事（預兆）的時候，應該知道人子近了，正在門口了。……但那日子、那時辰，沒有人知道，連天上的使者也不知道，子也不知道，惟獨父知道。挪亞的日子怎樣，人子降臨也是怎樣。當洪水以前的日子，人照常喫喝嫁娶，直到挪亞進方舟的那日。不知不覺洪水來了，把他們全都冲去，人子降臨，也要這樣。」耶穌跟著說的一句話，跟維廉米勒耳的結論大不相同，祂說：「所以你們要儆醒，因為不知道你們的家主是那一天來到，……所以你們也要豫備好，因為你們想不到的時候，人子就來了。」（見馬太福音第廿四章）

在這一席話中，耶穌給我們極重要的兩項啟示：

第一，天父上帝已經定下了耶穌復臨的日期。決定這個日期是上帝的權限，不是世人的權限。英國劍橋和牛津大學中世紀文學教授路易士是二十世紀最暢銷的英語宗教書籍作者，他研究維廉米勒耳猜測耶穌復臨日期的故事後，寫了發人深省的一段話，說：「許多信徒都感覺無法抗拒猜測耶穌復臨日期的試探。其實耶穌的啟示十分明顯：第一，祂必定要回來，這是千真萬確的。第二，我們絕不能知道祂回來的日期。第三，所以我們必須時刻持續處在豫備好了的狀態中。我們必須時時刻刻自我檢討這個問題：倘若今天晚上是世界最末後的一晚，我是不是已經豫備好了呢？否則，基督復臨這項信條，便失盡了它的意義。」換句話說，路易士教授叮囑信徒接納「今天！今天！今天！」的原則，不要再去猜測日期。

在基督教歷史的頭四百年間，似乎找不著猜測耶穌復臨日期的記錄。到第五世紀才找到奧古士丁教父預告耶穌要在主後一千年回來的論調。其後，有些信徒預測一二六〇和一三〇〇年。到了十九世紀維廉米勒耳和他的會眾定出六個日期。我在澳洲讀傳道科的時候，有一班信徒違反本會教義，宣講耶穌要在一九五八年回來，又聲言在祂復臨之前，一切基督復臨安息日會的牧師，全要被殺。我當時還是個學生，無動於衷，毫不憂慮。在美國有一班信徒，把一八四四年加上挪亞傳道的一百二十年，預言耶穌要在一九六四年回來，然而，他們都失望了。有一個人在一九八七年印了一本書，分給本會信徒，該書取名「耶穌必定在一九八八年復臨的八十八個理由。」可是耶穌沒有在那一年回來，作者又把日期改到一九八九年，依然，又是失望了。

一位美國宗教廣播界的知名人士在全國電視網上推銷他的新著，預告耶穌要在一九九四年回來，繼而另有一班人預言一九九六年是慶祝創世六千周歲，耶穌將要顯現。又有一位名叫歐撒的大主教，他研究世界歷史年代學，他的結論：耶穌要在一九九七年回來。又有人說，一九九八年，一九九九年，更不要忘記的，是二〇〇〇年！（這是我在一九九七年北美三育同學會的講道辭）

我要與讀者分享一位安德烈神學院教授的高見。他說：「耶穌復臨是一件最重要的大事，新約每三節中便有一節直接或間接提及這事，所以我們知道關於耶穌復臨的事，十分詳盡。但是說到日期，上帝本著祂無窮的智慧，沒有向我們啟示。我要請你們想一想：上帝向洪水時代世人啟示，『日子還可到一百二十年』，世界便要遭受毀滅，更在降洪水七天前，行了一個史無前例的大神蹟，把千百隻走獸、飛禽、昆蟲從森林中引入方舟。這確定的日期，這有目共睹的大神蹟，對警告罪人離惡從善沒有絲毫收效，除了挪亞一家八口，全被淹死。洪水的慘重故事，顯示上帝叫我們對那日子那時辰毋庸預先知道，自有祂的無窮智慧，存乎其中的。」

自從本會先賢向世人宣講耶穌復臨的訊息，到今日已經超過一百五十年了。對我們來說，這是一段很漫長的等候。我們復臨信徒好像一個三、四歲的小童坐在汽車後座，父親正在開往四小時車程的路上。他問：「爸爸，到了沒有？」「爸爸，還有多久才到？」「爸爸，是不是快到了？」父親厭煩極了，大聲說：「住口！不准作聲！將到的時候，爸爸會告訴你，到了的時候，爸爸會告訴你，不准再問！」小童很聽話，一聲不響。怎知過了兩小時，他實在忍不住了，便很天真地問：「爸爸，我們到的時候，我將會是幾歲了？」

是的，我們身為復臨信徒的人，有時會像這個小童那樣，在沒有窮盡的路上前行，茫茫然不知其所止。我請讀者聽聽使徒保羅的話，他大聲疾呼說：「因為還有一點點的時候，那要來的就來，並不遲延。」（希伯來書第十章卅七節）

假如今天有任何一位基督復臨安息日會的信徒，預告耶穌回來的年月日，我們會覺得此人愚不可及，不會有多少人受他的欺騙。可是撒但十分狡猾，也十分高明，讓我舉個例子以說明之。不久前本會的英文公報「活信仰」欄中（解答本會信徒的問題）有人問：「有些基督復臨安息日會信徒相信耶穌在任何一天都可以回來，也有些人相信祂就算遲了一些，也總會在我們有生之日回來。第三批人卻相信耶穌復臨是在遙遠的日後世代，也許是在幾百年之後，祂不會即將復臨。請問，這三種看法，那一種對？」

回答的人寫了很長的一段話，大意略述如下：頭兩批人的看法是跟維廉米勒耳的「今天！今天！今天！」的原則和諧一致。但是活在我們時代的人，就是一切復臨兆頭幾乎已經全部應驗時代的人，竟然把基督復臨推到幾百年遙遠的日後世代，是不合乎聖經的真理的。

對我來說，第三種人的理論乃是最有欺騙性的，它傳出對復臨日期最狡猾的理論。使徒彼得苦口婆心地勸導我們要「切切仰望」耶穌的顯現。倘若我們相信祂在我們死後幾百年後才復臨，便絕不會切切地仰望，更沒有傳揚耶穌即將回來的熱忱。

以上是耶穌在馬太福音第二十四章的第一項啟示，就是切勿為祂的復臨訂定日期。

第二，我們大可以借用維廉米勒耳「今天！今天！今天！」的先見來論述耶穌的第二項指示，「你們要儆醒」，這就含有「今天」的用意。祂又說：「你們要豫備妥當」，這也是有「今天」的含意。第四十四節並不是說：「你們要儘快著手豫備」。依照原文的意思，耶穌乃是說：「你們要常在豫備妥當的景況之中」。使徒約翰寫啟示錄書的時候，特別強調這「今天」的原則。他在第一章第七節說：「看哪，祂駕雲降臨」，約翰用的是希臘文的現在式，正如英文文法的現在式。他沒有用希臘文的將來式，說：「看哪，祂將來要駕雲降臨。」約翰在全本啟示錄書都流露著趕緊、迫切、燃眉之急和即將來臨的語氣和語勢：計「我必快來」兩次；「快成」兩次；「快」三次。其「快」可知矣。

或許我們要問：上帝當然知道約翰寫啟示錄書後可能要經過二千年，耶穌才回來，為甚麼祂感動約翰表露出這樣急不容緩的情勢呢？二千年能說是快嗎？我們可以從兩個角度去回答這些十分有意義的問題：

首先，我們應當知道，在研究基督復臨有關時間方面的問題，我們已經進入了「上帝的時間觀」的境域裏面。彼得說在上帝眼中，千年如一日，一日如千年（在我們眼中，千年就是千年，一日就是一日）。一位神學家發表他的讜言宏論說：「上帝比時間更大。時間是在上帝裏面存在，而我們人類是在時間裏面存在，所以上帝絕對不受時間的束縛和限制」，這是至理之言。

再者，基督復臨安息日會的信徒十分有幸，我們得著極少基督徒知道的一項聖經真理，就是一個人死後對人間事物毫無所知，更不知道時間的消逝。我的手錶現在是上午十一時五十一分四十一秒，假如我在這一秒鐘死去，對我來說，下一秒鐘就是耶穌復臨之時。因此，有一位神學家說：「耶穌是在每一個人有生之日回來」，著實是發人深省的真理。「耶穌在我有生之日回來」，「耶穌在你有生之日回來」。今天！今天！今天！實在是一項無懈可擊的原則，又是耶穌啟示我們的原則，且讓我舉例說明於後：

我多次為教友們主持喪禮，有死於車禍的，有死於在雲霧中飛機撞山的，有死於心臟病突發的，有死於急性中風的，也有死於腦血管破裂的，大都全無警告，立時死去。有因病而死的，在病發那一秒鐘便陷昏迷，立時失去知覺而死，再沒有恢復知覺和思想的機會。我有一位不算是年紀老邁的女教友。夜間在平安的睡眠中去世，蓋在她身上的毛氈絲毫未經翻亂，容態安詳，歇息主懷。人的生命十分不穩定，誰都有可能在毫無時間豫備迎見耶穌的情形之下去世，所以「今天！今天！今天！」始是最安全的原則。

我們怎樣把「今天」的原則使用在每日的實際生活上面呢？耶穌在馬太福音第廿四章有詳盡的解答，祂說：「誰是又忠心又聰明的僕人，被主人所派管理家裏的人，按時分糧給各人呢？主人來到，看見他這樣行，那僕人就有福了。」上帝的先知懷愛倫夫人因這段經文寫了如下的話：「耶穌回來的確實時日，是上帝的秘密，所以我們必須保持時刻準備妥當等待的態度。」讀者一定會同意，這就是「今天！今天！今天！」的最佳釋義。

在過往的幾個世紀中，許多基督徒依照「今天」的原則去度日常實際的生活。十六世紀的路德馬丁說：「如果我知道明天是世界最末後的一天，我今天仍要照著原定的計劃去種三棵蘋果樹。」他已經豫備好了明天迎見耶穌，因為他今天已經豫備好了。在神的計劃中，信徒等候耶穌復臨的時間，不單只是充滿喜樂的生活，更重要的，乃是充滿了平安的生活。他們在等候的時光裏，沒有絲毫的恐懼，或者突如其來，引起驚惶失措的情緒。研究心理學的都知道上述那些情緒不可能持續得太久。相反地，喜樂與平安的情緒，可以長久維持下去。讓我們每天心境寧靜，候主榮臨。

猶憶一九六二年我開始傳道的時候，美國甘迺迪總統看見俄國把飛彈運往古巴的照片，知道俄國行將可以隨時轟炸美國任何一州，便下令海陸空總動員封鎖古巴，美國軍艦搜查開往古巴的俄國船隻。這期間隨時有原子與核子戰爭爆發的可能。俄國載運飛彈前往古巴的第七天，載運的船隻忽然掉頭駛回俄國，這空前的國際危機便告結束了。我要告訴讀者，我服務的教會裏有一位教友靈性的危機，並沒有結束。這位在本會家庭長大，完全受本會教育的信徒，一聽聞原子戰爭有爆發的可能，以為世界末日到了，耶穌快要回來了，便驚恐起來，跑到我家對我說：「牧師，不好了。我一聽聞這消息便立時跪在地上禱告，立刻準備，準備迎見耶穌。」我知道他不是在豫備妥當的情況中生活，他不時虐待妻子，銀錢交易上又不誠實等等，所以原子戰爭的消息叫他驚惶失惜，因為他自己知道沒有準備妥當，現在更沒有時間去作準備。「今天！今天！今天！」耶穌教導我們要在準備妥當中度日過活。

信心巨人衛斯禮兄弟在十七世紀創立循道會。弟弟是衛斯禮查理士，他在一次講道中告訴他的教友們怎樣時時刻刻在準備妥當的情況中等候耶穌回來。他說「我每早晨六時後起床，在默想禱告和緩步運動後，八時吃早餐，九時進入書房寫講道稿，又為主領別的聚會作準備。中午與內子進用午膳後，我到教友家中探訪，或到各醫院為病人禱告。下午六時晚膳後，我到教堂領聚會。九時回家跟我的兒子談談他的學業，十時與美好的天父道晚安便就寢。耶穌甚麼時候回來，我會歡歡喜喜地迎接祂。」衛斯禮牧師所說的，正是「今天！今天！今天！」

十八世紀出了一位英語世界的「講道王子」司布真牧師。以講道而言，他是我最景仰的牧師。

他是浸信會的牧師，與懷愛倫夫人同時代。有一次，他向六千教友講道時，引用啟示錄書第一章七節「看哪！祂駕雲降臨。」他說：「我已經聽聞救主乘坐四馬拖車的鐵輪響聲。我已經準備妥當迎接祂。我已經覺得祂乘駕那朵雲彩的影子掠過我身上，把我貪愛世俗的熱忱冷卻下去。現在，我屬乎靈性的耳朵，聽聞末次號筒的響聲，震耳欲聾，促我立即採取行動。求上帝幫助我，叫我能夠完完全全地，在切切仰望耶穌復臨的大事上過生活。」讀者，我們今天還可以聽見司布真牧師勸導信徒：今天就要豫備妥當，今天就要冷卻貪愛世俗的熱忱，今天就要採取行動。

不久前，內子和我在美國華人帳棚大會中跟一位中國本會女信徒進膳，她說：「我丈夫每年的收入是十萬元。我自己管理三盤生意。我恨不得有更多的時間可以賺更多的錢。」在物質豐富地區生活的信徒，過分發財的慾望是很大的試探。「今天！今天！今天！」的原則，可以幫助我們看清楚人生的正確目標是在那裏。

上一代偉大的傳道士摩根牧師講論他個人的復臨信仰說：「耶穌復臨的盼望是我人生路上的亮光，這亮光幫助我忍受生活上的痛苦。每天晚上我把頭枕在枕頭上的時候，照例必想及或許在明早天亮之前，世界最末一次的天亮已經來到。我每天早上開始工作的時候，又必想及或許耶穌要終斷我今天的工作而開始祂新的工作。我希望各位信徒也有這樣的思想，直到祂來。」「今天！今天！今天！」

結束本文之時，我想引用一位平信徒的見證，或許更能幫助我們預備妥當，候主榮臨。

一百五十年前的時代，美國有千千萬萬黑人過著奴隸的生活，在南部地區種棉花。有一位黑人寫了一首詩，表達他在每天工作的時候，等待耶穌回來，於此把它的原意翻譯出來，與讀者共享：

大君王耶穌，快要回來
祂回來時要看見我正在種棉花
你聽聞祂的軍兵從天降臨
祂回來時要看見我正在種棉花
祂曾被人苦害，被人厭棄，被釘十字架而死
祂回來時要看見我正在種棉花
祂要回來，祂要回來，祂回來時我要頭戴金冠冕
眾人要高呼和散那
祂回來時我要在棉花田裏跪下迎接祂

「今天！今天！今天！」阿們。

第十一章　「在冬天前趕到」！

引言

英語基督教界出版了許多講道集。其中有一篇被譽為「有歷史性」的講道，以「在冬天前趕到」作為它的題目。

美國賓夕尼亞州的一個城中，有三間醫學院，彼此相近。離醫學院不遠之處，有一所長老會的教堂。因此，每週的崇拜聚會中，聽眾大都是這些醫學院的學生。

該堂的主任是馬革尼牧師，他知道有些學生只是為了好奇心所驅使而來聽道，更有些人是為了找尋嘲諷基督教的話柄而來。馬牧師為要幫助他們接受耶穌，糾正他們生活上的錯誤，在一九一五年宣講他的講道「在冬天前趕到」，有人稱這篇講道為「智識人士靈性奮興的呼召」。那些存著不太純正動機而來的學生，聽了這篇講道後便一週一週的繼續回來，至終接受耶穌為救主。

學生們對這篇講道的反應，熱烈非常。許多人寫信或寄信來道謝，有人應許立時改變人生的方向，有人說與自己的姐姐互相仇恨了十年，斷絕了關係，定意當夜寫信與她修好。又有一位對患病快死的母親毫不關懷的學生，當夜立時執筆寫信給母親。果然，次日便收到報導母親垂死的電報，他趕緊回家，在母親的枕頭下找著他把握時機所寫的那封信。

因而，馬革尼牧師在每年十月冬天快將到來的時候，把這篇講道重講一次，成為該長老會教堂的傳統，四十年如一日（一九一五年至一九五五年）。一九四五年是這篇講道的第三十週年紀念，當地最大的印刷公司把這篇講道印成單行本發售，全美國各地大學附近教堂的牧師，大都採用這篇講道吸引學生來赴聚會。筆者也在羅馬林達大學醫學院附近的華人教會將它字斟句酌用為證道，特於此把它迻譯中文，與讀者分享。

在冬天前趕到

年老的使徒保羅知道自己離世的時候為期不遠，便寫信給提摩太，叮嚀他說：「你要趕緊到我這裏來……，你要儘快在冬天之前趕到這裏來。」（提摩太後書第四章九、廿一節）

法國的拿破崙和使徒保羅是歷史上最有名的囚犯。前者被人監禁，使世界有平安；後者被監禁，是因為他要把世人自身缺乏的平安帶給他們。人若得著這平安，沒有誰可以把它奪去。前者在牢獄中能以回想的，是他所毀滅許多的城市和無數的家庭；後者卻能追想許多城鎮和家庭因他所宣講的真理而得著福樂。前者殺人無數；後者卻是為基督的緣故被人擊打流血。前者一將名成萬骨枯，從西班牙到莫斯科，從埃及到滑鐵盧，殺人盈城，伏屍遍野。後者留芳名於百世，從各地為上帝的國招聚生靈，自身終於被囚被殺，卻有永生不死的應許和盼望。

拿破崙說：「我不愛任何人，連我同胞的兄弟，我也不愛。」以此，當他在大西洋孤島被囚禁的時候，喟然慼嘆說：「世界上有沒有一個真心愛我的人呢？」對於他，這是最自然而有的問題。使徒保羅卻絕對不會產生這樣的問題，他愛一切的世人，他從羅馬城孤寂的監牢中發出書信，內容洋溢著對別人的憐愛和關懷，他那不能壓抑的友情，於字裏行間，表露無遺。

人到了生死的關頭，若有幾位他能全心信託的朋友，他就是一個很幸福的人。保羅有三位這樣的朋友，第一位當然就是全世界上人人的朋友，曾為我們捨命的那一位。他的第二位朋友，是人人在呱呱墜地時最先看見和死前最後看見的，就是醫生。保羅稱路加為「親愛的路加醫生」，又說「獨有路加在我這裏」。他的第三位朋友，就是年輕的提摩太，保羅稱他為「因信主作我真兒子的提摩太」。當保羅在路司得城被匪徒打個半死，然後把他拖到城外置之不理，奄奄待斃的時候，也許就是提摩太等到匪徒散去，在夜間出來，從石塊和垃圾堆中找到渾身流血的保羅，雙手抱他的頸項，然後把他臉上的血漬抹去，將水灌進他的口中，帶他回到外祖母羅以和母親友尼基家裏受她們的照顧。假如你跟某人一同經過沉船沒頂的危險，你們一定會成為好朋友。苦難就像錘子把人心像金屬片錘成不能分離的一塊合金。保羅和提摩太就是這樣親密的朋友。

保羅最後的一封信，是寫給他最親愛的這位朋友提摩太，當時提摩太是在領導遠方的以弗所教會。他請提摩太立即起程到羅馬城來，在路上先到特羅亞城，把他的書卷和皮卷帶來。保羅畢生都是一位學者，各位，我們要時常與良好的書籍為友，良好的讀物對我們大有助益。他又請提摩太把他留在加布家裏的外衣也帶來。假如使徒保羅今天在我們中間，信徒們必要為他縫製一件多麼華美的外衣呀！可是保羅就只有這件外衣。這件外衣曾被地中海的鹹水浸透，被加拉太城寒冬的雪片染白，被步行荒野路上的塵土染黃，又為基督的名被打得皮破血流而染紅。現在羅馬城已入涼秋季節，他需要這件外衣保暖。最重要的卻是提摩太自己，保羅渴想提摩太的友情，所以他在信上說：「你要趕緊到我這裏來……你要儘快在冬天之前趕到這裏來。」

為甚麼要在冬天之前趕到呢？因為冬天到了，地中海的一切船隻便得停止航行。船隻若在冬天出海，危險萬分，保羅不久前身受沉船的險阻，是個好例證。假如提摩太延擱到冬天，他便須等待到春天才可以成行。年老的保羅有預感，他相信自己不能度過這一年的冬天，他在信中說：「我離世的時候到了」。

今天我們都喜歡心中存有這樣的一個擬想：當提摩太在以弗所收到保羅書信的時候，他不稍作耽擱，即日便動身到特羅亞城，從加布的家中取了那些書卷，羊皮卷和外衣，走到海旁買了船票，乘船往腓立比城去。他從腓立比向西北步行，經過馬其頓平原，來到亞底亞海岸，從那裏再乘船西行，到達義大利半島，上岸後往西步行到羅馬城，找著了保羅被囚的地方。他在監牢裏為保羅誦讀舊約，又執筆寫保羅最後的幾封信，然後陪伴保羅到刑場，目睹保羅接受榮耀冠冕的應許而為道殉身。

「在冬天之前」要做好，不然，百事俱廢！在人生中，有些事情若不能「在冬天之前」完成，便永遠再無完成的機會。冬天要來，冬天也要去，人生的機會，也是一樣。今天是秋日，黃金似的機會之門大開，可是明年的秋日，機會之門也許要永遠關閉。今日的機會多得像洪水氾濫，可是明年秋日的機會，也許像潮水退落那麼稀少了。

我很喜歡季節的轉換。我愛寒冬，鼻孔可以吸進清鮮的空氣，夜間可以看見天空星宿閃爍，叫我心神嚮往。我也喜愛春天，百花到處怒放，生氣洋溢。夏日也是我所愛的季節，柔風掠過樹頂，百鳥齊鳴，和那冗長的黃昏。但是我最愛的是秋天，所謂秋高氣爽，看見田裏金黃色的莊稼，一望無際，樹林秋色，由綠而紅，由紅而黃，目不暇給。怎知正在依戀秋色的時候，秋季便迅速消逝。秋季好像比其他季節消逝得更快速，也好像比其他季節更短暫。（這是美國人的想法，與中國人的想法不謀而合。記得我的中學國文老師教我背一首詩，敘述一個不肯把握讀書機會的學生。詩云：「春天不是讀書天，夏日炎炎正好眠，等得秋來冬又到，不如收拾待明年。」這首詩的第三句「等得秋來冬又到」，正是作者對秋季短暫的感嘆。秋季只是一年四季中的一季，四分之一是很短暫的時間。）

尤有進者，今天我盡情欣賞樹林的秋色，就是所羅門王極榮華時候所穿戴的，也沒有這麼美麗。但是明天大雨淋漓，狂風四起，木葉盡落，景象蕭條。所以每年的秋季都叫我重新感覺在人生中獲得永生機會的可貴，和這些機會的短暫。讓我們在研究使徒保羅從羅馬城監獄寫給遠方以弗所城提摩太的信中，聽聞「在冬天前趕到」誠懇的呼喚聲。要知道，一年後也許再也聽不到這呼喚的聲音了。

1 呼喚改造品格的聲音

你當然可以洗心革面，棄惡從善，但是這種改革是大受時間限制的。記得我童年時最喜歡在冬天夜裏站在製造鐵條的工場前，看見從熔爐倒出來熾熱的鐵漿。工人把鐵漿注入模子裏，便製成鐵條；工人若不及時把鐵漿注入模子中，卻讓它冷下來，便不能鑄成鐵條了。人的品格也像鐵漿，在熾熱的時候，還可以任意改造和革新，但是錯過了這千載一時的機會，一失足成千古恨，再圖改造，悔之晚矣！

耶穌時代的畢士大池，帶著治病機會的天使下來攪動池水，病人若立即進入水裏，便被治癒。但若等到別人先下去或在池水平靜後才下到水中，便是為時已晚，得不到治療了。

有一個人多年被惡習捆鎖，亟欲掙脫。一天晚上他在旅店住宿，毒癮大作，正在要被惡魔所勝時，忽然好像有位天使站在面前對他說：「這是你的好機會，你若勝過試探，你便永遠作自由自主的人。但是你若向魔鬼降服，他必至終毀滅你。」他順從天使的勸導，抵抗魔鬼，勝過了罪惡的引誘。許多信徒因能當機立斷，在生活中聽從聖靈藉著良心給他們的引導，勝過罪惡。

2 呼喚看顧親人友人，愛戴耶穌的聲音

假如提摩太在讀了保羅要他在冬天前趕到那封信後，作這樣想：「我要到羅馬城去，但是在動身之先，我要在以弗所教會辦好幾件重要的事，然後到歌羅西教會封立多位長老，再到士每拿教會舉行聖餐禮，然後起程向羅馬城進發。」在他辦理好這一切似乎是急不容緩的事之後，便步行到特羅亞城，在那裏查問開往腓立比城的船期。他們回覆說：地中海海上交通，現在已經完全停止，要到春季才恢復航行，明年四月之前，沒有船隻可乘！

我們可以想像在整個冬季的時日中，提摩太天天怨恨自己沒有在收到保羅的信時，立即動身到羅馬城去。他天天在想保羅現在怎樣生活。他乘坐四月第一班開往腓立比城的船隻，我在想像中看見他在馬其頓平原趕路，又在義大利半島上急速跑往羅馬城，找著了囚禁保羅的監牢，卻被守衛兵驅逐。他趕到羅馬城好幾位教友家中探尋保羅的消息。他們都反問他說：「你是提摩太嗎？你還不知道保羅在去年十二月已被斬首殉道嗎？每次獄卒用鑰匙開監門的時候，他總以為是你來了。他最後的遺言是：提摩太來到的時候，告訴他我愛他，因為他是因信主作我真兒子的提摩太。」你想他是多麼悔恨沒有在冬天前趕到！

冬天之前趕到，不然，百事俱廢！當門徒齊聲責備馬利亞不把那大筆款項賙濟窮人，卻把它耗費在貴價香膏的時候，耶穌說：「常有窮人和你們同在，只是你們不常有我。」「只是你們不常有我」，這話用在我們的朋友親人身上，也很適切。我們所愛的親友，尚未信主，今年他們還健在，明年如何，便無法預知。我們若要把他們帶到耶穌腳前，便必須「在冬天前」把他們帶來。

卡拉爾是十九世紀蘇格蘭的大文豪，可惜他完全不關懷他的妻子，不照顧她，不太理睬她，不跟她傾心吐意說話。她死後，卡拉爾在心咎之餘，在她的墓碑上寫了如下的話：「她在四十年之間，是丈夫的賢內助。再沒有人能像她那樣愛丈夫，幫助丈夫創立事業。命運之神突然從她丈夫身旁搶走，她的死叫丈夫感覺他自己生命的燈光已經熄滅了」，真是一字一淚，可哀可嘆。有人說在全英語的文學中，再沒有比卡拉爾日記裏這句話更悲傷，更叫人肝腸寸斷：「啊！我若再能有妳在我身旁五分鐘，我要向妳細細訴說衷腸！」

不要以為我們的親人友人會時常與我們同在。當卡拉爾痛定思痛之後，他誠懇地勸人說：「要珍惜你所親所愛的人，不要等到他們離開後才渴念他們。我們在看顧人的事上好像又聾又盲；我們卻應當這樣想，要趁著他們還健在的時候便看顧他們，不要等到死神把他們抓去了才哀傷地痛失那去而不返的良機。」

幾年前我引用「在冬天前趕到」的話講道時，附近醫學院的一位學生來聽道。散會後他回到宿舍裏，「在冬天前趕到」這句話，不停地在他的腦子裏盤旋。他想：我母親病重，我許久沒有寫信給她，也許今天晚上我應該寫一封長信給她。他寫了這信，在深夜跑到街道上投在郵箱裏。次日在上課的時候，有人把電報送在他手中，他拆開來看，電報說：「你的母親病重危殆，立即回家。」他即夜趕乘一列火車，再轉乘第二列火車，到了終站，再乘汽車回到家裏。他跑到樓上母親的臥室，幸好母親仍是清醒，看見了他，她臉上露出喜樂和滿足的微笑。這微笑，叫他看見之後永遠不能忘記。母親知道兒子回到，便安然與世長辭。在她的枕下珍藏著的，正是那封長信，這信好像牧師給信徒辭世時喫的聖餐餅，在她辭世前給她帶來無限的安慰。他日後看見我，對我說：「感謝你『在冬天前趕到』那篇講道，我要畢生為它在我身上的效果而歡欣。」

耶穌在客西馬尼園請求彼得，雅各和約翰與祂一同儆醒，自己稍往前行禱告。怎知祂兩次回到門徒那裏，他們都睡著了，便問彼得說：「為甚麼你們不能同我儆醒片時呢？」當祂第三次回來看他們的時候，他們還是睡著了，便滿心憂愁地對他們說：「現在你們繼續睡覺安歇罷。」雅各是十二門徒中第一位為耶穌犧牲性命；約翰為耶穌的緣故被囚在拔摩島上；彼得為耶穌而被釘在十字架上。但是他們永遠再沒有在耶穌悲傷已極之際，與祂一同儆醒的機會。這是一去不復回的機會。有人告訴你某某人去世了，你說：「這絕不可能！我昨天還在市場跟他會過面。」不錯，他昨天是在市場裏，但是如今你永遠不能再在市場裏看見他了。對的，你計劃要做一件事，要對某人說一句感謝的話，要幫助一位在苦難中的朋友，或是要糾正一樁不良的行為。那都是很好的計劃，可惜你一拖再拖，遲不動手，機會錯過了，人去樓空，你只聽聞「繼續睡覺安歇罷！睡覺！睡覺！睡覺！睡覺！永遠睡覺！」的聲音，是良心責備的聲音。

3 呼喚來跟從祂的聲音

我聽聞比上述更懇切、更柔和、又更滿帶思念的聲音，就是基督呼喚人到祂跟前來的聲音，呼喚他們在冬天前到祂那裏去。想起當日耶穌在加利利海邊呼召安得烈、彼得、雅各、約翰，又呼召坐在稅關上的馬太，我深願讀者和我自己都能在場聽聞祂的聲音。祂的聲音必定是滿有慈愛，滿帶權力，又誠懇和急不容緩的聲音，叫他們聽了便「捨下了一切，來跟從祂。」

最能吸引人注意力，最能引人入勝的話，莫過於談論永生的話。為此，當聖靈邀請人到基督跟前來得著永生的時候，祂絕不會說：「明天來罷」，卻總是說：「今天要來」。你若能在聖經中找到聖靈說：「你明天要歸信耶穌」，我這位牧師便要離開教堂的講台，永不再在此講道，因為我無道可講。是的，聖靈總是說：「今天！」「現在就是上帝悅納人的時候」，「現在就是上帝拯救人的日子」，「你們若在今天聽聞上帝的聲音，就不要硬著你們的心」，「要趁著還有今日」，不可延誤！

為甚麼到基督面前得著永生是這樣急不容緩，不能稍為猶豫的事呢？我可以提出最少兩個理由：

第一，人的生命無常，是不可預知的。你們都知道大衛與約拿單最後一次會面時，大衛說：「我離死不過一步」。人人都是離死只有一步，人的生命，就是這樣無定。有一位拉比（猶太教的牧者）常對人說：「你們應當在死前的一日悔改」。他們說：「拉比，我們不知道那一天要死。」拉比回答說：「這樣，你們必須今天悔改」，這就是說：在冬天前趕到！

第二，基督向人呼喚的時候，總是說：今天要來，祂絕不會說：明天來罷。為甚麼耶穌總是說今天呢？因為到了明天，你的心境，你的心情，你的心思，你的志趣，和你心靈的趨向，你一切的一切，都可能改變了，與今天完全不同了。人的心靈也有「合時」和「不合時」的分別。一次，有人請我去找他的弟弟來信耶穌，他說：「趁我弟弟的心仍是很柔軟的時候。」對的，今天有一個人聽我這篇講道，他感覺滿有意義，很受感動，很容易被勸服來接受基督，進入永生之路。可是，這人若一旦拖延擱置，不肯當機立斷，只說：「今天不方便，今天晚上也不能作決定，等待明天罷。」一週過去，一月過去，一年也過去，這人再來聽我這同一篇的講道，卻完全無動於衷，因為他的心靈已像石頭那麼冰凍。我呼召人來悔改，來信靠耶穌，對有些人來說，就像這教堂牆壁和地板的大理石，毫無感覺，絕無反應。啊！假如這教堂的石塊能呼叫，棟樑能訴說，它們要見證許許多多曾在這裏幾乎接受耶穌為救主的人，卻因為遲疑不決，今天已經遠離上帝的國，可哀之至；就是因為耶穌說：今天！他們卻回答說：明天！

明天，明天，明天，在引入永遠死亡的路上，擠滿了沒有果斷能力，因循耽誤的人。我要再把使徒保羅的話，重說一次：「在冬天前趕到」。當我說這話的時候，人人的理智和良心也要說：在冬天前趕到；耶穌基督自己，聖靈，全本聖經，和一切已經接受耶穌的人，一齊同聲說：在冬天前趕到！

要在夏天的炎熱消退之前趕到！

要在秋風把樹葉吹落淨盡之前趕到！

要在山頂積雪，溪水凍結之前趕到！

要在你的心靈冰冷，渴望親近上帝的誠意消失之前趕到！

要在你的生命結束，在你要向上帝給你一切恩惠交賬之前趕到！
要在冬天前趕到，及時趕回到上帝這裏來！
要在生命的任何階段（年幼年輕年老）中趕來！
趕來！趕來！趕來！親愛的朋友們，要在冬天之前趕到，阿們。

第十二章 復臨信徒怎樣等候耶穌回來？（一）

在「為耶穌回來作準備」的六篇文章中，讓我在第一篇與讀者分享一位本會牧師的個人經驗。這位牧師曾在羅馬林達大學宗教系任教授，他在基督復臨安息日會的家庭長大。他讀中學時，適值許多本會牧師和信徒相信耶穌要在一九六四年回來，當時他感到異常的興奮。本文摘錄他自白書的一部分，與讀者分享，深信對我們等候耶穌回來期間的心理準備有所幫助，特用第一人稱，敘述這位牧師的經驗：

我從小時便聽聞基督復臨安息日會家喻戶曉的教義——一八四四年開始了查案審判的大工，這是耶穌回來的先聲。換句話說，耶穌快要回來了。

一九六〇年代，我在中學時，讀到本會先導們在一八四四年十月廿二日期待耶穌在當天要回來的熱忱，我也好像身歷其境，深深體會那時信徒相信耶穌必在當天降臨的興奮和激動。至於上述一九六四年是怎樣推算出來的呢？簡單得很，耶穌說：「挪亞的日子怎樣，人子降臨也要怎樣」，那麼，一八四四年加上挪亞的一百二十年，不就是一九六四年嗎？還有甚麼能比這種推算更順理成章，更合邏輯呢？

這一年間，不管是在學校的課室裏，教堂裏，特別是夏天的帳棚大會裏，都洋溢著這叫人迫不及待的好消息。在討論的時候，有人說：「那日子，那時間，沒有人知道，我們怎知道耶穌必定在今年回來呢？」有人聽了便爭著說：「因為耶穌只說那日子，那時間，卻沒有說那一年，所以今年是祂要回來的一年？」於是許多信徒離開大城市，搬到鄉下去等候耶穌回來。

這時，浸信會的大佈道家葛理翰牧師在報章上大談耶穌復臨。有人問他耶穌要在甚麼時候回來？在未把他的答案寫出來之前，我想把他腦海中對當時世界情況的憂慮列舉數項，讀者便能更容易明白他將會有甚麼樣的答案：

1. 原子彈已經毀滅了廣島和長崎
2. 俄國赫魯雪夫在聯合國議席上脫下皮鞋敲擊桌子
3. 冷戰加劇
4. 蘇彝士運河有大危機
5. 德國發明了一種給孕婦止嘔的藥，卻使十萬嬰兒出生時沒有了手足四肢
6. 古巴反美親蘇聯
7. 甘迺迪總統被人行刺身死
8. 美國數百所大學舉行反政府陷入越戰的示威
9. 美國阿拉斯加州發生北美洲有史以來最強烈的地震
10. 美國黑人舉行史無前例的華盛頓示威遊行，反對白人對他們的種族歧視……還有許多。

葛理翰牧師的腦子裏充滿了這些難題，所以他便很謹慎地回答說：「為耶穌復臨定日期是不對的，但是依我看來，這個世界不可能再延續五年之久！」這句話當時給我們基督復臨安息日會信徒打了一劑強心針。啊！耶穌很快便要回來了！不信嗎？葛理翰牧師也是這樣說了。

轉眼間，那五年過去了，我沒有去天國，因為耶穌沒有回來。我進入本會的太平洋聯合大學念書，選一門課名叫末世學，研究各項耶穌復臨之前的兆頭。教授十分認真，他把基督復臨安息日會信徒耳熟能詳的時兆，諸如設立勉強人人遵守星期日的律法，七大災難，一切教會宗派要聯合起來，招魂術要捲土重來等等，一一列舉出來。然後他收集了幾百條引述世界重要人物的話語去證明全世界，特別是美國現時社會的潮流，都在急速地配合基督復臨安息日會時兆預言的應驗。

這位教授名叫管寧，後來被請到全球總會懷氏遺著託管會任要職，寫作不少書，應邀到許多帳棚大會講道，可以說是美國本會信徒家喻戶曉名重一時的領袖。管寧教授引述名人的話語，全都是從美國最有地位的雜誌如「美國新聞與世界報導」、「新聞週刊」、「時代週刊」或「華爾街報」等刊物而來的。這些刊物具無比的權威性，叫他的學生直覺地感到教授的結論一定是對的。還有，管寧教授最喜歡將世界上不斷發生的大事去和但以理與啟示錄書中許許多多的表號相提並論，把它們配合起來，這真是談何容易呢？其實他這樣做，處處都有犯錯誤的可能，因為這種配合，多是穿鑿附會之舉，只看啟示錄書第八章就有四十多個表號。

末世學讀完了，我想：假如能把世界上發生的事正確地跟聖經的表號天衣無縫一個一個地配合起來，那麼，耶穌必然在五年之內就回來！我心靈的深處暗中虔敬地希望管寧教授所說的是對的，因為假如他是對的，很快耶穌便會回來。怎知一下子，二十五年過去了，耶穌還是沒有回來。

為甚麼我說管寧教授的論斷和推理是大錯特錯呢？因為他的論斷和推理，與維廉米勒耳和許多早期本會先賢的論斷和推理，沒有太大的分別；若有甚麼差異，也是換湯不換藥。這種推理和論斷的基礎是：假如我們肯用時間去研究聖經的預言，終久必能推算出耶穌復臨的日期，這是最錯誤不過的想法。我現在已經立定心意，在研究聖經預言的時候，我唯一的目的是要多認識耶穌基督，因為必再回來的就是祂。所以我不必再在「這世代」或「快來」等字句上虛費時光。

我發現一個情況：門徒在馬太福音第廿四章開頭問耶穌說：「祢降臨和世界的末了，有甚麼預兆呢？」耶穌用二十節經節來回答這個問題，然後立即峰迴路轉，把話題一改，用六十六節經節來說明怎樣預備祂的復臨。祂一連講述四個比喻教導我們為祂的復臨好好預備妥當。第一個是善僕與惡僕的比喻，叫我們不要把耶穌復臨的日子推得太過遙遠，便放縱兇惡、醉酒和喫喝。第二個是十個童女的比喻，說明深深相信和拿著燈出去迎接耶穌的人群中，竟然有些是愚拙（其他中文譯本譯作愚蠢、糊塗）的，因為帶了燈，卻沒有預備足夠的油。

後兩個比喻與復臨的時間沒有關連。按才幹分派責任的比喻，說明每一個信徒對上帝旨意是否遵從，會產生極大不同的後果。最後，綿羊和山羊的比喻，叫我們知道對別人有沒有存關懷的善心，可以作為決定我們永遠命運的根據。

如今我可以定出一個結論：我是基督復臨安息日會的信徒，我相信聖經裏審判和人類歷史終結的預言。我對探索耶穌復臨的日期，絕對沒有興趣。我要繼續研究啟示錄，但以理，以西結，和利未記許許多多的表號和預言。我深信上帝呼召我是要我幫助自己和別人預備妥當，那麼，無論甚麼時候耶穌回來，祂要對我說：你這又良善又忠心的僕人哪，你作得好，請進來，享受你主人的快樂吧！

第十三章　復臨信徒怎樣等候耶穌回來？（二）

等候和等待，不是人生的樂事。等火車、等公共汽車、等飛機，都是叫人不耐煩的事，所以美國總統有私人的理髮師，叫他少了一些等候的苦事。

「我去原是為你們預備地方去。我若去為你們預備了地方，就必再來接你們到我那裏去」，這已是兩千年前耶穌的遺言。「看哪，我必快來」，啟示錄書最末後一章就重覆說了三次，這也是二十個世紀前的應許，信徒們已經等候了兩千年，耶穌還沒有回來。

早期的基督徒深信耶穌必在他們生存時代回來，這是因為他們相信耶穌親口對他們說「我必再來」。寫新約的使徒們，親耳聽聞兩位天使說：「這離開你們被接升天的耶穌，你們看見祂怎樣往天上去，祂也要怎樣回來」，這是多麼肯定的應許。沒有親耳聽耶穌或天使應許的使徒保羅，被聖靈感動，說：「我們現在將主自己的話告訴你們：我們這些一直活到主再來的人，是不會在已安息的信徒之先去見祂的。因為那時會有發號施令的聲音，天使長呼喚的聲音，上帝號角的聲音，主耶穌親自從天上降臨。於是那些死了的基督徒必先復活；然後，我們這些到時仍然生存的人，才跟他們一起被提到雲裏，在空中和主相見。從此，我們就永遠和主在一起了。」（帖前第四章十五至十七節，今日佳音譯本）

就在這深信耶穌要在第一世紀復臨的濃厚氣氛中，教會產生了基督教的信條，名叫「使徒信條」。每週信徒到教堂來敬拜上帝時，都同聲念誦這些信條，其中之一就是「耶穌必定要再來」。可惜一個世紀又一個世紀過去了，許多信徒雖然每週都到教堂來念誦「耶穌必定要再來」，可是在他們的實際生活中，基督復臨對他們已經失盡一切的意義了。

基督復臨安息日會雖然沒有採納「使徒信條」或任何方式的信條（我們相信聖經是我們的信條），我們卻仍堅信耶穌必再來，乃是那「有福的盼望」（提多書第二章十三節新約全書新譯本）。我們仍然堅信耶穌親口的應許，說：「我必再來」、「我必快來」。筆者一生的工作，大半是為華人教會服務，也曾在四五所白人教會服務過。我很幸運，在許許多多教友臨終前，在他們的病床旁，從來沒有聽見他們埋怨耶穌遲遲不回來，叫他們灰心絕望而死。

不久前，教會公報登載一段有問有答的文字，我感覺很能發人深省，特節錄以與讀者分享：

問：我八十歲的母親，一輩子是基督復臨安息日會的忠實信徒。她現在病重，有難以忍受的痛楚，精神抑鬱，因為她絕沒有想到耶穌遲遲不來，叫她得受年老和面對死亡的痛苦。她聽聞全球總會花大筆錢建造新的聯合辦事總部，每週在自己的教堂卻聽不到「基督已近在門口了」的講道，便懷疑教會的信仰，是不是轉變了方向。她感覺自己畢生信靠的教會沒有達到她的願望……。她的神志仍然很清醒，我們能說些甚麼話去幫助和鼓勵她呢？

答：第一，請告訴你的母親，她這樣的感覺，有些牧師和傳道人要負一部分的責任。有些人宣講基督復臨，過分強調世界的危機而忽略了基督本身。你的母親是一九〇〇年代出生，她年少和年輕的時代，許多本會信徒多次推測耶穌復臨的日期，這都是對教友靈性有損的事。

請告訴你的母親，耶穌並沒有遲遲不來，叫她受年老和面對死亡的痛苦。我們所崇敬愛慕的天父，是時間和空間的主宰。祂按著自己無窮的智慧為耶穌回來所定的日期，是為全世界人類最適當，而且又是最好不過的時刻。我們受生老病死痛苦的時候，應當知道天父必加給我們所需的力量和信心，叫我們忍耐到底，必然得救。

第二，請告訴你的母親，千萬的基督徒在二千年以來像她那樣深信耶穌再來的真理。我們必須在有生之日，確信耶穌必定要再來，面臨死亡之時，仍然堅信不疑。請告訴她，我們所信的不是安息日，十分之一或是復臨的兆頭，我們所信的卻是耶穌基督。也要告訴她，人死後復活的美好盼望，約伯說：「我知道我的救贖主活著，到了最後的日子，祂必會站在大地之上。我也確知雖然這軀殼必要腐朽，但我還能在肉體之外得見上帝」。耶穌說：「我是復活，我是生命。信我的人，雖然死了，也必復活。」（當代聖經譯本）

第三，請告訴她，全球總會建造新聯合辦事總部，把六座七八十年前的破舊辦事處，代之以一座新的建築物；既可以增加工作的效率、又可以節省了一大筆水電空調和維修費用，是每一位忠心的管家所應當進行的事務。

第四，請告訴你的母親，她在她的教堂不多聽「基督已近在門口了」的講道，不是全球基督復臨安息日會的普遍現象。我們許許多多的佈道會，無線電和電視廣播，經常講論耶穌快來的真理。又或在高度發達的物質主義地區（像美國）裏，信徒容易忽視復臨的訊息，像衛司理約翰說：「財富的增加與宗教熱誠的減少，是成正比例的。」換句話說，教會一點也沒有轉變方向。

第五，最後，請告訴你的母親，她對教會的幫助和貢獻，在天上有完整的紀錄。假如她在耶穌回來之前安息主懷，你和一切本會信徒必把基督復臨的火炬繼續點燃，直到我們一同在基督的國裏與她會面。

我說了不少的話，她的神志仍然很清醒，我知道她一定聽得清楚，明白一切。（節錄到此完結）

基督復臨安息日會深信「以經解經」是最美善解釋聖經的原則。我們在此要用耶穌自己的話，去說明復臨信徒應當怎樣等候祂回來。耶穌在馬太福音第二十四章暢論祂回來前天上和地上的兆頭，最後還叮囑信徒要在準備妥當的情況中度日。接著，祂在馬太福音第二十五章用兩個比喻教導我們怎樣為祂的復臨作準備，茲把這兩個比喻摘要列出：

1 十位童女的比喻：我們必須像那五位聰明的童女，在準備好了的情況中等候。她們是在準備好了的情況中，是因為她們毫無間斷地，每天追求聖靈的「油」。聖靈要把我們靈性上對上帝熱烈真摯的心保持熱烈，叫我們不自滿自足。聖靈更叫我們愛上帝的心不斷地增長，使我們研讀聖經有所收穫（約翰福音第十六章十三節），更防止信徒走極端。

2 交銀給僕人的比喻（引用路加福音）：在耶穌腦海中信徒們在祂回來前的等候，絕不是有些人想像中的等候——耐心地靜坐在客廳窗前，全神貫注地凝視屋外的街道，看見某人的車子甚麼時候開到了，便出門迎接客人。耶穌心目中的等候，可以在路加福音第十九章交銀給僕人的比喻中看出是甚麼樣的等候。「有一個貴族到遠方去，要被封為王，然後回來。動身以前，他把十個僕人召來，發給每人一錠銀子，說：你們去作生意，直等到我回來。」十個僕人在等候主人回來的時候，都要去做生意。

我一輩子教學幾年，做牧師幾十年，對做生意一竅不通。但我認識的人中，許多是商人，也有好幾位是百萬的富翁，是名符其實的大商家。

我觀察到他們專心做生意，可以用下面的語詞形容他們的運作：

精神上的心態：慘淡經營，不遺餘力，夙夜匪懈，夙興夜寐，刻苦耐勞，廢寢忘餐，聚精會神，全力以赴。

行動上的狀態：營營役役，大動腦筋，患得患失，斤斤較量，奇貨可居，待價而沽，開源節流，量入為出，運用資本。

換句話說，忙得不可開交，忙個不亦樂乎！「忙」字應當是等候耶穌回來時信徒為耶穌生活的寫照。怪不得英文聖經詹姆士譯本把「你們去作生意，直等到我來」一句話，譯作「你們要有所事事，直等到我來」，「你們要有事忙，直等到我來。」

這正符合耶穌所說：「誰是又忠心又聰明的僕人呢？主人不是已經把管理家務按時分糧的職責交託給他嗎？」

我是一位很幸福的牧師，我服務過的多個教會裏有許多耶穌「又忠心又聰明的僕人」，他們都知道懷愛倫夫人說的對，上帝的聖工若單單靠著受薪金的牧師去作，便永無完成的可能。他們也知道上帝給人的才幹，各有不同，但是沒有一個人是完全沒有才幹的。我這班又忠心又聰明的教友為教會事務，為「使萬民作我的門徒」的使命，在等候耶穌回來的時候，忙得不可開交，忙得不亦樂乎。他們的生活，是有事忙的生活，是有所事事的生活。願我親愛的讀者都過這種有意義等候耶穌回來的生活。

第十四章　復臨信徒怎樣「準備妥當」？

我手上的聖經記載耶穌的話，說：「所以你們也要預備」（馬太福音第廿四章四十四節）。這本聖經是在一九四〇年代印行的，當時就只有這一譯本。但從一九七〇年代開始，有多本中文譯本問世，翻譯得更合原文。我手上的幾種譯本說：「你們也要隨時作好了準備」，「所以你們也要準備妥當」。這就是說我們信徒要時時刻刻在準備好了的狀況中生活。

我常常聽人說：「我們應當著手準備耶穌回來」，用意雖好，但是著手準備的信徒，卻是還沒有準備妥當的人。

準備妥當的信徒，就是已經得救的信徒。我認識一位很有名的本會牧師，到各處開培靈奮興會，又在許多帳棚聚會講道。他很喜歡測驗教友的靈性狀況，測驗表格中有一項問題：「你是一位已經得救的信徒嗎？耶穌若在今天回來，你已經預備妥當了嗎？」

他多年測驗的結果，發現基督復臨安息日會的信徒中絕大多數的答案是：「我不知道」、「我希望耶穌回來的時候我能得救」、「我盡力預備，但是不敢說自己已經預備妥當了」。回答「我不知道」，和「我希望……」多得不可勝數，是最令這位牧師痛心的回答。

為甚麼這些回答叫牧師痛心？許多填寫這些回答的人，不是十五歲至二十歲的年輕人，而是六十、七十或八九十歲的年長人和年老人，在教會生活了五十、六十、或七十年的信徒竟然不知道自己是不是已經得救，這真是多麼可悲可嘆啊！

多年以來，這位牧師發表了許多幫助信徒明白得救道理的講解，我在此節錄一些與讀者分享：

耶穌吩咐我們為祂復臨預備妥當，所以我們應當用一些時間省察自己是不是已經預備妥當。但是我們不應當用太多的時間花在我們自己的身上。撒但引導許多誠心的信徒整天注視自身的軟弱和不完全的行為，把目光從耶穌身上轉移到自己身上。我想：愈是成熟的基督徒，便愈注視耶穌，便愈關懷別人的得救，最好的例子，就是摩西。摩西的靈性十分成熟，他知道自己是個已經得救的人，也知道上帝已經把他的名字寫在祂的冊子上。他卻為了這數百萬目不識丁和忤逆背叛的奴隸，把自己的永生福樂置之度外！

當你接受耶穌為你個人救主的時候，你就是與祂訂立了條約，自願答應終身被這條約束縛（就如一個人在結婚時，與另一個人訂立婚約，答應終身被這婚約束縛一樣）。保羅深明此理，他說：「因為我知道我所信的是誰，也深信祂能保守我所交託祂的，直到那日」（提摩太後書第一章十二節）。保羅自己守約，他知道上帝也必定守約。他既然與上帝保持這樣親密的關係，所以他知道自己已經是一個得救的人，他說：「我現在被澆奠，我離世的時候到了。那美好的仗，我已經打過了，當跑的路，我已經跑盡了，所信的道，我已經守住了。從此以後，有公義的冠冕為我存留，就是按著公義審判的主到了那日要賜給我的。不但賜給我，也賜給凡愛慕祂顯現的人。」（提摩太後書第四章）保羅像摩西那樣知道自己是個得救的人，他是準備妥當的人，因為他知道他所信的是誰。

我們怎樣才能像保羅明確地知道我們所信的是誰呢？使徒約翰有最完美的回答：「小子們哪，你們要住在主裏面。這樣，祂若顯現，我們就可以坦然無懼。祂來的時候，我們在祂面前，也不至於慚愧。」來到耶穌面，是很重要的，但是「停留」在耶穌那裏，就更為重要。讀者必能聯想到耶穌的話：「你們要常在我裏面，我也常在你們裏面……常在我裏面的，我也常在他裏面。」這就是舊約所說的「同行」，「挪亞與上帝同行」，「以諾與上帝同行三百年」，「世人哪，耶和華已指示你何為善。祂向你所要的是甚麼呢？只要你行公義，好憐憫，存謙卑的心，與你的上帝同行。」阿摩司先知說兩個人能以同行，是因為他們同心。我們停留在耶穌那裏久了，便能領會耶穌的心意，漸漸與祂同心，與祂同行，住在祂裏面。這樣，我們成為已經得救的人，也是為耶穌回來已經預備妥當的人。（節錄到此完結）

我想起在澳洲本會學校念書時候其中一位教授的經驗。他們夫妻都是很好的基督徒，彼此齊眉舉案，相敬如賓。他們不但是夫唱婦隨，也可以說是婦唱夫隨。一天，他在班上說：「我和我的妻子一同生活，四十年如一日，我發現我們兩人志同道合，到達了心靈相通的境界。有甚麼事情發生的時候，我知道她會有甚麼反應，她也知道我的反應會是怎樣。我們的反應都是不謀而合的。」我們與上帝同行，一同生活，也必漸漸「分享上帝的性情」（與上帝的性情有分）。

上述「停留在耶穌那裏」、「住在主裏面」、「與你的上帝同行」，都很重要。然而為生活在二十一世紀的信徒，卻帶來了一個最嚴重的難題。因為「停留」「住」和「同行」所需要的，就是時間、時間和時間。要和上帝保持密切的關係，就像與父母、丈夫、妻子、兒女保持密切的關係一樣，需要時間。這裏有一位遐邇知名的牧師，在帳棚大會、奮興會和一年五十二個安息日的講道中（他是一位任職多年的教會堂主任），只有一個主題，就是邀請信徒好好地計劃每天抽出適當的時間，與上帝保持密切的關係。他常說太多本會的信徒，每天早上離家出外工作之前，一隻手捧著晨鐘課，另一隻手握住前門的門鈕，這樣匆促的靈修，不能與上帝保持親密的關係，也不能與上帝建立深厚的情誼。

不久前有一位本會作家寫了一本書，大意是說：一個信徒的日常生活，應當是一連串地，是毫無間斷地，是不假思索地，也是毫無疑問地向上帝說：「好的」、「對的」、「是的」、「我願意」、「沒有問題」。這就是詩人所說：「我的上帝啊，我多麼樂意遵行祢的旨意！」（詩篇第四十篇八節）這也是耶穌處世為人的唯一目的，祂多次說祂到世上來，乃是要遵行天父的旨意。甘心樂意遵行上帝話語的人，是為耶穌復臨準備妥當的人。

耶穌時代猶太人每安息日到會堂敬拜上帝，在聚會中，全體會眾同聲念誦幾段經文，其中有一段說：你要全心、全性、全力、全意，愛主你的上帝。路加醫生著作中曾說，有位律師問耶穌：一切誡命中，那一條是最大的呢？耶穌對他說：你要盡心、盡性、盡力、盡意愛主你的上帝。耶穌在這裏引用申命記的話作為祂的回答，因為祂熟悉舊約。原來申命記有三次提及這句話，耶穌把這三次提過的話合起來，說：你要盡心、盡性、盡力、盡意，愛主你的上帝。近日刊行的幾個譯本則說：你要全心、全性、全力、全意，愛主你的上帝。「盡」是盡其所能，「全」是全力以赴（不遺餘力），「全」比「盡」或更合原文的字義。但是「盡」字也有其獨特之含意，本文結束時，將再加以討論。總之，凡這樣愛上帝的人，乃是為耶穌復臨準備妥當的信徒。

我在中學時代，國文老師授課，講及春秋時代孔子的門生曾參，以孝順聞名。他孝順父親，除了盡心盡性盡力之外，更是盡意。「盡意」一詞在聖經原文之義是竭盡你的思想，盡你所能地去瞭解、去明白、去通曉。曾子洞明他父親的思想和心意，在一切事上百依百順他父親的旨意而行。曾子的兒子，也很有孝道，但沒有像他父親曾子那麼盡意。曾子和他的兒子都不是富有的人，只是中等人家，家道不甚豐裕。他的兒子把最好的食物奉給老人家受用。曾子卻把這些食物分給孫兒吃，兒子看了很不以為然，因為所供上好的食物並不豐足，老人家應當盡量享用，他孫子將來吃好東西的日子還方長哩！這個兒子就是不明白老年父親的心意，給孫兒吃要比自己吃好得多了。孫子這麼可愛，曾子愛孫心切，看見孫兒吃最好的東西，自己便開心極了，比自己吃而得的快樂大多了。我們若肯這樣盡意地愛上帝，便是準備妥當的信徒。

筆者知道這本書的讀者中，有許多是基督復臨安息日會的信徒。在發起組織基督復臨安息日會的時候，已經有許許多多的教派。本會先賢中許多是長老會、循道會、浸信會的教友，為甚麼要另起爐灶，從頭做起建立本會呢？最主要的原因，就是要盡心盡性盡力盡意愛上帝，遵行祂在聖經中吩咐我們遵行的一切事。全世界五分之四的人以每週的星期日為例假。絕大多數基督復臨安息日會的信徒是處於這五分之四的人群中生活，而要遵守星期六為聖安息日，在求學在就業處處遭遇困難。然而為了要盡心盡性盡力盡意愛上帝，我們便得面對這些困難，不能迴避。我應當在此補充一句話，我們若肯盡力愛上帝，祂必處處為我們開路，解決我們一切的困難。除此之外，基督復臨安息日會的信徒遵照上帝的吩咐，忠心獻上個人全部收入的十分之一，不茹任何不潔淨的肉食，這些也是準備妥當的信徒必有的表現。

我們可以把耶穌的話分析如下：

盡心：聖經提出「心」，是指心思，慾望和人心的傾向。信徒應當把心思，慾望和內心的傾向用在愛上帝的事上。

盡性：性是性命，也就是生命（原文是生靈和生命）。信徒的整個人生是要以愛上帝為依歸。

盡力：人的力量是上帝所賜。體力、智力、財力、物力和對別人的影響力，都應當用在愛上帝的事上。

盡意：如上所述，信徒應當運用思想去明白上帝的心意。上帝所喜悅的事，我們要善盡一切去敬謹奉行。上帝所憎惡的事，我們要備盡一切去嫉視離拒。

耶穌提出人身形體的各部分，強調一個信徒對上帝若有真實的敬愛，整個身體必被這情意驅使去愛上帝，且讓我舉出兩個實例說明盡心盡性盡力盡意愛上帝如何可以在我們實際生活裏顯明出來：

教會公報問答欄中，不久前有人問：「我的妻子未信道前很喜歡跳舞，信道後仍一樣喜歡。日前她買了一些舞蹈錄音帶，堅持要我在家中跟她跳浪漫式的舞蹈，她引用聖經的記載說舊約時代大衛王和別的人也跳舞。我心中總覺得不太妥當，此舉是有問題的，但是為了討她的喜悅，便與她共舞。請問我們教會對夫妻在自己家中跳舞有沒有禁止的規條？」

回答：有人說夫妻既有最親密的關係，所以在自己家中跳浪漫式的舞蹈，不會有不良的影響。更有人說，假如夫妻感情不好，又或身體健康欠佳，此舉大可以增進夫妻的愛情，從跳舞而得的運動，對健康也有幫助。我卻不同意這些說法。

教會對私人生活的細節，沒有制定明文規條。以我個人的理解來說，我認為你來信所形容夫妻在自己家中跳浪漫舞，對基督徒的靈性是大有損害的，理由如下：一個人若喜愛浪漫舞蹈音樂，它的節拍和情調必至終叫人失去喜愛聖詩聖樂的心。而且，浪漫舞蹈是人為的刺激，來自非洲舞曲的節拍能惹起邪情惡慾，至終取代了夫妻間純潔的愛情。更可怕的，就是浪漫舞蹈挑引淫蕩，叫人失盡寧靜與上帝交往的心情，為害甚大也。

來信提及舊約時代大衛跳舞故事，懷愛倫先知說：「有些愛好世俗宴樂的人，引述大衛王曾經跳舞為例，說我們也可以跳今日世代的舞蹈，須知這是不合情理的推論。因為大衛那天把上帝神聖的約櫃從俄別以東家搬回大衛城的路上，脫下輝煌的王服，謙謙卑卑地穿上細麻布的以弗得，就是祭司的禮服，在上帝面前極度尊敬地跳舞，表示他心中聖潔的喜樂。而且大衛跳舞的音樂全是稱頌上帝和歡迎約櫃回歸的音樂，絕不像今日舞蹈所用放蕩和淫佚的舞曲。大衛所用的音樂叫聽聞的人想念上帝的聖名。近代舞曲是撒但所設計叫人聽聞便忘記上帝，不再去尊敬祂。」（復臨信徒的家庭原文五一七面）

最後，我認為你應當很謹慎地考慮一個問題，不是「教會准許或不准許在家中跳舞」的問題，而是「我是要討誰喜歡？要討上帝喜歡？或是要討我妻子的喜歡」的問題，這就是六千年前亞當從夏娃手中接受禁果過來時所應發出同一的問題。

筆者讀後有兩個感想：

❶ 這就是我有沒有盡心盡性盡力盡意愛上帝的問題。假如我的答案是「要在一切事上討上帝喜

歡」，我就是一個已經為耶穌回來準備妥當的人。保羅多次談論信徒人生的大目標，乃是要討上帝歡喜。他問：「我現在是要得人的心呢？還是要得上帝的心呢？我豈是要討人的喜歡麼？」（加拉太書第一章十節）「不要只在眼前事奉，像是討人喜歡的。要像基督的僕人，從心裏遵行上帝的旨意。」（以弗所書第六章六節）「不是要討人的喜歡，乃是要討那察驗我們心的上帝喜歡。」（帖撒羅尼迦前書第二章四節）

2 在復臨信徒的生活中，任何能叫人忘記上帝，失去喜愛聖經和屬靈書籍的心，失盡寧靜與上帝交往的心的事，都得將它們拒諸千里之外。以筆者淺見，認為應該包括書籍、雜誌、電視、電腦網路、音樂、球賽、圍棋及其他娛樂消遣等等在內。有位牧師說：「有些人在星期日用大半天時間看球賽，卻抽不出半小時去研讀聖經。也有人全心全意注視股票的起落，卻沒有精神思想永生的大事。」這是我頭一個說明盡心盡性盡力盡意愛上帝的例子，是從本會公報中的問答欄而來。

另一個發揮盡心盡性盡力盡意愛上帝的例子，也是從本會公報中的問答欄而來：

問：我知道有些基督復臨安息日會的信徒，經常在安息聖日到餐館、飯店或酒家裏吃中飯，這種習慣對不對？（讀者也許認識一些本會信徒，因為六日勞碌工作，便專門在安息日到酒家享受佳餚美味，不肯參加教會聚會後的聯誼午膳，這真是可惜。）

回答：正像在安息日乘坐公共汽車，地鐵到教堂赴聚會，有些人是不能避免的。有些人乘飛機到別處赴聚會、證道等，有些時候在飯館吃中飯，也許是難以避免的。在這一個題目裏有一點是很重要的關鍵，就是有沒有或是能不能在安息聖日之前作好準備？我們身為復臨信徒的人，肯不肯盡最大的努力，像在安息六預備日買麵包（幾乎甚麼地區都可以買到），罐頭食品和水果，問題便解決了。安息天太陽下了山，便可以到飯館吃豐美的晚餐。問題的關鍵全在乎信徒有沒有遵守安息日為聖的誠心？有沒有討上帝歡心的愛意？對上帝有愛意的信徒，也許都知道上帝在耶穌回來之前，要呼召世人「敬拜那創造天地海和眾水泉源的」，就是遵守安息日為聖日。請細心思想下面的真理：

第一，上帝在末世時代特意興起基督復臨安息日會的許多個原因中，其一是要在世界上發起一個健康、教育、服裝和遵守安息日等多項的改革運動。我們若以身作則，便能在世人面前宣明上帝對安息聖日的重視。

第二，我們處身的場所，對我們的思想和情緒，有極大的影響。若在安息聖日把自己莫須有地置身於餐館裏吃喝宴樂，雜亂無章，人聲鼎沸的氣氛中，將必喪失安息聖日屬靈的福氣。

第三，上帝用安息日作為神人之間立約的永久記號和證據。我們信徒遵守安息日愈認真，這記號和證據便愈明顯。所以懷愛倫先知勸告當時開設飯館的本會信徒應在安息日停止營業，就是這個緣故。（證言卷七原文一二二、一二三面）

第四，遵守安息日為聖日，包括聖日來到之前的準備，特別是第六日（星期五）的準備。聖經稱第六日（星期五）為「預備」，我們稱之為預備日。這一天內，我們要在思想上有預備迎接聖日的意念，不論打掃、洗衣服、洗汽車、準備食物，甚至為聖日崇拜時奉獻的捐項，應當早作準備。

總括來說，上帝設立安息日，為的是要給我們帶來福氣。為此，耶穌說：你們難道在安息日不解開槽邊的牛驢，牽去飲水麼？上帝是最合情合理的。

筆者青少年時代，還沒有今日一般的噴射飛機；要渡過太平洋和大西洋，瑞賴輪船。我十分敬佩國外佈道士那種盡心盡性盡力盡意遵守安息日的精神。他們要回國渡假，輪船若適逢安息天開船，他們情願乘坐下一班不在安息天啟程的輪船，因為上船的擾攘氣氛損害安息日的神聖。筆者在過去作過多次旅行，有時意外事件發生，已準備妥當的食物不慎失去。在這種情形之下，我可以①到飯店去、②少吃一兩頓。我總是選擇少吃。（醫生說，久不久少吃一兩頓飯，不單對身體沒有傷害，反而有益健康。有人若選擇上館子，我絕對不批評。）

我曾說，一位盡心盡性盡力盡意愛上帝的人，便是為耶穌回來準備妥當的人，這是從我們人的立場來說。結束本文的時候，我想為讀者帶來一個從耶穌立場而來的大好消息。回想耶穌受死前最後一週的安息五晚上，門徒走進逾越節晚餐房間的時候，仍是懷著誰是最大的心情。但當耶穌挨次洗他們的腳之後，便對十一個不停爭大的門徒說：「你們都是乾淨的人」。

他們都是乾淨的人嗎？就在那天晚上吃完了最後的晚餐，十一個門徒以百碼賽跑的速度逃遁，以期遠離耶穌。彼得和約翰等了一會兒，便回到大祭司的院子裏，就在這裏，彼得三次不認耶穌，最後一次還發咒起誓。筆者最受感動的，就是路加醫生記載最後晚餐後耶穌對彼得說的話。祂說：「西門，西門，撒但想要得著你們，好篩你們像篩麥子一樣。但我已經為你祈求，叫你不至於失了信心……彼得，我告訴你，今日雞還沒有叫，你要三次說不認得我。」耶穌知道彼得是盡心盡性盡力盡意愛祂的。幾小時前彼得說要跟耶穌一同下監，一同受死也是甘心的，這就是盡一切愛主的人的心意。可是我們盡一切愛主的人仍有傾向罪的軟弱，幸而耶穌已經為復臨信徒祈求，叫我們不至於失去信心，叫我們在靈性生活中就算是失敗之後，仍須回頭。祂曾應許永不離開我們，也永不丟棄我們，因為祂知道我們盡心愛祂，是為祂再來準備妥當的信徒。

第十五章　復臨信徒怎樣作「完全」人？

有些讀者在讀了上一章「復臨信徒怎樣準備妥當」全章後，感覺大惑不解，因為我並沒有說：「為耶穌再來準備妥當的人，是完全人。」我為甚麼沒有這樣說呢？理由很簡單：①因為這是一個十分重大的問題，那章書僅有的篇幅不能容納。②在基督教歷史中，「完全」這個詞被人誤解的例子，比比皆是。我們且從耶穌論完全的話說起，祂說：「所以你們要完全，正如你們的天父完全一樣。」除了吩咐我們要完全之外，耶穌更以天父的完全作為標準，在人看來，是高不可攀的。

上帝對亞伯拉罕說：「你應當在我面前作完全人」。保羅勸勉信徒要「竭力進到完全的地步」，又說「要在基督裏把各人成為完全，帶到上帝面前。」依照聖經的話，我們信徒可以作完全人。那麼，為甚麼我所認識的千百位（我曾服務過七個教會，其中的兩個是華人教會，五個是西人教會，也曾多年在三間本會大學教會聚會）復臨信徒中，沒有一位向我自稱是個完全人，也更沒一位敢於放膽相信自己是個完全人？原因是許多信徒對耶穌吩咐「你們要完全」這句話，或作謬解，或作誤解，最可怕甚至或作曲解所致。

基督教歷史中，有許多錯解這話的例子。在中世紀時許多信徒為要達到完全，便實行獨身主義，或是自己鞭打自己，或素食（目的不是為增進健康，而是為達到完全而素食），甚至男子割勢，女的割去身體的某部分。這些人更製造出許許多多對飲食、服飾、娛樂的規條，就像耶穌時代法利賽人制訂千百條例相似。

在一八四〇年代，有些跟隨維廉米勒耳的信徒相信自己已經是完全人，更相信完全人不管作甚麼惡事，都不能犯錯或犯罪。有些人娶幾個妻，稱她們為「屬靈的妻」，深信自己沒有犯多妻的罪。一八九〇年代，本會先賢華格納牧師宣講凡得著基督公義的完全人，絕對不會生病。又有一班人相信與上帝和好的完全人，頭上的蒼蒼白髮必回復原來的青絲光澤。最不幸的一些人，相信基督把祂完全和聖潔的品格灌輸（像輸血那樣）在我們身裏，我們便完全，所以不須遵守任何誡命和律法。

我在安德烈進修時，有一位年輕的神學教授寫了一篇文章，名之為「我從前曾作過一個完全人」，可以說是他的懺悔錄，今把它節錄以與讀者分享：

我在十九歲前，相信「不可思議論」，其論說認為神鬼和眼看不見的事物，不能證其有，亦不能證其無，所以只能說我不知道，這個論說的另一個名字叫做「不可知論」，是無神論的一派。我十九歲那一年受洗加入基督復臨安息日會，我閱讀耶穌吩咐信徒要完全像天父完全的話，也有教友給我看懷愛倫先知說「到我們能完全地反映耶穌品格時，祂便要回來接我們作祂的子民」一語。我看見這兩處「完全」的字樣，便閉門造車，在自己腦海裏為「完全」一詞下了許多定義。我根據這些定義去觀察每安息日到教堂來赴聚會的教友們和牧師，又去觀察別一個教會的教友和牧師，得了一個結論：真是令人失望！沒有一個完全人！我心想，你們達不到完全是因為你們不夠努力。我與你們不同，我夠努力，我不會失敗。記得當時我在三藩市海灣區建造高樓大廈的建築公司工作，我在又危又高的鋼架上禱告說：上帝阿！我立志要作為基督升天後第一位完全的基督徒，阿們。我當時是十分誠懇的。

我畢業後到一個教會擔任傳道的工作。我追求完全，到了一個境地，不管你吃甚麼，你看甚麼書或甚麼電視節目，不管你要做甚麼事，或腦裏想一些甚麼事，我都可以指出你的錯誤。而我自己呢，我盡力在飲食上要完全，三個月之間，從一百六十五磅掉到一百二十三磅（以美國人的身高來說，他可說是骨瘦如柴了。）有些朋友害怕我會因健康改革而喪生。

我想你應該知道，我努力追求完全，我果然真的得到完全了。①我是一個完全的法利賽人，像掃羅未到大馬色路上去之前那樣標準的法利賽人。②我是一個完全的修道士，像馬丁路得未發現羅馬書中福音之前的修道士。③我是一個完全的循道會信徒，像衛司禮約翰全心靠賴遵守規條得救那樣的信徒。我發現自己越努力追求完全，便越全神貫注在自己身上，越以自己為中心。這一來，我只看見別人的差錯，更瞧不起那些還沒有到達我那樣崇高標準的人。我越完全，便越不滿意教會和同道，因為他們都不像我那樣純潔和認真。我越想越要有像基督那樣的品格，結果便越有像撒但的品格。回想起來，那些不幸與我一同生活一同工作的人，真是可憐人，我給他們吃太多的苦頭！

我既然對教會和教友諸多不滿，便把區會給我的牧師證件寄回給會長，要辭掉牧師的工作。會長叫我駕車到三百哩外去見他，他鼓勵引導一番，把證件交回我手中。回到家後，我再把證件寄給會長，怎知他又寄回給我。我第三次寄出證件時，寫了一封很不客氣的信，果然收效甚佳，再沒有下文了。我不單不再是牧師，我也不再是基督復臨安息日會的教友，最可怕的，我已經不再是基督徒了。六年之久，我沒有禱告，沒有讀聖經。我攻讀哲學，希望從中得到人生的真意義。怎知哲學對人生的真意義了無真知灼見。我得了一個結論：假如基督教對人生的真意義沒有答案，那麼，任何哲學也提不出甚麼答案了。

六年過後，上帝來找我，祂好像對我說：「不錯，你曾是基督復臨安息日會的信徒，但那時不見得你是個基督徒，因為你只認識一切的要道。很可惜而且是更重要的，你卻沒有認識我。」我便如浪子回頭，重歸正道。

回想那一次我誤入歧途，完完全全是因為我沒有細心研究聖經話語所致，但見耶穌所說「完全」或是懷愛倫先知說我們「完全」反映耶穌品格的話，我沒有研究上文下理便引致誤解，造成我人生中六年的慘劇。我還算幸運，有些人在離開上帝的時候失去生命，後果便更不可想像了（節自懺悔錄）。

不久前，教會公報登載安德烈大學宗教系主任發表的一篇文章，討論耶穌所說「所以你們要完全，像你們的天父完全一樣，茲節錄它的要點與讀者分享：

耶穌的吩咐，好像有點突如其來，叫讀者驚駭，感覺無能為力，至終不敢再想下去，把它忘記得一乾二淨。大多數信徒看見「完全」一詞，便在腦海中為「完全」下個定義：「完全」等於完全無罪，或絕對無罪（註），這純是人下的定義，叫人望洋興嘆，叫人沮喪抑鬱，幸而這不是耶穌腦中的定義。要正確地明白「完全」的意義，唯一的方法，就是以經解經，從上文下理找出耶穌的原意。第一，耶穌在吩咐我們要完全像天父那樣完全之前說：「你們聽見有話說，當愛你的鄰舍，恨你的仇敵。只是我告訴你們，要愛你們的仇敵，為那逼迫你們的禱告。這樣，就可以作你們天父的兒女，因為祂使陽光照好人，也照壞人，降雨給義人，也給惡人。如果你們只愛那些愛你們的人，這有甚麼值得誇獎呢？就是貪官污吏也會這樣做。如果你們只問候自己的朋友，又有甚麼稀奇呢？就是不信上帝的外邦人，也會這樣做的。所以你們要完全，像你們的天父完全一樣。」

根據上文，天父的完全，是祂毫不偏私，公正公平和愛人的品格。所以路加醫生記述這同一句話說：「所以你們要憐憫人，像天父憐憫人一樣。」

親愛的讀者，我們若像天父那樣去愛別人，我們就是完全的基督信徒了。

馬太是猶太人，以猶太人的觀點來說，「完全」並不是人生進程中要達到的某一個階段，便可稱為完全（這乃是希臘人的觀念，也是今日歐洲人的觀念）。我年輕時代中英文譯本都譯為「完全」，幸而近日不少中英譯本譯為「生長成熟」一詞，不像「完全」那麼絕對，而是比較相對的。所以希伯來書第九章十一節說：「更完全」。換句話說，一個完全人可以變成一個更完全的人。下面是個好例子：

有一個人來請教耶穌，說：「老師，我該作甚麼善事，才能獲得永生呢？」

耶穌說：「你為甚麼問我甚麼是善的呢？只有上帝是善的。你要得永生，就必須遵守祂的誡命。」

「甚麼誡命呢？」

「不可殺人，不可姦淫，不可偷盜，不可作假見證，要孝敬父母，並且愛人如己。」

「這些我早已遵守了，那麼我還有甚麼要做的呢？」

耶穌告訴他：「如果你要成為完全的人，你要去變賣你所有的產業救濟窮人。那麼，你在天上就必有財寶，此外，你還要來跟從我。」

耶穌對這位年輕富有官長的一席話中用「完全」一詞，是四福音中兩次用「完全」一詞的第二回。耶穌腦子中的完全，乃是愛人（濟助窮人）和愛神（來跟從耶穌），而不是絕對無罪（節錄安德烈大學宗教系主任論「完全」文）。

正在寫本章的時候，我的小孫女剛好一歲，她在學行，每走兩步，便跌一跤。她的父母十分耐心地拉她的手扶她前行。過了幾天，她可以走四步才跌一跤，這是進步了。她在走兩步跌一跤或是走四步跌一跤或在日後走十步才跌一跤，在每一個生長階段中她都是完全的，因為她是不斷地在生長，不斷地進步。懷愛倫先知深明此理，她在「天路」書中說：「我們在人生生長和發展的每一個階段中都可以達到該階段完全的境地。」前文曾說「完全」一詞希臘文的意義，是比較相對而不像中文英文的「完全」那麼絕對。當使徒保羅在靈程上到達十分成熟階段的時候，他領悟到一項真理，他說自己還沒達到完全的境地，但是在同一口氣中，他說自己和另外一些人已經是完全人。

換句話說，我們在同一個階段中，可以作完全人，卻也不是完全人，所以保羅說：「我還需要竭力地追求，以求達到基督耶穌拯救我的目標，要達到祂在我身上所盼望的理想」（腓立比書第三章十二節「當代聖經」譯本）。請親愛的讀者細想一下，耶穌在我身上所盼望的理想是多麼的高？懷愛倫先知在「教育論」第一章說：「上帝對祂兒女的理想，是比人類思想能想像得到最高的理想還要高」。古詩留下兩妙句：「欲窮千里目，更上一層樓。」我們要達到上帝對我們的理想（以筆者自身來說），還得更上百層、千層，甚至萬層樓。

在聖經裏，以諾與上帝同行三百年。我聽一位牧師在崇拜聚會向孩童們講故事的時候說：以諾天天和上帝一同散步談心。有一天，散步走得十分遠，上帝對以諾說，我們今天走得太遠了，現在離你的家很遠，離我的家很近，不如我們一同到我家裏去好了。以諾便進了上帝的天家，在那裏很快樂地和上帝一同生活。挪亞也與上帝同行，摩西與上帝面對面說話。對我們復臨信徒來說，這些聖賢已經是登峰造極，已經是完全人，沒有更上一層樓的需要了。但是在上帝的計劃中，這些聖賢和我們到達天國後，在永恆的歲月中，還有千層萬層樓可以攀登，是沒有止境的。筆者讀了一段形容完全境地的話，不單喜歡得拍案叫絕，更是感動得老淚縱橫（我已超越古稀之年）。今節錄與讀者分享：

「在天國，得贖之民要把上帝親自在他們心中培植的友愛和同情，最切實和最甜蜜地發揮出來。在那裏，永遠不衰殘的心智要思考上帝創造大能的奇妙和救贖大愛的奧祕，而得到無窮的喜樂。

「人的各種才能都要發展，一切的力量都要增強。在那裏，最偉大的事業必能邁進，最崇高的志向必能達到，最壯闊的願望必能實現。但是，除此之外，還有新的高峰要出現，需要攀登，新的奇蹟需要讚賞，新的真理需要研究，並有新的目標讓聖民發揮腦力、心力和體力。

「宇宙的全部寶藏都要開啟，以供上帝所救贖的子民研究。他們不再受死亡之軀體的捆綁，卻要展開永不疲倦的翅膀，向著天外的諸世界飛翔，與那些從來沒有犯罪的生靈共享喜樂和智慧，心中便充滿了無可言宣的快樂。他們分享知識與聰明的寶藏，就是那世世代代因思念上帝的作為而得的報償。

「他們要以清晰的目光觀察受造萬物的榮美——就是千千萬萬的太陽、星辰、天體，在圍繞著上帝的寶座，在指定的軌道上運行。宇宙萬物，從最小到最大的，都寫有創造主的尊名，無不顯示祂豐盛的權能。

「永恆的歲月要帶來有關上帝和基督更豐盛更光榮的啟示。知識怎樣發展，照樣，愛心、敬虔和幸福也要不停地增長。人越認識上帝，就越發欽佩祂的品德。當耶穌向人闡明救恩的豐盛，以及祂與撒但大鬥爭中所有驚人的成就時，得贖之民便要以更熱切的忠誠事奉祂，並以更熱烈的喜樂彈奏手中的金琴，億萬般的聲音要一同歌頌讚美。」（善惡之爭七〇一至七〇二面）

回到保羅的話題來，「我還需要竭力地追求，要達到耶穌在我身上所盼望的理想。」耶穌在我們信徒身上所盼望的理想，就是我們不斷地以更熱切的忠誠去事奉祂，去敬愛祂，這就到達了完全的境界。這完全的境界，是沒有止境的。

讀者想想在十字架上悔改的那個強盜，當他與耶穌建立了和好的關係時，便得到了將來要與祂同在樂園的應許。他靈性生命的發展和長成還有一段很遙遠的路程，但是他在死前的一剎那，得著了耶穌的公義，他已成為一個得救的完全人！（耶穌是出人意料之外的那麼好，實在是太好了）

在結束本文之前，我們應當回答本文題目所發出的問題：復臨信徒怎樣作完全人？依照馬太福音第五章四十八節的本意，我們必須愛人，像上帝那樣愛人。上帝愛好人、義人，這是合情合理的。但是上帝也愛壞人、惡人，以上帝本性就是愛來說，也是合情合理的。但是對有罪性的人來說，要愛自己的仇敵，要愛那些逼害過自己的人，卻是最不合情最不合理的事。

我在教會當牧師數十年間，看盡教友與教友之間，婆媳之間，親戚之間，夫妻之間，前夫前妻之間，同胞兄弟姊妹之間的爭吵，憎恨、互不饒恕，至死相仇的，不知凡幾。我不知道有多少人為著不肯聽從耶穌叫我們愛仇敵（便不再有仇敵）去作完全人而失去永生（真是不值得，不合算至極）。不肯愛仇敵的人就沒有上帝那樣的性情，在天國也不會幸福快樂，所以上帝不會把他們接進天國裏去受苦！

最後，我要帶給讀者一個好消息。假如你立志要照耶穌的吩咐作完全人，像天父那樣愛人，卻深知自己無能為力，多次努力也不成功，你要來到耶穌面前，把這個難題交給祂，請祂為你解決；這實在是最好最上上的辦法。可惜我們因人性的軟弱，許多時候不願意給上帝全權處理，只肯把我們認為需要祂幫助的少數瑣事交給祂，並希望祂對我們生活其他的難題，不要過問。這樣的態度叫上帝束手無策了。過去一百年間歐美宗教書籍最暢銷的作者，牛津和劍橋大學教授路易士說他年少時若有牙痛，他不會立即跑到媽媽身旁告訴她牙齒痛了。為甚麼？因為前些時他有過牙痛，媽媽除了給他阿斯匹靈藥丸止痛之外，她立即打電話到牙醫生處約個時間。這位牙科醫生每次為他治牙的時候，在治理那隻蛀牙之後，絕不會就此罷手，並開始把蛀牙四周完全健康不痛的牙齒，逐個檢查，細心找尋是否尚有別的毛病，直到全口腔的牙齒都處在完全健康的狀況中為止。

親愛的讀者信徒，滿心慈憐疼愛我們的天父也是這樣。英文有句話說：你給他一吋，他便要你一哩，有點像我們中國人說得寸進尺的味道。祂說：「你要知道，你若願意把我接進來，我要把你改造變為完全，你一刻尚未達到完全，我一刻便不肯休止。所以你必會變為完全的人。」使徒保羅說：「上帝既然在你們心裏開始了這美好的工作，祂必定會繼續幫助你們，使這工作在耶穌基督再來的時

候可以完成。」（腓立比書第一章六節）

是的，我們擁有絕對的自由，我們有自由可以隨時拒絕上帝的幫助。但是我們若願意接受祂的幫助，祂必定會完成這項大工，叫我們成為完全。我們的願意是每天每時每刻的心意，懷愛倫先知說：「每天早晨把自己奉獻給上帝，把這奉獻作為人每天第一件重要的事。每天早上你要禱告說：『主阿，求祢今天收納我，叫我完全屬祢。我現在把今天的計劃擺在祢的腳前，求祢在今天使用我。』在基督徒靈程開始的階段中，這樣把自己奉獻給上帝的寶貴時刻，在一天之中，也許不會太長。但是不要灰心，因為日復一日，久而久之，這些寶貴的時刻要愈變愈長，我們便漸漸生長變為愈趨成熟的基督徒，愈久愈完全，愈像主耶穌，愈像那位完全地愛人的天父。」

（讀者，如屬可能，請立即看下一章，復臨信徒怎樣解決生活中罪的問題（一））

註：「完全」等於完全無罪，或絕對無罪，請參看本書第十七章「復臨信徒怎樣解決生活中罪的問題（二）」開頭討論四個希伯來文的罪字。

第十六章　復臨信徒怎樣解決生活中罪的問題（一）

為要解決生活中犯罪的問題，在基督教歷史上，曾有一樁十分怪異的事。第五世紀敘利亞國有位基督教徒名叫西門，為要修練成聖和不再犯罪，他先行在附近的山洞中獨居。怎知四周的村民中許多人移到山洞來向他學習，他便移居到遠處的荒野中，在那裏豎立一根十多尺高的柱子，在柱頂的小小平台上過離世獨居的生活。不久跟從他的人也立起一條一條十多尺的柱子，效學他過無罪的生活，叫他不得不把自己的柱子加高去過無罪的生活。這樣一次又一次加高，最後竟達六十尺之高。他在柱上生活了三十七年，人都稱他為敘利亞柱聖西門。

我們身為復臨信徒的人，怎樣解決在日常生活中犯罪的問題？離世獨居絕不能解決罪的問題，因為我們生來就有罪性，就算住在六十尺高的柱頂上，罪性仍舊是在我們的身裏。

「你要給祂起名叫耶穌，因為祂要將自己的百姓從罪惡裏救出來，」天使這些話是向世人宣佈上帝救贖計劃最大的目的，就是要消滅罪惡。使徒約翰說：「上帝的兒子降世，為的是要除滅魔鬼的作為——罪。」（約翰一書第三章八節）有人計算過全本聖經中提說「罪」和與罪有關的字約有二千次，幸而提說「上帝」卻有四千多次；我們可以說聖經是一本上帝解決罪的詳盡實錄。

不久前，某一所教堂的教友們十分關切復臨信徒怎樣解決實際生活上罪的問題，他們多次討論，繼之而辯論和爭論，到了教會要鬧分裂的地步。爭論的過程中，有人大談「完全」是等於完全不犯罪（在前一章「復臨信徒怎樣作完全人已詳細討論這論證），引經據典，似乎言之有理。反對這論證的人，也引經據典，也似是言之有理。有位教友寫信向教會公報問答欄主持人（全球總會的副會長之一）請教：

問：我們能不能達到完全？我的教會為這個問題要鬧分裂了，你能開導我們嗎？

答：要解答這個問題，必須先決定「完全」一詞的定義。假如你相信「完全」是指信徒在靈程上生長成熟，這很符合聖經的原意，所以答案是：我們能夠達到完全。懷愛倫先知在使徒行述書中說：「在要得到完全的基督徒品格事上，沒有一個人做不到，」她又說：「在我們生命的每一個階段中，我們都可以達到完全的境地」（天路）。

但是「完全」一詞若等於絕對沒有錯誤和絕對不需要悔改的話，答案是：我們不能夠達到完全。使徒保羅說：「沒有義人，一個也沒有。」（羅馬書第三章十節）信徒愈親近耶穌，愈仰視祂完全的品格，信徒的眼睛便愈清楚地看出自身的不完全。大衛王有先見之明，他說：「我生來就是個罪人，我在母腹成胎的時候，就是這樣。」（詩篇第五十一篇五節）保羅有自知之明，他說：「在這裏，我發現了一個定律：我立心做好的時候，惡也在這裏不放過我。」（羅馬書第七章廿一節）我要根據腓立比書第三章九節作個結論：要得到叫我們有資格去天國的完全品格，我們必須要從耶穌那裏取得祂的公義（不是我們自身的公義），作為我們的公義。（問答欄至此完結）

說到復臨信徒怎樣在實際生活中解決罪的問題，請看下面兩組聖經章節：

第一組：

甲、「凡住在祂裏面的，就不犯罪。凡犯罪的，是未曾看見祂，也未認識祂。（約翰一書第三章六節）

乙、「凡從上帝生的，就不犯罪，因為上帝的道存在他心裏，他也不能犯罪，因為他是由上帝生的。」（約翰一書第三章九節）

丙、「我們知道凡從上帝生的必不犯罪，從上帝生的必保守自己，那惡者也無法害他。」（約翰一書第五章十八節）

假如我們在聖經中尋找討論信徒犯罪的章節，只能找出這三節的話，我們大可以作個結論說：「聖經說明信徒必然在生活上完全沒有罪，達到無罪的完全境地。」但是我們若再下些工夫研究罪的問題的時候，便發現第二組經節。

第二組：

甲、「免我們的債」（耶穌教導我們禱告）。

乙、「我們若說自己無罪，便是自欺，真理不在我們心裏了。」（約翰一書第一章八節）

丙、我們若說自己沒有犯過罪，便是以上帝為說謊的，祂的道也不在我們心裏了。」（約翰一書第一章十節）

丁、「我們若認自己的罪，上帝是信實的，是公義的，必要赦免我們的罪，洗淨我們一切的不

義。」（約翰一書第一章九節）

戊、「我小子們阿，我將這些話寫給你們，是要叫你們不犯罪。若有人犯罪，在父那裏我們有一位中保，就是那義者耶穌基督。」（約翰一書第二章一節）

研讀這兩組經節，似乎有點矛盾，這絕對不是使徒約翰有矛盾的思想，而是因為在信徒每天的生活中，罪的性質是很複雜的。我們生活在二十一世紀的信徒，研究聖經中罪的問題（或其他的問題）應當把近日刊行的不同聖經新譯本與手上的古老譯本（我手上的中文譯本是六十年前唯一的譯本）互相比較，可得極大的幫助。我參考了幾本英文近代譯本，中文的「當代聖經」、「現代中文新譯本修訂版」和基督復臨安息日會聖經評註，再把第一組的經節列出如下：

第一組：

甲、「凡是繼續地住在祂裏面的人，絕對不會繼續地犯罪。那些不停地犯罪的人，沒有見過祂，也不曾認識祂。」（約翰一書第三章六節）

乙、「凡從上帝所生的兒女，絕對不會繼續地犯罪，因為上帝的道在他的心裏。他也不能繼續犯罪，因為他是由上帝生的。」（約翰一書第三章九節）

丙、「我們知道凡從上帝而生的，都不會長久繼續地犯罪，因為上帝的兒子要保守他。連那邪惡的魔鬼也無法害他。」（約翰一書第五章十八節）

讀者很明顯地看得出在第一組經節中「犯罪」這個動詞，在希臘原文是「現在式」，是指長久性繼續不停地在每日生活中習以為常地去犯的罪。這等人把不停地犯罪作為他們生活的方式，他們向上帝存著反叛的態度。所以保羅在希伯來書勸告信徒說：「應當擺脫一切跟我們糾纏不休的罪。」（第十二章一節）包括經常明知故犯的罪。

從好的一面來看，第一組經節為我們愛主的信徒帶來徹底（不是頭痛醫頭，腳痛醫腳）除滅實際生活中犯罪的秘訣。請看甲項：「凡是繼續地住在祂裏面的人，絕對不會繼續地犯罪。」讀者記得有一天耶穌和門徒在走向迦百農城的路上，耶穌獨自個兒在前頭走，門徒在後頭緩慢而行，離耶穌很遠，因為他們知道在耶穌跟前是不能犯罪的。離耶穌遠了，他們便可以犯罪——爭論誰是最大。我們若肯繼續地住在耶穌裏面，便不會繼續犯罪。這與第一組丙項相似，我們若繼續住在祂裏面，上帝的兒子耶穌要親自保守我們，我們便不會繼續地犯罪。

有一位到處受人歡迎的牧師，我多次聽他講道，每次他都說：「要得勝罪惡，最蠢笨不過的方法，就是咬緊牙根，使用堅強的意志力。最聰明的方法，就是住在耶穌裏面。」（許多人生來沒有堅強的意志，豈不是吃大虧？）

說到繼續犯罪，想起中學國文老師講及孟子的一段話。孟子說：「有一個人在這裏、每日到他鄰舍人家偷一隻雞。有人告訴他說、你這種行為、不合於君子的道理。他便回答道，既然如此，我減少些，每月偷他一隻雞，等到明年然後再罷手罷。這種辦法，你以為好麼？」孟子作個結論說：「如果準確曉得所做的事不合道理，便趕緊立刻罷歇好了，何必等待甚麼來年不來年呢？」即是說，何必繼續去犯罪呢？

我們且看第二組的經節，會為信徒帶來無限的鼓勵：

第二組：

甲、「免我們的債」，耶穌知道信徒的軟弱，需要天父赦罪的恩惠。

乙、「我們若說自己無罪，便是欺騙自己，真理不在我們心裏了。」（約翰一書第一章八節）

耶穌時代的猶太人，制定了何止千百條例，叫人遵行便可感覺自己無罪。單是為守安息日，便有一千五百條，但這些全是外表行為的條例。耶穌卻注重人的內心，祂說人心裏恨人就是殺人，心裏起淫念就是犯姦淫。祂說從有罪性人心裏發出來的，有惡念、殺機、淫念、邪念、貪念、謊言、毀謗。誰敢說自己沒有罪！

此外，根據耶穌的教導，一個人除了在外表行為上去「犯」罪之外，還有一種罪，是不「犯」而「犯」的罪。有些人讀了馬太福音第二十五章綿羊和山羊的比喻，感覺十分難明白。在這個比喻中，一個人永恆的福禍，是以那人對別人的關懷與不關懷而定。探監探病贈衣施食，這是反映上帝仁愛的性格。又有誰敢說自己盡了愛人的心，沒有在這一方面犯罪？

丙、「我們若說自己沒有犯過罪，便是以上帝為說謊的，祂的道也不在我們心裏了。」（約翰一書第一章十節）

緊緊跟著第一章八節，使徒約翰又重覆一次說我們是有罪的人，並且在這（第十節）節經文中，約翰是指信徒在悔改重生之後所犯的罪（見基督復臨安息日會聖經評註卷七第六三四頁）。

丁、「我們若認自己的罪，上帝是信實的，是公義的，必要赦免我們的罪，洗淨我們一切的不義。」（約翰一書第一章九節）這給我們帶來希望，安慰和鼓勵。沒有這一節，恁誰都得陷入絕望的境地。當耶穌赦免了抹大拉馬利亞的罪後，祂對她說：去罷，從此不要再犯罪了。懷愛倫先知說馬利亞果然沒再犯罪。

戊、「我小子們阿，我將這些話寫給你們，是要叫你們不犯罪。若有人犯罪，在父那裏我們有一位中保，就是那義者耶穌基督。」（約翰一書第二章一節）

全本聖經的總意，是說信徒在實際的日常生活中不要犯罪。當然，創造人類的主，深知有罪性的世人，就算是悔改重生的信徒，終生也脫不了罪性的纏繞。充其量，我們只可以不再作罪的奴隸，罪不能在信徒的生命中作王（作威作福）。可是悔改重生的人在接受耶穌基督為自己救主之後，仍得終生靠賴耶穌去制勝「住在我裏頭的罪」（羅馬書第七章十七節）。可見有罪性的信徒，生活在罪惡的環境裏，雖然有不要犯罪的理想和目標，卻常有「心靈願意，肉體軟弱」而犯罪的可能。還有一個犯罪的可能，就是「偶然不慎犯了罪」（加拉太書第六章一節）。

感謝天父，對我來說，約翰一書第二章一節是天降下來的甘霖，顯明上帝無限的恩慈，再給我起死回生的機會。這節經文不是與罪妥協，上帝絕不與罪妥協，卻是給信徒帶來極美好的希望。

在下一篇文中，我們要把罪的本性作比較深入的研討，希望對復臨信徒解決日常生活中犯罪的問題，有徹底的幫助。

第十七章　復臨信徒怎樣解決生活中罪的問題？（二）

我是一個很幸運的牧師，在數十年的牧師生涯中，從來沒有遇見患宗教狂熱病的人。有一位美國牧師，是我的同事，他卻沒有這麼幸運，我深信這是因為他的名氣大，有以致之。他到處為帳棚會證道，有一天晚上，他證道完畢，一位聽眾走到講台前，堅持要跟他談話，那人對牧師說：

「弟兄，我要告訴你一件事，我在過去的四年中，沒有犯過一次罪！」

牧師聞言，吃了一驚，說：

「真的嗎？」　那人舉起手中的聖經說：

「真的！整整四年了！違背律法就是罪，我在四年之間沒有違背過上帝的律法！」

兩年後，我的同事又回到這個帳棚會證道，散會後那人又走到牧師跟前，這一次他站得緊緊靠近牧師，兩人之間只隔六吋，他問牧師說：

「你記得我嗎？」

牧師不用思索說：

「我怎能忘記你！」

不用說，那人已經六年沒有犯罪了。

罪的定義

「違背律法就是罪」，這是人所共知罪的定義（約翰一書第三章十四節）。最近讀了一篇文章，是我在安德烈神學院一位同學（現任評閱宣報編輯）所寫，給我對罪有更深切的認識，茲錄取一部分與讀者分享：

詩篇第三十二篇說：「過犯」被赦免的人，「罪」被遮蓋的人，是有福的人。耶和華不算為「有罪」的人，心裏沒有「詭詐」的人，是有福的人（一、二節）。

表面上看去，「過犯」、「罪」、「有罪」和「詭詐」，全都是罪，可用一個罪字代表。但是大衛寫這首詩的時候，他很謹慎地選用了四個不同的希伯來字去表示四種不同的罪：

「過犯」——仇恨上帝，反叛上帝，定意違抗上帝

「罪」——沒有盡到本分，或像射箭沒有完全射中目標

「有罪」——與生俱來背棄正道，有犯罪傾向的罪性

「詭詐」——欺騙、假偽、奸詐、偽善、雙重人格

論到「過犯」——仇恨上帝，反叛上帝，定意違抗上帝——聖經為這樣的人帶來大好佳音，只要他們肯悔改，上帝必樂意赦免他們，接受他們，撫慰他們。

說到「罪」——沒有盡到本分，或像射箭沒有完全射中目標——耶穌教導我們要盡心、盡性、

盡意和盡力愛主上帝。我們信徒當中，有誰敢說自己已經「盡」了一切本分去愛上帝，或是已經愛人如己，盡了耶穌所說解衣推食，探監問病，或留客居住的本分。以射箭為例，百發八十中，或九十中，也達不到百發百中的目標。英文有「疏忽或遺漏的罪」一詞，描述信徒在生活中應當做卻沒有做的事。（有一個美國小童在主日學看見「疏忽或遺漏的罪」，想了一想，說，這是我應該去犯的罪，卻因疏忽遺漏沒有去犯！）

下一個希伯來字「有罪」——與生俱來背棄正道，有犯罪傾向的罪性，有一位神學家稱這罪性為靈性上的殘缺或殘廢（辭海殘廢條作肢體有一部分損毀而失去作用）。三字經開宗明義：「人之初，性本善」只能用在亞當夏娃和耶穌身上。聖經揭櫫人之初，性本惡，大衛說：「我是在罪孽裏生的，在我母親懷胎的時候，就有了罪。」（詩篇第五十一篇五節）我退休時，得了第一個男孫，天天看顧孫兒是人生一大樂事。當他是幾個月大的嬰孩，腹饑時的啼哭便頗有惱怒之意，兩歲多的時候拿了母親叫他等飯後才吃的糖果躲在窗簾裏面偷吃，年三歲時某一天狠狠地踢祖母一腳。五歲入幼稚園惡習越見增多，我的女兒認為是同學把他教壞了，我說他教壞同學比同學教壞他多得多了。摩西說得對：「人從小就心思邪惡」（創世記第八章二十節，現代中文譯本修訂版）。保羅深知有罪住在他裏面，叫他作惡，這就是有犯罪傾向的性格。

最後的一個希伯來字是「詭詐」——欺騙、假偽、奸詐、偽善、雙重人格。以我個人來說，我要十分嚴謹地審察自己一切行事的動機。耶穌在馬太福音第六章一至五節談論純正動機的重要。英文有「半個撒謊」和「半個真理」的用語。其實，撒謊就是撒謊，那裏有整個或半個的分別，真理亦然。

父親不要與某人說話，吩咐兒女聽電話時告訴某人說爸爸不在家，西洋人稱之為「半個撒謊」，以為這是微不足道的欺騙。辭海有「無傷大雅」一條，說：是稍微有些瑕疵，但是對整體卻沒有傷害。這絕對不是上帝對罪的看法。耶穌說：「你們說話，是，就說是；不是，就說不是；若再多說，就是出於那惡者。」（馬太福音第五章卅七節）

綜結上列四個罪的定義——反叛上帝，不能完全盡到本分，有犯罪傾向的本性，欺騙假偽——我們應當信靠聖經為我們帶來的佳音，就是上帝樂意赦免一切真心誠意悔改和向祂承認的罪過。

我要借用我的一位神學教授的話，為上列四個罪的定義作個總結（這位教授在一九五〇到九〇年代，是本會神學界的權威）。他與另三位神學家著了一本兩百頁，名為「完全」的書，他一下筆便說：「假如基督徒『完全』的定義是說信徒今時今世便可以回復到亞當受造時那樣完全無罪，絕對無罪，與上帝完全一致符合相和的境地，這樣的定義絕對沒有聖經的根據。世界歷史中，只有耶穌基督是完全無罪和絕對無罪的一位。」

有些信徒心中常有這個問題：一個誠心愛主，深信自己已經是得救的人，到了人生結束，或壽終正寢，或看見耶穌駕雲降臨之前，這樣的人，仍會干犯這四種罪嗎？

細心想想這個十分重要的問題，我們知道這樣誠心愛主的人，絕不會仇恨上帝或反叛上帝（反叛上帝的人根本不要到天國去與上帝同住）。他們更不會天天過著欺騙人和掩飾遮蓋罪行的生活。至於在愛神愛人的事上，因肉體的軟弱而沒有盡到本分，達不到上帝既定的標準，這樣犯罪是會有的。所以上一篇文字所列舉的第二組經節是我們信徒的大好佳音，上帝樂意赦免信徒這樣的罪過。

說到我們與生俱來有背離正道和犯罪傾向的罪性，大體來說，耶穌基督的福音和聖靈的引導，必把我們犯罪的本性制服，叫它不能再在我們身上作主作王，也不能像它在我們重生悔改之前那樣管轄我們，驅使我們（見羅馬書第六章）。但是我們信徒在世界上一日有生命，一日便得靠著聖靈的能力制服犯罪的惡性，直到我們變化升天時，這惡性才完完全全被根除。

舉例來說，有些信徒與生俱來的罪性就是壞脾氣。可幸的就是他們在悔改重生之後靠著與主有親密的交往，脾氣比從前好得多多了，處處顯出溫柔和忍耐的好性情，是聖靈所結的果子。但是這些信徒有時偶一不慎，頓時晴天霹靂，壞脾氣爆發。這就是犯罪的惡性偶然或突然發作，死灰復燃，而不是經常過著大發脾氣的生活。保羅對犯罪的習性偶然作祟的可能說了很有希望的話：「若有人偶然被過犯所勝，你們屬靈的人就當用溫柔的心把他挽回過來。」（加拉太書第六章一節）

我在安德烈神學院聽聞一位德高望重的教授說了一句語驚四座的話。神學院是在陌田當中，一點也沒有城市罪惡的擾攘，教授天天所讀所寫所教的，全是神學。教授在班上說：「我每天晚上就寢前，必懇求上帝赦免我日間所犯的罪。到了早上睡醒時，又懇求上帝赦免我的罪。雖然夜間安睡，沒有日間那樣有犯罪的可能，但是有罪性的人，就算沒有犯罪卻也仍是一個罪人，所以我早上起來便得先求上帝赦免我的罪性。」

說到我們的罪性，就是我們與生俱來犯罪的傾向，筆者原先想不到它有如此的嚴重性和可怕的後果。不久前有一本新書名叫做「鄰舍」問世，內容是描述第二次世界大戰中的一幕慘劇。當時德國軍隊佔據了波蘭一個只有三千二百居民的小小市鎮。波蘭市民問德國軍隊：「你們准許我們殺害猶太人嗎？」德國軍隊說：「我們准許！」立時，波蘭市民拿著棍子、鉤子、刀子去殺害猶太人，又把許多猶太人關在農村的倉房裏，起火把他們活活燒死。有些猶太小童要逃命，卻被捉住，把手足綑起來，抬到倉房的餘燼上燒死。這一次波蘭市民殺害了一千六百名猶太人，是全個小市鎮人口的一半！

從外表看去，這些波蘭兇殘的殺人犯都是普通的市民，尋常的百姓。但是有罪性的人，只要機會來到，便無惡不作。所以我常常這樣想，我絕對不敢說我的罪性比希特勒的罪性輕微，假如我有希特勒的機會，也許我所殺害的猶太人比他多得多了。

聖經說得很清楚：「人心比萬物詭詐，壞到極處，誰能測得透呢？」感謝上帝，聖靈能幫助我們制服罪性，直到耶穌回來時把它根除。本文討論我們怎樣解決罪的問題，既然我們今生不能把罪性根除（保羅稱罪性為「住在我裏頭的罪」、「肢體中犯罪的律」和「使我死亡的身體」），我們便得藉著與上帝親密同行，不給罪性任何死灰復燃的機會。這就是保羅所說「不可讓魔鬼有機可乘」、「不可給魔鬼留地步」、「不可給魔鬼有立足之地」、「不可給魔鬼有灘頭陣地」（這都是以弗所書第四章廿七節很好的直譯和意譯，原文是不可給魔鬼有地方。）假如我在歸信耶穌之前是個酒徒，現在我便甘心情願多費時間繞道而行，也不會走過酒肆酒坊酒吧或跟好飲酒的人做密友。因為這樣做，就是去引誘魔鬼（人引誘魔鬼？！）來使我犯罪。

提防不合聖經的理論

我們信徒在解決罪的問題上，應當留心提防一切與聖經教導不符的理論。懷愛倫夫人在十七歲少女時代（還是哈門小姐），上帝便差她去糾正當時一些信徒的錯誤。那是一八四四年，耶穌沒有在他們推測的十月廿二日回來，信徒都大失所望，卻有幾個人宣稱他們一點也沒有失望，因為耶穌確實已經回來，把他們幾個人的罪洗淨，叫他們不可能再犯任何罪。哈門小姐細察這些自稱不會犯罪的人，發現他們是極為愚妄的，而且更犯大罪。他們宣稱有了聖潔肉體的人，不管作甚麼惡事，也沒有犯罪，因為他們已經成為不可能犯罪的人。到懷愛倫夫人七十歲的時候，這不合聖經的理論迷惑了許多信徒，甚至某個區會的領袖們在一九〇〇年夏季帳棚會中，用震耳欲聾的樂器演奏，用過分情緒激昂的話語宣佈上帝有特別的恩惠，聲稱信徒不可能犯罪。這就是本會歷史中被稱為「神聖肉體的運動」。

一九〇一年四月在全球總會代表大會中，懷愛倫夫人把她在正月所見的異象向會眾宣講，責備傳播不合聖經理論的領袖，說：「我們絕對不能說自己的肉體完全無罪，世上沒有任何人有神聖的肉體，這是不可能的。」（見證言選粹原文卷二，廿七、卅二頁）

不得蒙赦免的罪

耶穌在馬太福音第十二章說褻瀆聖靈的罪，無論今生來世，都不能得著赦免。我知道有不少誠心愛主的信徒讀到這段聖經，便憂慮自己有沒有犯這種最無可救藥靈性上的疾病。基督復臨安息日會聖經評註為我們帶來大好訊息：信徒若憂慮自己犯了褻瀆聖靈的罪，這種憂慮十足證明這位信徒並沒有犯這種罪。

甚麼是褻瀆聖靈的罪呢？褻瀆聖靈就是繼續不停地對聖靈向人指出罪惡和錯誤行為的感動和忠告，加以拒絕，無動於衷。（註）

聖經裏面，還有一個很不尋常的經節，來自門徒約翰寫給教會的信中：「若有人看見弟兄犯了不至於死的罪，他應該為這個人祈求，上帝必將生命賜給他。但是，若有人犯了至於死的罪，我不說當為這罪祈求。」（約翰一書第五章十六節）至於死和不至於死這兩種罪的分別是在那裏？是在犯罪者的兩種不同的態度。我們可以引大衛和掃羅為例。

大衛犯了極嚴重的罪，但是他在詩篇第五十一篇充分表達他謙卑和痛悔的態度，所以他的罪不至於死，得到完全被赦免和進入天國的保證。相反地，掃羅王多年來抱持背叛上帝的態度，他犯的是至於死的罪，失去了永生福樂的希望（見「先祖與先知」一書論大衛和掃羅生平數章）。這種至於死的罪，就是抗拒聖靈，干犯聖靈，不肯依從聖靈勸告所造成不得蒙赦免的罪（使徒行傳第七章五十一節）。

我們也可以引彼得和猶大為例，他們都出賣了耶穌。彼得出去痛哭悔改，猶大並沒有痛悔的態度。

復臨信徒怎樣解決實際生活中罪的難題？答案還是記在約翰一書中，就是「行在光明中，如同上帝在光明中」（第一章七節）。在猶太人的觀念中，人生是一段行程，有些人行在光明中，也有些人行在黑暗中。事實上，本文引用約翰一書中的章節，它乃是用不同的語詞來表達同一的思想：「住在祂裏面」、「認識祂」、「從上帝而生」、「上帝的道存在他心裏」和「行在光明中」等等。用一句話來統括這幾個語詞，復臨信徒若要解決生活中罪的難題，惟一的途徑，就是與上帝有密切的交往，與上帝建立親密的關係，罪在我們身上便無立足之地，也就不再是個無法克服的難題了。我要用一個實例來說明「行在光明中」這個語詞的真意義：

不久前，我的一位神學教授去世了。他在安德烈神學院執教數十年，桃李滿天下。他寫了六七本書，售出了七十萬冊，譯成四國文字。他是本會在美國復臨信徒中家喻戶曉的人物。不論是在課室裏，或是在帳棚會中，他常問學生和教友一個問題：「你已經為耶穌再來準備好了沒有」？他從這個問題便引入解決信徒每日生活中罪的問題。他一生只有一個願望，這個願望也就是他人生獨一無二的目標：在每一天的生活中，要在一切事上，靠著耶穌的力量，學習像耶穌。（信徒絕對不能靠自己的力量，去學習像耶穌。耶穌不單是我們的模範，最重要的，祂乃是我們的救主。）他深深相信他若能在每天的生活中學習像耶穌，便可以解決他自身生活中罪的問題。

他的人生中有一個十分嚴重的罪的問題，就是他與生俱來容易動火發怒的罪性，和毫不忍耐的罪性。他有自知之明，知道必須要集中全神靠賴耶穌，效學祂的忍耐，才可以勝過這壞脾氣的罪。在他的喪禮中，最感人肺腑不過的，是他妻子的一席話，她說：

我和他結婚後，一同生活了五十二年，我今天能講說的，有許許多多的話題。但是我感覺我最想要提及的，只有一件事。在這喪禮中，有好幾位講者提及他是一位多麼仁慈的人，處處為別人著想。為此，我要說的，也許有人覺得不合這個喪禮的氣氛。但是在我來說，這乃是最寶貴和最甜美的回憶。他一生都在教導別人一件事，就是我們信徒可以靠賴聖靈的力量勝過罪惡。我今天要對你們作個見證，說：他怎樣教導別人，他自身就實行出來！他生性急躁，容易發脾氣。我知道在他的喪禮中，我不想訴說他的短處，但是我要在他的喪禮中，把榮耀歸給上帝。有些時候，他覺得自己是對的，所以他的忿怒也是對的。幸而他一生的大願望，是要學像耶穌，我深信聖靈感動他的心，叫他知道自己急躁易怒和缺乏忍耐的罪性，他便開始懇切求上帝幫助他制服這一罪性。

我親眼看見聖靈幫助他愈來愈像耶穌。有些時候他會偶一不慎地急躁發怒，他卻能夠很誠懇地認錯道歉。

不久前，他知道自己病重，死期不遠。他憂慮在死前的時日中，會不會變成一個性情乖僻叫人討厭的人。他求上帝幫助他有像耶穌那樣的品格，直到他安息主懷之日。上帝答允了他的禱告，從護士和醫師的口中，從我自身照顧他的經驗中，我可以真誠地告訴各位，上帝賜給他力量，完完全全地勝過了他的這一項罪性，到他死的時候，他一直在反映像耶穌那樣溫柔和忍耐的性格。我深信到了那大日，上帝必要對他說：「好，你這又良善又忠心的僕人，……可以進來享受你主人的快樂。」

親愛的讀者，這就是「住在祂裏面」、「認識祂」、「從上帝而生」和「行在光明中」等等詞句的真意義。使徒保羅說人人都有「容易纏累我們的罪」，容易纏累上述那位教授的罪，是壞脾氣。容易纏累筆者的罪，容易纏累讀者甲、讀者乙和讀者丙……的罪，各種各式，互不相同，不一而足。可是根治一切罪性只有一個方法，就是靠賴救主耶穌的力量，祂對我們說：「去罷！從今以後不要再犯罪了。」我們若緊緊握著說這句話者的手，便可以徹底解決復臨信徒生活中罪的問題，叫我們不再作罪的奴隸，阿們！阿們！

註：聖靈引導信徒的工作，在本書第三十章「復臨信徒與聖靈的引導」篇中，有更詳細的討論。

第十八章　復臨信徒信心的培植和增長（一）

復臨信徒都喜愛保羅兩句論信心的名言：「你們得救完全是上帝的恩典和你們的信心，連這信心也不是你們自己有的，而是上帝白白賜給你們的」；「我們要定睛注視為我們信心創始成終的耶穌」。換句話說，上帝要拯救我們，先把信心賜給我們，還不只於此，上帝更要在信徒的生活中，不斷地培植我們的信心，叫我們的信心繼續增長，成為得救的人。

有人統計聖經的用字次數，以「上帝」為最多，「罪」佔第二。這一點並不奇怪，因為聖經的總意，就是上帝怎樣解決罪的問題。「信」是第三，這是世人脫離罪惡歸向上帝的惟一途徑，保羅說：「人沒有信心，就不能得到上帝的喜悅。」

聖經稱亞伯拉罕為一切信上帝之人的父親。我們若看看上帝怎樣逐步培植他的信心，怎樣幫助他增長信心，必在靈程上得到很大的助益。

上帝在許多事上，培植亞伯拉罕信靠祂的心，希伯來書第十一章敘述這番培植的過程。他提刀要殺死自己獨生兒子以撒之舉，是他信靠表現的最高峰。但是還沒有達到這巔峰之前，上帝使用幾個比較容易的步驟培植他信靠的心，叫他的信心逐步增長。首先，上帝吩咐他離鄉背井，移居到人地生疏之處，出門的時候，還不知道往那裏去。他從波斯灣北面往地中海東北角走了五百多英里，然後循著地中海沿岸向西南再走了五百英里，遍遊了迦南應許之地。主前二千年的世界，沒有今日的高速公路，他帶著許多牲畜僕人徒步而行。在悠長的歲月中，上帝處處照顧他，供給水草以養活牲口。祂更保護他不受異族和匪徒的侵害，庇護他美貌的妻子撒拉，又幫助他殺敗擄去他姪兒羅得全家的四王。這一切的經歷大大培植他信靠上帝的心。

多年以來，上帝一次、兩次、三次應許亞伯拉罕有天星海沙那樣多的後裔，他起先是半信半疑，想把他的僕人以利以謝收為義子，承繼自己。過不久，他便聽從妻子的話納妾生子。到他九十九歲那年，當上帝告訴他明年要得一個兒子時，他把面伏在地上「偷偷笑起來，心裏說：一百歲的人，還可以生養孩子嗎？撒拉已經九十歲了，還能生育孩子嗎？」（當代聖經譯本）他的信心雖然曾一度加增，卻仍有大大加增和進一步特別加增的需要。為了配合這一需要，上帝行了一個神蹟，他在上帝所指示的時日，得了一個兒子，叫他的信心增加到巔峰的境域。所以當上帝吩咐他把兒子殺死獻祭給祂之時，他便拿起刀來要殺死他的兒子，叫上帝看見這樣大的信心，喜形於色地說：「現在我知道你是敬畏上帝，沒有將你的兒子留下不給我。」於此可見上帝培植人的信心所下的苦功，叫我們不得不高聲頌讚祂。

亞伯拉罕壽終過了近兩千年，使徒保羅解釋亞伯拉罕的信心，首肯把獨生的愛子殺死，說：亞伯拉罕認定，上帝是能夠叫以撒從死裏復活的。這是上帝經過長時間培植亞伯拉罕信心的果效。

在新約中也有上帝培植信心的好例子，且看看睚魯的經驗：

耶穌再坐船回到對岸，立刻有一大群人在岸邊圍著祂。人群中有一位會堂的主管，名叫睚魯，他一見到耶穌便上前跪下，誠懇地求祂：「小女病得快要死了，請趕快去給她按手，她就會好了。」

耶穌便和他同去，人群也跟隨祂，在四周圍擠擁著。有一個患了十二年血漏病的婦人，經過許多醫生的診治，受盡了痛苦，又耗盡了金錢，病況仍沒有好轉，反而更加沉重。她聽見耶穌的事蹟，就進入人群中硬擠到耶穌身邊，摸了祂的外衣一下，心想：「只要摸祂的衣服，我的病就會好了。」果然，她馬上覺得血漏停止，頑疾立刻痊癒了。另一方面，耶穌也覺得有醫病的能力從祂身上出去，就轉過來問道：「誰摸我的衣服？」「祢看，這麼多人在祢周圍擠來擠去，祢怎麼問有誰摸過祢呢？」耶穌還是四周環視，要找出摸祂的人。那婦人害怕得發抖，因為她清楚知道在自己身上發生的事，於是上前跪在耶穌面前，將實情說了出來。耶穌卻說：「女兒，妳的信心救了妳，安心回去吧！妳的病好了。」

話還未說完，有人從睚魯家中帶來噩耗：「你的女兒已經死了，不用麻煩先生了。」耶穌聽了便對睚魯說：「不用怕，只要相信。」然後帶著彼得，雅各和約翰去，不准其他人跟著。到了睚魯的家，只見在場的人號咷大哭，情況甚為混亂。耶穌進去，問他們說：「你們為甚麼大哭大嚷呢？這女孩子並沒有死，只是睡著罷了。」這些人聽見了，都嗤笑祂。耶穌把他們統統趕出去，帶著女孩的父母和三個門徒進了房間，握著女孩的手說：「女孩子，我吩咐妳起來。」女孩子立刻應聲而起，下床走路。她那時是十二歲了。在場的人都感到非常詫異。（見馬可福音第五章，當代聖經譯本）

美國有許多黑人牧師，他們的想像力十分豐富，備受贊許有「聖潔的想像力」之稱。以下是一位黑人牧師（神學家）根據上段經文講道，討論上帝怎樣使用考驗去培植我們的信心，特節錄之，以與讀者分享：

睚魯是一位猶太教會堂的主管人，職位很高，在社會中，他是一位很有地位和很有體面的人物。他抱著很大的信心，在眾目睽睽之下，公開地來到耶穌面前。這一行動，是冒著被革除職位的危險的。他看見耶穌跟罪人和稅吏交往，便相信祂必定是要來的彌賽亞，所以他不肯像另外一位猶太人的官長，尼哥底母，暗暗地在夜間沒有人看見的時候秘密地來見耶穌。

以睚魯當時的處境來說，他願意不惜犧牲一切——財富、地位、名譽——求主救他垂死女兒的性命。他知道獨有耶穌能救她脫離一死。耶穌對睚魯的信心，加以獎勉，立時與他同去。

因為每一個人的信心，須要被試驗，請看耶穌怎樣試驗睚魯的信心。當下，耶穌正在趕急要到睚魯家去救治快要死的女孩子，這是生死關頭刻不容緩的大事。怎知有一大群人阻攔祂，叫祂不能急步快走。當然，耶穌大可以趕走群眾，正如女孩子死了之後，耶穌趕走了群眾。但是耶穌沒有這樣做，卻一聲不響，任由群眾擠逼著祂，只得慢步前行。讀者可能想像救護車把垂死的病人載往醫院急救的路上，不大鳴喇叭催逼前頭的車輛讓路嗎？試想當時寸步難行，耶穌卻任由群眾阻擋，睚魯會有甚麼感覺？

次一步的考驗，就是耶穌一語不發，祂沒有對睚魯說一聲安慰和鼓勵的話。尤有進者，下一個考驗跟著來到，耶穌任由一位婦人阻礙祂的行程，叫祂停步下來。

為甚麼上帝任由我們認為最好的計劃受阻攔，不能立時完成？為甚麼耶穌對別人說話，卻不對睚魯說話？為甚麼祂細心看顧別人，卻不解救幫助我們？更叫睚魯大惑不解的，就是耶穌好像發出一個全無需要發的問題，「誰摸我的衣服？」

門徒覺得耶穌提出這個問題，殊不合邏輯。對的，耶穌所說的話常常不合我們罪人有限思想的邏輯。對睚魯來說，群眾的擠逼，耶穌一語不發，一位婦人到來耽誤時間，這都是給他信心的試煉。我可以想像當時睚魯會自言自語地說：「主阿，我們若繼續遲延，我的女兒必要死了。我們現時的急務，是去救治垂死的小女孩，為甚麼祢卻白費精神在最無關重要的小事上，問誰摸我的衣服呢？若再耽延下去，悲慘的事便要發生！」

耶穌繼續耽延下去。祂立時向四周圍觀看，要找出摸祂的人，隨後便跟她說起話來，而對睚魯則仍是一語不發。我可以想像睚魯又再一次自言自語地說：「主阿，這婦人的病是多年的頑疾，沒有致命的可能。但是我女兒的病卻是危急之症，快要死了。」

該患病婦人害怕得發抖，上前跪在耶穌面前，將實情說了出來。她為甚麼害怕得發抖呢？因為她知道摩西五經說患血漏病的人是不潔淨的人，她摸了耶穌，叫耶穌也變成不潔淨，真是罪莫大焉。更可怕的，就是她現在必須在她自己會堂的主管面前，和在場許多男人的面前，陳說她的病情，多麼難為情，多麼害羞（那時代的社會，是男女授受不親的。）「將實情說了出來，」這句話在原文是「告訴祂一切的實情」。這婦人受了十二年的痛苦，花盡一切的積蓄，看過許多醫生，病情日益嚴重，要將一切的實情說出來，可能三日三夜也說不完。我想像她會這樣說：

主阿，我病發的時候，我的家庭醫師介紹我到耶路撒冷城最大的醫院找幾位極有名氣的婦科醫師求治，他們都束手無策。有人提議我去找別的非猶太人正統的醫療方法，如針炙、指壓、催眠術、按摩捏揉、生理反射、微療法、瑜珈等等，俱無濟於事。有人推介說：我應當到死海把全身浸在水裏，我去了，卻也沒有功效。又有朋友提議我服用非洲和印度的草藥，頭一天似乎有點幫助，但第二天卻又回復原狀，而且病狀比服用前更壞。其後從電視看見神蹟治病，說我若把雙手按在電視螢幕上，病魔便會立即離開我。主阿，我還寄了一筆感恩捐給電視醫療師，但是事實上仍舊被這頑疾纏身。我的健康保險公司不再給我續約，我所有的錢銀都花光了。我現在靠政府發給貧民的賙濟金和糧票度日，我真苦阿……！

當她長篇大論說個不停的時候，耶穌側耳傾聽，完全不理會睚魯急切的需要。

這時，從睚魯家裏跑來報惡訊的人說：「你的女兒死了！」我想像中，他又自言自語說：「主阿，我不是早早對祢說過，這樣一延再延，她一定在祢到達之前便要死了。」

你們曾有聽見過如下可怕的壞消息嗎？

「你所愛的人死了」

「你失業了」

「你的事業失敗了」

「你的前途沒有希望了」

「你的婚姻破裂了」

「你的癌病無望了」

湊巧的是：這些壞消息時常在你定意要忠心獻上十分之一的時候，突然來到。你正定意要遵守安息日，便因此而失業。妳定意把自己獻給上帝，加入祂的教會，妳的丈夫竟為此以離婚恐嚇妳。

耶穌在壞消息傳到的時候，祂立刻對睚魯說話。祂絕對不會像以前一語不發。祂知道甚麼時候要說甚麼話來應付我們的需要。祂不說話的時候，我們不要著急，更不要怪責祂，以為祂不睬理，或不關懷我們。祂對睚魯說：「不用怕，只要相信。」這句最合時不過的話，或許對他來說，仍是一次信心的試煉。「不用怕」？我的女兒已經死了，還有甚麼比這更可怕的呢？「只要相信」？我的女兒已經死了，我還能相信甚麼呢？有些時候耶穌的話叫我們感覺希奇，百思不解。有人說，當上帝吩咐你不要害怕的時候，正是我們應當害怕和憂慮的時候，因為上帝可能叫我們做一些似乎是不可能的事，有亞伯拉罕，有摩西、有基甸、有童女馬利亞為例。

當耶穌吩咐我們不要害怕的時候，這吩咐也就是祂一項的應許。有人計算過全本聖經提及「不要害怕」的次數，約有三百六十五次。所以在一年當中，每天都有一句「不要害怕」的應許來應付我們日常的需要。人可以對你說：「完了！完了！」耶穌反而說：「不要害怕，這只是一個開始，不是一個完結。」

實際上來說，我們身為復臨信徒的人，都必須回答這幾個問題：我們有沒有絕對信靠上帝的心，因之而信靠祂所說的話？我們肯不肯相信上帝的決定，乃是祂為我們作最美好的決定？我們能不能相信上帝在極度困難的情況中，有救助我們的能力？

耶穌說「不用怕，只要相信」，是要鼓勵睚魯，叫他不要灰心。隨後，耶穌做了一件又叫我們感覺奇怪的事，把群眾遣散了。女孩子死了，一切都寂靜了，為甚麼耶穌在早一些時還有治癒女孩希望的時候，不打發群眾散去，卻要等到今時呢？我想耶穌要睚魯知道，上帝的行事常常不像我們的意想，但是上帝的安排是最妥善的，我們只要全心信靠祂就好了。

睚魯回到家中，情形十分混亂，哭聲處處，他的信心有點動搖了。為要培植他的信心，耶穌對他和在場的人說：「這女孩並沒有死，她只是睡著罷了。」耶穌在人生最絕望的境地中，稱死亡為睡覺。死亡不過是睡覺，這就是說，在人生最無望的境地中，仍是大有希望。聖經叫我們要至死忠心，就是這個道理。死亡不過是睡覺，所以我們絕不能為謀今生的生活，或為保持自己的聲譽去違反上帝的誡命。

下面是睚魯的信心所受最後一次的試煉。那班正在哀哭的親友聽聞耶穌說女孩是睡覺，便立時停止哭泣，大聲嗤笑祂。實際上，他們是嗤笑睚魯，說：這個連生死也分不出來的人，你竟為祂膽敢冒失掉職位名譽和喪失女兒的危險，豈非愚不可及嗎？

親愛的讀者，我們的親友，專家和博學之士笑我們信靠耶穌，對我們是一種信心的試煉。須知道耶穌好像是耽延，有時一語不發，任由別人阻撓祂的行程，任由女孩死去；但祂卻無時不在睚魯的身旁，祂沒有離開睚魯。懷愛倫夫人說：「對於一切伸手切求上帝救助的人，在他們最感灰心喪膽的時候，正是上帝的幫助最靠近的時候」（歷代願望第五三三面）。我們若誠心信靠祂，祂對我們的信心，必寵錫有加，大大賞賜我們。

耶穌帶著睚魯和他的妻子走進女孩的房間，拉著她的手，說：「小女孩，我吩咐妳，起來！」

有人說妳是死了，我吩咐妳，起來！
有人說你是絕望了，但我是復活，我是生命，我吩咐妳，起來！
有人說你沒有前途，但我是阿拉法，我是俄梅戛，我是開始，我是終結，我吩咐妳，起來！
有人以為前無去路。我就是道路，真理，生命。我吩咐妳，起來！
有人以為世界上沒有甚麼權力可以救助你。但是天上和地下的權柄，都已賜給我。我吩咐妳，起來！

這位能起死回生的耶穌，今天站在我們身旁，隨時幫助我們。我們的責任，就是無視一切，誠心信靠祂。

有人問：從耶穌的耽延，和任由小女孩死去，我們能學到甚麼屬靈的原則呢？

❶為我們的好處來說，上帝所定的時間，是最好不過的時間。我們以為耶穌任由人阻攔祂到睚魯家，叫祂遲遲不能抵達。事實上，上帝是最準時的，所以我們千萬不要以為上帝遲延，更不要說耶穌復臨遲延。上帝沒有啟示耶穌回來的日期，我們怎能說祂遲延。我們必須相信祂，到了上帝所指定的時日，便要按時回來。

在人生的際遇中，上帝為我們所定的時間，是最好的時間。「惟有耶穌能從起初看到末後。在每一個困難中，祂都有解救的辦法。我們的天父有成千上萬種方法來幫助我們，是我們所不知道的。凡以上帝的工作和尊榮為首的人，必能看見困難消散，腳前出現一條康莊的大道。」（歷代願望第三三三面）

❷耶穌容許小女孩死去，睚魯沒有發一句怨言。他學到了一個屬靈的原則：信靠耶穌到底，從不顧慮這種信靠會招致甚麼後果。女兒死去，是很可哀的後果，亦在所不計。

❸信心的賞賜。睚魯女兒死去，不是最後的後果。在可哀的後果之後，耶穌賞賜給他最後的後果，就是叫他的女兒復活，是一個比叫她從疾病中痊癒更大的神蹟（以上節錄黑人神學家的講道辭）。

聖經記載許多人從死裏復活過來，自以利亞叫撒勒法寡婦的兒子復活，到彼得叫多加復活期間，有幾十人甚至幾百人從死裏復活（耶穌受死之時，也有許多人復活）。但是至終他們都死了。當然，我們復臨信徒生活在被罪惡咒詛的世界裏，（請參閱本書「復臨信徒與人生苦難」一至四篇），要遭遇許多苦難。我的小弟弟一歲半便夭折，家父是牧師，六十歲便因肝癌而死。我更想起歷史家說在第一世紀受大逼害而死的基督徒，有一百萬之多。黑暗世紀被殺害的基督徒，何止百萬。今日廿一世紀時代，地球上好幾個地區受逼迫被殺害的基督徒，無日無之。聖經說這些人在耶穌復臨的大日，都要復活，領受他們因信心而得的大賞賜。他們都要高聲頌讚那位苦心培植他們信心，為他們信心創始成終的耶穌。

信心與疑惑

有人說撒但摧毀人對上帝的信靠最兇猛的武器，就是疑惑，真是一點也不錯。耶穌曾三次把信心和疑惑相提並論，全都是說：不要疑惑，總要信（見馬太福音第十四章卅一節；又第廿一章廿一節；約翰福音第廿章廿七節）。

且看撒但試探夏娃的時候，說：「上帝真的禁止你們喫園子裏任何果樹的果子嗎」？他的用意是要引起夏娃懷疑上帝的善良，叫她和丈夫捱餓。夏娃說：「園中樹上的果子我們可以喫。惟有園當中那棵樹上的果子，上帝曾說，你們不可喫，也不可摸，免得你們死。」他便說：「你們不一定死」，其用意是導致夏娃懷疑上帝話語的真確性。他加以說明：「因為上帝知道你們喫了這樹的果子以後，眼睛就會明亮，像祂一樣能懂得分別善惡」，用意是要夏娃懷疑上帝的動機。她果然受迷惑懷疑上帝，「她看見樹上的果子樣子非常可愛，既可以做食物，又可以使人有智慧，於是就摘下來喫了。」

筆者很慚愧，多年前做牧師的時候，看見教友患上必死的疾病，更在報章上看見千萬人餓死，頓時起了對上帝懷疑之心。幸而內子信心極為堅強，她說：「這是人類犯罪的結果，上帝本著祂無窮的智慧，決定要到耶穌復臨的時候，才擦去人間一切的眼淚。」

我要與讀者分享我怎樣摒除對上帝存疑惑的意念，我要從「上帝無窮的智慧」說起。我雖然得到中學和大學數學老師出盡九牛二虎之力，使我的三角、幾何、代數、和微積分都萬分牽強地僅僅合格可以畢業，但我知道自己完全沒有學習數學的恩賜，所以我要引愛因斯坦為例。記得在中學時，數學老師說當時全世界上能懂得愛恩斯坦數學理論的人，還不到四個，只有三個半！我意想到：愛因斯坦的智力與一隻蝸牛的智力之間，有大得無比的距離。那麼，創造宇宙主宰上帝的智力與我這個受造卑下天平上的微塵何漢從的智力之間的距離，不知要比愛因斯坦與蝸牛的距離大得千千萬萬倍，我又怎可以懷疑上帝的行事和措施呢。我這樣一想，心中對上帝的疑惑便消除淨盡，一掃而空。

我這樣的推理，想來頗為符合上帝的推理。讀者記得當約伯經歷空前絕後苦難的時候，他向上帝發出好些為甚麼他要遭受痛苦的問題。上帝下來，在旋風中「回答」約伯的問題。這「回答」是上帝在全本聖經中最長的講論——四章的篇幅。這實在是上帝回答和解釋人間痛苦緣由千載一時的良機，可是祂對痛苦隻字不題。上帝首先談天說地，暢述祂創造宇宙的大工；繼而，祂用三章多聖經的篇幅談及獅子山羊野驢野牛河馬鱷魚和各種飛禽的生存與繁殖現象，問約伯懂不懂。

先知以賽亞說得好：「天是怎樣高過地，上帝行事的方法也同樣比世人行事的方法高明，祂的思想也同樣比世人的思想高超」（見當代聖經譯本以賽亞書第五十五章九節）。使徒保羅也有同樣的感覺，他寫羅馬書的時候，用散文的體裁陳述全人類都被定為有罪，沒有一個義人；但是上帝竟藉著祂的兒子耶穌基督的死，給全人類帶來永生的盼望。保羅寫到這裏，他的心靈領悟了上帝無窮的智慧，和祂對罪人的大愛，便改用詩體來讚頌上帝逾越人類之處，說：

深哉！上帝豐富的智慧和知識。
祂的判斷，何其難測，
祂的蹤跡，何其難尋。
誰知道主的心？誰作過祂的謀士？
誰是先給了祂，使祂後來償還呢？
因為萬有都是本於祂，倚靠祂，歸於祂。
願榮耀歸給祂，直到永遠，阿們。

親愛的讀者，我深望你和我對上帝都存這樣的觀念，叫我們絕對不會對祂生發疑惑的心，卻更要全心全意信靠祂、信任祂、信賴祂、愛戴祂、和崇敬祂，阿們。

第十九章　復臨信徒信心的培植和增長（二）

記得那是一九七八年我到美國加里福尼亞州的羅馬林達城來服務華人教會。教友們大談與上帝建立關係，因為當時這裏大學宗教系教授和幾所大教會的牧師們，都大力倡導信徒要與上帝建立親密的關係，強調一切的人際關係，如親子、夫婦、朋友之間的親情、愛情和友情都需用長久的時間去培植。照樣，我們與上帝之間的情誼，也需要有充分的時間才可以培植出來。

在追述上古創世時代先祖們培植信心，與上帝建立親密關係的時候，聖經多次用「與上帝同行」一語。以諾與上帝同行三百年，並且生兒養女。這就是說，以諾在世界上過正常人的生活，生養兒女，卻與上帝同行。現在中文譯本修訂版把「以諾與上帝同行」譯為「以諾跟上帝有密切的交往」，是十分達意傳神的譯作。但是希伯來原文所用的「同行」，卻有很獨特的意義。同行是需要有充分的時間才可以實現出來。

諺云：「十年樹木，百年樹人」，這就是說，不管我們要培植甚麼，時間是不可或缺的。家父生存的時代，電視電腦還沒有問世，他們比我們多有些空暇的時間。他們會說：今天下午沒事，不如到張家聊天去。張家看見不速之客來到，開心歡迎，下午的時間，可以有所打發了。我們生活在廿一世紀的人，卻好像永遠沒有足夠應付一切日常事務的時間。在人生中遇見沒有足夠應付一切開支的金錢的時候，我們便得知所先後，決定某一些重要的支出應當優先，另一些次要的支出可以刪去。支配時間，也應如此。以復臨信徒來說，在我們人生中應當把上帝放在最高和最首要的位置上，所以培植對上帝的信心乃是最重要的。我知道有些復臨信徒晚上早一小時就寢，早上早一小時起床，以便有充足的時間作靈修，與上帝交往，培植信心。這樣便可以避免每天晨早慣常的匆忙，按著門鈕急促禱告說：主阿，我趕著去上班，求祢照顧一切的國外佈道士和書報員，我得走了，再會，阿們（此地有兩位著名的牧師用此為例，雖然有點言過其實，卻有其明顯的真理存焉）。

研讀聖經

我們要培植信心，要與上帝建立密切的交往，研讀聖經乃是主要途徑之一。在世界上要聆聽上帝說話聲音最清楚、最明晰和最正確的地方，就是在聖經裏面。當然，以復臨信徒來說，末世時代上帝特別賜下懷愛倫夫人所寫許多屬靈的著作，在幫助我們與上帝密切交往的事上，有很大的助益。我們相信全本聖經都是上帝所啟示的，這固然不錯。但是我們在靈修的時候，目的乃是培植信心，與上帝作密切的交往，這樣，我們便須用心去選擇要研讀的經文。我們要細心加以咀嚼的經文，應該是：

第一：描述耶穌出生、工作、言論的經文。上帝給我們最偉大、最重要的啟示，就是耶穌基督。所以新約中的四本福音書，和保羅多封談論耶穌的書信，彼得和約翰的書信，都是靈修最佳的讀物。耶穌說舊約是為祂作見證而寫，所以我們研讀聖經的任何一部分，都應當為尋找耶穌而讀。懷愛倫夫人所著的歷代願望、幸福階梯、使徒行述，也是以基督為中心極佳的靈修讀物。

第二：幫助我們解決實際生活上困難的經文。我們信徒在靈程生活上的困難，因人而異，但是聖經有解決任何困難的原則，可以幫助我們。

研究聖經比翻開聖經閱讀是更需要運用心思和腦汁的靈修工夫。工欲善其事，必先利其器，研究聖經也不例外。讀者可以在售賣宗教著作書店裏翻開各個不同新譯本的序言看看。假如序言強調力求對聖經原文忠實，這可能是一本良好的譯本。讀者若能找到三數本對原文忠實的譯本，在研究某一節聖經的時候，把它們比較一下，便很容易覺察出經文的原意。

一九一九年出版的和合譯本，以當時的聖經知識來說，是一本很好的譯本。但是在過往的八十多年間，考古學和語言學家發現了不少與聖經原文同時代的作品，使聖經學者對原文發現更新和更深的知識。所以忠實的新譯本是一種良好的研究聖經工具。有些譯本的序言清楚說明是意譯的，也可以用作參考。

還有幾種研究聖經的工具，如懷愛倫夫人的著作，（教會的牧師可以幫助你作選擇），聖經經文彙編，聖經字典或辭典，聖經地圖等等。當讀者研究聖經中某一個問題的時候，應當首先使用上列五種工具，取得解決和答案之後，不妨參看一套或多套的聖經評註，藉以比較。千萬不要先在聖經評註中找出學者們的見解，叫你失去研究聖經的機會和樂趣。當然，對基督復臨安息日會的復臨信徒來說，本書多次引用「基督復臨安息日會聖經評註」，是最合全本聖經教導的評註，絕無人死後靈魂依然有知有覺或星期日是聖日等等錯誤。

有些信徒在研讀聖經的時候，把所發現的心得和對自己靈性最有幫助的思想簡要地寫出來（不要繁瑣），以便日後查閱。也有些信徒為自己的靈程寫「反省記錄」，這種記錄不是機械式地每天寫一則日記，而是把自己的靈程上或進步或退步，寫下來作個記錄反省。（辭海說反省是對自己過去言行的善惡加以省察以行改進）。馬丁路得，衛司禮約翰和懷愛倫夫人都寫反省記錄，這些記錄顯示他們內心裏的掙扎，和上帝怎樣把祂的思想傳達給他們。

我們在反省的時候，可以問上帝，說：昨天我和妻子意見不和，我用那樣的態度和方法處理，上帝阿，祢覺得我對不對，合不合祢的原則？求祢指示我。我們也可以反省自己對工作的態度，與同事的關係，與雙親和兒女的關係，以及在言語，行為和動機上是否有失誤。筆者在半個世紀前讀過一副對聯：「閒中檢點平生事，夜裏思量日所為。」這就是反省，反省應當有紀錄，沒有紀錄，我們便容易重蹈覆轍，一錯再錯。反省能叫我們知道糾正自己人生的方向。

恆切禱告

與上帝作密切交往的第二條途徑，就是禱告。讀者一定多次聽過這句至理名言：多禱告，多有力量；少禱告，少有力量；不禱告，沒有力量。

也許有些讀者像我一樣，認為雙膝跪下，雙手對拱和雙目閉合，是最合宜的禱告方式，這固然不錯。但是在聖經中除此之外，也有雙足站立、雙手高舉、雙目睜開、或面伏於地（約拿在魚腹中不知採取甚麼姿態）不一而足。最重要的，禱告是與上帝交往。我知道有一位神學家眼睛一閉上，思想便周遊列國，所以為要在禱告時能集中精神，他把雙眼打開，注視在地氈上的某個圖案。我在開汽車的時候，心中若想起一項重要的事，便一面開車一面禱告。

我們作信徒的人活在世界上，有許多物質上的需要，更有得著上帝保護和看顧的需要。在耶穌教導我們的主禱文九句禱詞中，有兩句說及在實際生活中的兩種需要：「我們日用的飲食，今日賜給我們」，「救我們脫離兇惡（或作救我們脫離那邪惡者的手）。」所以我們在禱告中為這兩項需要祈求，是很合理的。

但是主禱文其餘的七句話中，為我們對禱告一事帶來了十分崇高和美好的原則，教導我們怎樣禱告。以筆者的管見來說，懷愛倫夫人在幸福階梯書中為禱告所作的定義，把主禱文中崇高和美好的原則顯示出來。她說：「禱告是人向上帝打開心門，如同與知己的朋友傾心交談一樣。」用這句話來總結全詩篇的一百五十篇詩，是最適切不過的。仔細咀嚼這句話，叫我自覺慚愧。我的禱告，太多向上帝求東西、求物質、求幫助、照顧、保護、和福氣……，太少向祂傾心談話。耶穌深知我們生活在世上有許多物質和精神上的需要，所以祂應許要把這些東西（喫甚麼、喝甚麼、穿甚麼）賜給我們。但是祂要我們知所先後，「先」要追求祂的國和祂的公義，然「後」，這些東西都要加給我們。

試看耶穌教導我們的主禱文，說明知所先後的原則。主禱文中有九句話，表達九個不同的項目。這九個項目中，只有兩個是關及物質上和安全上的需要。其他七個，供給我們與上帝傾心吐意的美好題材，能幫助我們漸漸變成一位經常與上帝有深切交往的信徒。

此外，主禱文更進而顯示一項重要的真理：禱告最主要的目的，並不是求上帝為了我們的緣故，把祂的旨意改變過來。「願祢的旨意行在地上，如同行在天上。」且看耶穌為祂自身生死存亡作最懇切的禱告，說：「父阿，倘若能行，求祢叫這杯離開我。然而不要照我的意思，只要照祢的意思，」這是耶穌當晚在客西馬尼園第一次的禱告。祂第二次禱告說：「我父阿，這杯若不能離開我，必要我喝，就願祢的旨意成全。」

細看這兩次的禱告，字裏行間很容易察覺耶穌在禱告的過程中，祂把自己改變過來，去迎合上帝的旨意。祂在第一次禱告中請求上帝把苦杯拿走，是用十分有禮貌的詞句「倘若能行」，祂深知道有此路不通的可能。祂在走往客西馬尼園的前幾天曾禱告說：「父阿，救我脫離這時候，但我原是為這時候來的」（約翰福音第十二章廿七節）。然而祂本著人性求生存的意願，求上帝把死杯取走。到了第二次禱告的時候，祂已經改變了，便說：「這杯若不能離開我，必要我喝，就願祢的旨意成全。」結果，當兵丁和大祭司的隨從捉拿耶穌，彼得見狀拔刀相向的時候，耶穌對他說：「把刀收起來！我父所給我的那杯，我豈能不喝呢？」祂在禱告中把自己改變過來，去順服上帝的旨意。親愛的讀者，這就是禱告最重要的目的，耶穌是我們最崇高的模範。

記得我多年協助佈道會的時候，有些好幾代守星期日的教友首次聽聞安息日真理的時候，惆悵萬分，竟祈求上帝改變祂的主意，准許他們守星期日。我便教導他們禱告求上帝改變自己，給他們力量遵行上帝的命令。順從是與祂建立深厚交誼不可或缺的條件。

本文前段討論研讀聖經的時候，我曾提議寫反省記錄。有些信徒在禱告生活中，也拿起筆來，把心靈中想要向上帝講的話寫出來，可說是寫給上帝的信。其實，這寫信給上帝的事，一點也不新奇，詩篇就是這樣寫出來的。讀者不妨一試，因為這樣運用腦筋去寫，寫後又再修改或補充，很可能把自己意想不到的心思表達出來。把這信呈獻給上帝，對自身靈程的長進會有很大的幫助（日後查閱，有百讀不厭的滋味）。

為甚麼有些信徒感覺每天的禱告與每天的生活好像脫了節，彼此不關痛癢呢？其中的一個原因，就是我們沒有把生活中最關痛癢的事情，藉著禱告在上帝面前陳述，與祂談論，跟祂磋商。有一位神學家說在他心頭上有些連他所愛的妻子他也不敢告知的重擔，他卻在上帝面前直言不諱，上帝不會大驚失色，因為祂早已知道。把我們最不可對人言的秘密告訴上帝，是最安全不過的。祂必繼續疼愛我們，接納我們，更要幫助我們，舉例如下：

有人送我一本三十多年前出版的書，作者是一位美國女作家，寫了三十二本最暢銷的書，其中四本是以談心方式向上帝禱告，茲節錄一段，是她把生活中最關痛癢的事，向上帝陳述，談論和磋商，與讀者分享：

❶ 主阿，我現在很生氣，怒氣像火那樣在我心中焚燒。我要嘶聲大叫！我要闖禍！求祢制止我，求祢救助我。

祢能夠幫助我找一些工作，叫我做了可以消散怒氣嗎？對了，我要清理屋頂的小樓閣和屋下的底層，把不需用的廢物扔走。

我可以一面清理廢物一面哭，也許怒氣漸可消散。感謝祢，祢幫助我把怒氣消失在清理家室的好事上，阿們。

❷ 上帝阿，昨天晚上我跟丈夫又吵架，狠狠地對罵一頓。今天我的心很沉重，早上看見他去上班時，垂頭喪氣，雙肩下垂，好像負著重擔。我看見他的樣子，很覺難受。我想走到他身旁對他說：「我對不起你，請饒恕我」，我卻沒有勇氣，便讓他走了。

經過這場吵鬧，這房子裏的氣氛壞透了。我忙著做家事，希望可以忘記這場吵鬧，怎知對罵的話往返不停地在腦中盤旋。

慈愛的上帝，賜我有饒恕的心，幫助我忘記仇恨。賜福給我的丈夫，卸卻他因昨夜吵架而來的重擔。求祢就在這一分鐘裏給他的心靈帶來平安，叫他下班回家時，我們能重獲喜樂的心，阿們。

信徒能把生活與禱告連結起來，禱告便有真實的意義。

有人說禱告是人向上帝說話，這是不錯的。但是有些信徒在開始禱告前，先準備紙和筆，以便在向上帝陳說，談心，商磋完畢的時候，仍靜候五至十分鐘，把這禱告後靜思的時間裏進入腦子的思想寫下來。倘或讀者的靈修習慣是先用一段時間研讀聖經，繼之而作與上帝談心的禱告，經過了這段專注在屬靈和天上事物的時間，上帝很可能在你靜思的時間內，把祂的思想放在你的腦子裏。待你將這些思想寫下來，再用聖經的教導審查這些思想是正確或錯誤，把正確的思想實行出來，看看有甚麼成效。

讀者若把上述的程序重複實行，便能察覺上帝在日常生活中對誠心信徒的引導，是關懷備至的。有一位信徒在禱告後靜思的時候，腦子忽然想要探望某人（或與某人通電話），他便去探望這人，與這人一同禱告。這人說自己最需要最渴想有信徒來探望他為他禱告的時候，果然這位信徒到他家裏來。信徒聞言便深知上帝是在冥冥中引導他。當然，上帝也在信徒靜思以外的時候引導他們的思想。

筆者有幸，在安德烈大學念書期間，親耳聆聽一位畢生致力於教導人禱告的牧師。他最喜歡引用尼希米記第八章十節：「……因靠耶和華而得的喜樂，這就是你們的力量。」有力量的人，是大有福氣的人。人若從上帝那裏得著喜樂，便能成為有力量的人。這位牧師說在我們禱告的時候，若對上帝充滿了感謝和頌讚，心中便自然而然地洋溢著喜樂的情緒。

筆者少年時代愛唱一首讚美詩歌，名叫「數算恩典」，英文原名是「數算你的許多福氣」，更給人對上帝有親切的感覺（可惜今日的中、英文讚美詩都沒有這首靈意深湛的詩歌）。每一位信徒若能天天數算自身從上帝那裏得著的恩典和福氣，必要得著極大的喜樂。在本文中把這首歌詞介紹出來，不受歌譜和字數的限制，並且把原文的意義加進去（不必成為詩的體裁），能幫助我們得著從上帝而來的喜樂：

數算你的許多福氣

有時遇見苦難如同大波浪
有時憂愁喪膽似乎要絕望
若把主所賜給你許多的福氣數一數
必能叫你知道主為你所成就的一切
你便感覺驚訝立時喜樂歡呼
（以下三節論憂慮、戰禍、不如意事）
副歌：
主賜給你的許多福氣，每樣都要數

主賜給你的許多福氣，都要記清楚
若把主所賜你許多的福氣數一數
必能叫你知道主為你所成就的一切
你便感覺驚訝立時喜樂歡呼

前文提及教導人禱告的牧師提供一項十分有意義的事，他說信徒若在每天早晨用幾分鐘寫下心中對上帝最需要感謝的十項福氣，然後在全天的十多小時生活中，為這些福氣感謝上帝。比如說：「主阿，感謝祢賜給我呼吸所需的空氣」，又或說：「主阿，感謝祢賜給我有呼吸的能力」。筆者最近有一位朋友突然患病，肺部肌肉失去呼吸的能力，需在醫院用機械幫助呼吸。我在探病的時候，為自己仍有呼吸的能力感謝上帝。我們只要稍動腦筋想一想，在每天生活中要感謝上帝所賜的許多恩典和福氣，多得無法計算。在這位友人患病前，我從未想到連呼吸的能力也是上帝所賜的福氣。

保羅勸導信徒要「在一切事上感謝上帝，因為這是上帝在耶穌基督裏向你們所定的旨意」，詩人又說「你們要以感謝為祭獻給上帝」，有人看了這些話，以為上帝渴想和急待人的感謝和讚美甚或需要人感謝祂。事實上，諸天述說上帝的榮耀，穹蒼傳揚祂的手段，宇宙間無數星球上沒有犯罪的生靈，像上帝寶座前四個活物，晝夜不停地讚美上帝。我們這些滿身罪咎的世人，我們的感謝和頌讚，能為上帝加添一些甚麼呢？事實上，上帝本著祂無窮的大愛，勸導我們要向祂謝恩，完全是為了我們自身的好處。祂知道我們向祂感謝，便能得著喜樂，使我們成為有力量的人。

保羅所說「要在一切事上感謝上帝」，現代中文譯本修訂版譯作「在任何環境中都要感謝」，這給筆者帶來十分合時的靈感。筆者生命的頭七十年，聽覺十分聰，可惜視力不佳，說不上聰明。耳朵功能敏銳，叫我愛上了古典音樂，是我獨一無二的業餘愛好。怎知剛過了古稀之年，聽覺便開始減弱，醫生說這是聽覺細胞退化，與年紀有關，助聽器也無濟於事。

聽不到別人講話，便少講幾句，聽不到孫兒們牙牙學語，有點難受，聽不到是非傳舌，是件好事，在超級市場或餐館裏聽不到近代音樂和時代歌曲，更是求之不得。最叫我感覺切膚之痛的，就是再不能像從前那樣欣賞古典音樂。在一切事上感恩，包括好事，也包括不好的事，失聰是不好的事，能不能也感謝上帝呢？

先知約拿是一位在任何環境中都能夠感謝上帝的人。他在魚腹中禱告說：「諸水環繞我，深淵圍住我，海草纏繞我的頭，但我必用感謝的聲音獻祭給上帝。」筆者在失去聽覺的處境中找到感謝上帝的緣由。我為七十年間優良的聽覺感謝上帝，我為至今仍在腦中縈繞的巴哈貝多芬莫扎特和舒伯特曲調感謝上帝。我為著將來在天國重獲聽覺的盼望更要感謝上帝。

用實際行動培植信心

在聖經中把實際行動與信心的關係作最詳盡和透澈討論的，莫如使徒雅各。當代聖經譯本把雅各討論的精意完美無缺地表達出來，雅各說：

我的弟兄姊妹，如果有人自稱有信心，卻沒有行為來證實，這種信心有甚麼用呢？能夠救人嗎？

如果有弟兄姊妹衣不蔽體，食不果腹，你只是對他說：「安心走吧，好好保重，多吃一點，多穿一點」卻不幫助他解決現實的困難，這有甚麼用呢？所以，信心若是沒有行動來證實，就是死的。

有人會說：「你說你有信心，而我有實際的行動，我就可以藉著我的行動把我的信心顯示給你看。請把你沒有行動的信心指給我看……虛有其表的人啊，你們不知道沒有實際行動的信心是死的麼？」（雅各書第二章）

接著，使徒雅各引亞伯拉罕為例。讀者記得上帝對他說：「你要離開家鄉、親屬、和父親，到我指示你的地方去」，他就照著耶和華的吩咐去了。保羅在暢論信心的一章裏說：「亞伯拉罕因著信，蒙召的時候，就遵命出去，往將來要得為業的地方去，出去的時候，還不知道要往那裏去。」

我曾聽一位牧師證道說：「亞伯拉罕把全部行裝都捆好在駱駝背上，鄰居們紛紛到門前來道別，問他通信地址，他說：『我還不知道要搬到甚麼地方去！』」這種信心，是與上帝有密切交誼而得的果效。他這一次的實際行動，培植了下一回前無古人後無來者絕大信心的示範——把操著刀的手高舉起來要向臥在祭壇上獨生的愛子以撒斬下去，把他獻給上帝。保羅說這殺子的實際行動證明他相信上帝可以叫以撒從死裏復活過來。

為要培植世人的信心，上帝處處鼓勵人採取實際的行動。耶穌醫治那個生來瞎眼的人，先把唾沫吐在地上，又用手把唾沫和泥抹在瞎子的眼睛上，然後吩咐他到西羅亞池子去洗。其實，祂大可以像叫拉撒路復活時吩咐一聲，瞎子的雙目便立時重見光明。記載這神蹟的門徒約翰說：「瞎子去一洗，回頭就看見了」（見約翰福音第九章）。在舊約時代，先知以利沙吩咐遠道來求治痲瘋病的乃縵到約但河去洗澡七次。乃縵毫不喜歡這一實際行動的命令。但是聖經說：「乃縵下去，照著神人的話，在約但河裏洗澡七次，他果然就潔淨了，他的肌肉完全復原，好像小孩子的肌肉一樣。」

瞎子和乃縵，終於都得著了絕大的信心。他們順從命令的實際行動，是建立信心的一個重要因素。

聖經一向強調人的實際行動。我把經文彙編裏「謹守」、「遵行」、「行事」等詞逐一數算，叫我大吃一驚，總不下七百次之多。耶穌說：「你們若愛我，就必遵守我的命令……人若愛我，就必遵守我的道……不愛我的，就不遵守我的道。」使徒約翰說：「我們若遵行上帝的命令，就足以證明我們是真正的認識祂了。反之，若有人口口聲聲說認識基督，卻不遵行祂的命令，這人是說謊的，在他心裏也沒有真理。」可見實際行動是多麼重要。我們得救是本乎恩，也因著信心，絕不能靠實際行動或行為去賺取救恩。這樣，為甚麼將來上帝要照著每一個人的實際行動——行為審判人呢？理由很簡單：一個人既已成為悔改重生得救的人，便自然而然地在實際行動上遵守上帝的命令，藉此以證明他（她）果然真正是一位悔改重生得救的人。這也就是耶穌所說好樹結好果子，壞樹結壞果子的原理。

我以最謙卑和感謝的態度寫出下面的話：我們身為基督復臨安息日會信徒的人，十分有幸，上帝引導我們遵守祂的命令，特別是被大多數基督信徒忽視的命令，像遵守每週的星期六為聖日。在今日以星期日為休息日的世界中，許多地區的本會信徒面臨失業或失學的困難。筆者曾與多位不顧一切遵守安息日的人談話，他們火熱的信心，令人深受感動。這是我要為他們作見證的。

總結本文所述，讀者和筆者都知道要培植信心，使信心繼續增長，還有別的方法和途徑。切望本文所述研究聖經，恆切禱告，和遵從上帝命令的實際行動，能對讀者有所幫助，是筆者誠心的禱告，阿們。

（註：本文一部分的構思，來自安德烈神學院教授，謹此致謝）

第二十章 復臨信徒信心的峰頂——「即或不然」的信心

翻開經文彙編、或聖經詞典的「假」字，可以看見聖經裏面提到假神、假基督、假先知、假弟兄、假預言、假道理、假見證、假善等等。有真便有假，信心也沒有例外。保羅論到提摩太，他母親和他外祖母的信心，是純真的信心，是沒有絲毫假偽的信心；這是復臨信徒在末世時代最需要培養的，因為這種信心乃是獲得上帝喜悅的信心（希伯來書第十一章），更是使我們勝過世界的信心（約翰一書第五章）。

聖經提及信、信心、信靠、不信、小信等字眼，不下一千次，可見上帝多麼重視人的信心，我們得救是「本乎恩，也因著信」。可是耶穌說了一句十分感嘆的話：「當人子來臨的時候，祂會在世上找得到這種信心嗎？」（照原文直譯）

耶穌這一句話，很明確地顯示在祂復臨的時候，世界上必定有其他種類的信心，是與祂心目中的信心大不相同。我們且看看現時代，二十一世紀基督教界裏面，有甚麼在耶穌心目中視為大不相同的別類信心。

有一位學者指出今時代基督教界裏假偽的信心，具有三個特徵：

❶信心變成了一種技術，其實是掛上了基督教牌子的幻術。這技術包括一些秘密的口訣、咒語、或一些宗教的儀式。假如你學會這一些信心的技術，你便有能力去操縱上帝，你可以驅使祂超自然的神力。你呼風喚雨，上帝便依從你的意願而行。換句話來說，上帝變成了世人的差役。

一位靈恩運動的領導人說：「你信靠你自己的信心嗎？」這就是把信靠的對象從上帝身上轉移到自己身上來。

❷今日基督教界裏面許多從事「信心治病」的人，都相信在人的腦子裏面，有上帝治病的能力，所以人可以藉著信心，隨從己意去使用這種能力，治癒一切疾病。這種想法，是人要跟上帝分庭抗禮的想法。耶穌雖然身為上帝的兒子，祂在忍受極大苦難的時候，甘心樂意地說了三次：「父阿，只要照祢的旨意。」

❸這位學者用很不客氣的口氣批評這些妄用信心的人，稱他們為「自專自大僭越上帝權限的宗教騙子。」在電視或在巨型球場上舉辦的信心治病，主持人宣講的口吻，處處叫人感覺只要他們發號施令，上帝便得唯命是從；上帝不是主，他們才是主。這些人更在證道和著作中講論健康之道和致富之道。

說到宗教騙子，我便想起一個自身的經驗。我在澳洲的時候，有一位以信心治病著名的牧師從美國到雪梨市來，在一個巨型球場舉辦信心治病大會，我被好奇心驅使去赴會。一切的布局安排得十分緊湊，晚上七時半開會，呈獻十分動人的節目，多項的音樂和見證，隨著是冗長講論信心治病的證道。到了九時許，主講人召請一切有病患想得醫治的人到講台前來，每晚都有數以百計的病人步上台前。牧師僱用一大隊助理人員，他們把病人分為兩組：第一組是那些真正病入膏肓的病人，人數不太多。他們被親人攙扶到講台前、助理人員便把他們帶到一間房子裏去，並對病人說：現在時間已經晚了，牧師正在幫助數目眾多的人要得到信心的治療，請你們先回家去，明天晚上，再依時來。

第二組病人是甚麼樣的病人呢？醫生護士們都知道，到醫院或診所來的病人，許許多多只是患輕微的疾病，其中不少更是自己以為有病，是心理和精神上不正常的現象，而不是真正患病。這第二組的人，聽了信心治病的講道，心情興奮至極，十分相信牧師能行一個神蹟，把他們治癒。在極度神秘和緊張的氣氛中，牧師把手按在他們頭上的時候，他們便立時感覺已被治癒，大叫哈利路亞！大呼讚美主！事實上，這不過是腎上腺大量的內分泌使人興奮所致。

明天晚上，第一組人中，有些人回來，卻是跟昨天晚上一樣，得不著絲毫的幫助。

我有一位朋友，他是警察，身體十分魁偉，他也受好奇心所驅使，便到講台前，在第二組人的行列中，面向著牧師前行。在他前面是一位弱不禁風的婦人，當她走到牧師面前的時候，心情過度興奮便暈倒在地上。想不到牧師竟然不理會她，任由她躺在地上，反而走到警察面前要按手治他的病。我這位警察朋友是位脾氣很壞的人，便伸手要打牧師，但是站在牧師身旁保護他的幾個打手立時把警察抱走。

過了幾天，雪梨日報登載一則新聞，報導這位牧師已被驅逐出境，澳洲政府不准他再回來，因為他從聽眾中獲得了一大筆款項，違犯了澳洲法律。

我們可以想像得到許多第一組的病人，因這些所謂憑藉信心治療的騙子而失望，甚至失去信靠上帝的心。我們更應該知道一件事，當日耶穌在世行神蹟治病的時候，祂並沒有醫治猶太國所有的病人。照樣，在上帝的計劃中，雖然祂在今日仍然施行神蹟治病，但同時也有許多人死在疾病之中。今日尚未到達上帝擦去人間一切眼淚的時候。

我知道有些主持信心治病的人是遵照聖經的原則行事的。但是要小心，世上宗教騙子，卻比比皆是。我也深深相信上帝今日仍在世界上施行神蹟醫治疾病，因為祂藉著使徒雅各對我們說：「你們中間有害病的嗎？他應該請教會的長老來，他們可以奉主的名用油抹他，出於信心的禱告，要救那病人，主必叫他起來。」

「主必叫他起來」一語，基督復臨安息日會聖經評註說：「若把聖經其他關於信心治病的經節比較一下，如哥林多後書第十二章保羅三次懇求上帝醫治他的病，上帝卻沒有醫治他，也許『主必叫他起來』這句話，在雅各的心目中，應作如下的解釋：『假若上帝知道治癒他，對他是最好的安排，主必叫他起來』。因為在聖經中有些最愛上帝的人卻沒有得到祂的治癒。」至是，就讓我們進入本文討論的主題——信心吧。

本文開始時，曾引述耶穌所說一句十分感嘆的話：「當人子來臨的時候，祂會在世上找得到這種信心嗎？」

這種信心是甚麼樣的信心呢？耶穌說及那句感嘆話之前，講了一則比喻，要幫助信徒繼續不斷地禱告，不可因為得不著上帝立時的答應，便灰心起來，不再禱告。這比喻說：「某城裏有一個法官，他既不敬畏上帝，也不尊重人。那城裏有一個寡婦常常去見他，請求他主持公道，制裁她的冤家。這個法官一直拖延，但後來心想：我雖然不敬畏上帝，也不尊重人，可是這個寡婦不斷地煩擾我，不如為她伸冤，免得她經常上門，糾纏不休。」耶穌接著說：「你們聽聽那不義法官所說的話罷！難道上帝不會替那些日夜向祂求援的子民伸冤嗎？祂會遲延援助他們嗎？我告訴你們，祂一定儘快為他們伸冤。可是，當人子來臨的時候，祂會在世上找得到這種信心嗎？」

這種信心，就是那位寡婦的信心。她雖然多日來求法官，卻一直沒有得著甚麼幫助。但她還是天天來求，天天相信終久必得伸冤。她一點也沒有灰心，也沒有疑惑，這是聖經提示的第一種信心。

聖經又提示另一種信心，可以稱之為峰頂的信心，至高無上的信心，是復臨信徒必須要培養的信心。為甚麼又稱之為「即使上帝不救我們」的信心呢？請看下面的經文：

尼布甲尼撒王造了一尊高九十呎，闊九呎的金像，立在巴比倫省的杜拉平原。他召集全國各地的總督、行政首長、省長、謀士、府庫官、審判官、司法官和各省的官員，一同來參加這像的奉獻禮。於是全國的顯要都齊集一處，站在這尊宏偉的金像面前。傳令官大聲宣佈說：「各國各族的人民，這是王所頒佈的命令：你們一聽見樂聲奏起，就要俯伏在地敬拜尼布甲尼撒王的金像。任何人膽敢違抗，必立時遭拋進洪爐裏。

隨即樂隊開始奏樂，在場的人都俯伏在地，向那像下拜。當時，有幾個迦勒底人走到王面前，控訴一些不肯向像下拜的猶太人說：陛下御旨規定，當樂隊奏響音樂時任何人若不俯伏敬拜金像，就必要處死。可是現在沙得拉、米煞、亞伯尼歌這幾個陛下委派管理巴比倫事務的猶太人竟然違抗聖旨，不肯拜陛下所立的金像。

尼布甲尼撒王勃然大怒，立即命令人把沙得拉、米煞、亞伯尼歌帶來，質問他們：沙得拉、米煞、亞伯尼歌，你們真的拒絕跪拜我的神，又不肯敬拜我所立的金像嗎？我再給你們一次機會，音樂奏響時，你們若俯伏敬拜這像，我就饒了你們；不然，就必立即將你們抛進洪鑪裏。看看那時還有甚麼神能夠拯救你們？

沙得拉、米煞、亞伯尼歌回答說：陛下，臣僕毋須回答您的問題，我們也不憂慮這種遭遇。倘若我們真的被抛進洪鑪裏，上帝必能拯救我們脫離險境，即或不然，陛下也當明白，無論如何，臣僕絕不事奉陛下的神，也不敬拜陛下所立的金像。（但以理書第三章當代聖經譯本）

「即或不然」，概可想見這三位希伯來的青年人能以攀到信心的額非爾士峰峰頂，這一句話，很明顯地含有下列三個重要的意義：

❶他們知道上帝若要拯救他們，對祂來說，易如反掌，祂一定辦得到。他們深知自己所事奉的上帝，是全能的上帝，不是一個軟弱沒有能力的神。

❷他們知道上帝無所不知，為著他們最大的好處，祂有決定不拯救他們的可能。所以他們樂意任由上帝安排，任由祂作最後的決定。

❸他們不憂慮後果，決心向祂盡忠到底。是的，他們知道上帝有拯救的能力，也有決定不拯救他們的可能。就算上帝不施行拯救，他們也要至死忠心，事奉上帝。

這就是信心，這就是耶穌所說的「這種信心」。「這種信心」的基本元素就是忠心。以誠心或盡忠於上帝來建立的信心，是像磐石那樣堅固。反之，一個信徒若苦苦強求神蹟去建立信心，那種信心是全無根基的信心，根本說不上是信心。

新約的人物，也有「即或不然」的信心，使徒保羅便是一個好例證。他有一種肉身感受的痛苦，他稱之為「肉體上的一根刺」，這痛苦十分劇烈難受，他稱之為「魔鬼的爪牙」。他沒有說明這根刺是甚麼，懷愛倫夫人認為這是他的眼疾。他曾三次求上帝把這根刺拔掉，就像耶穌在客西馬尼園裏三次求天父把苦杯拿走。上帝按著祂無窮的智慧沒有把苦杯拿走；照樣，上帝也沒有把保羅肉體上的那根刺拔去。保羅說了幾句表現「即或不然」信心的話：

> 但是上帝對我的請求只說：我的恩典足夠你用。你軟弱無能的時候，就反顯出我是能力浩大的了。主既然這樣說，我就歡歡喜喜的坦白承認自己的軟弱，好叫基督的能力更能覆庇我。因此，我雖然多有軟弱，又屢次遭受凌辱和逼害，遇到不少艱辛和困苦，我仍是覺得快樂，因為這一切都是為主受的。我軟弱無能的時候，正是我靠主剛強的時候！

這和耶穌說「然而不要照我的意思，只要照祢的意思」相同，把「即或不然」的信心表露無遺。

保羅和耶穌的信心給我們帶來多項屬靈的啟示：

❶ 耶穌說：你們在世界上會遭受苦難。今日許多基督教領袖宣講信徒不會有病痛或苦難，是不符合聖經的教導的。

❷ 我們在受苦難的時候，應該像保羅和耶穌那樣向上帝陳訴，祈求（詩篇滿紙都是人向上帝陳訴和祈求）。

❸ 我們應該知道神蹟之所以為神蹟，就是因為神蹟是「例外」，而不是司空見慣的事。天天照

例發生的事，就不是神蹟了。當我們遭受苦難的時候向上帝求助，祂沒有立時答應，不要以為祂不理睬我們。原來我們人類只能看得見又細小又狹窄的範圍，獨有上帝能窺全貌，所以我們便需要培養信靠祂的心。祂應許萬事互相效力，叫愛祂的人得益處。

4「即或不然」的信心，叫我們知道雖然上帝沒有依照我們的意願行事，祂卻無時不是與我們同在，共嘗我們的苦難；祂應許永遠不會丟棄我們，也不會撇下我們。祂的恩典永遠與我們同在，這恩典足夠我們使用，從不缺乏。

「即或不然」、「即使祂不救我們」、「就算上帝不拯救」

「即或不然」，這一句語，繙譯得很好。另一中文譯本，把這段經文的上文下理，和字裏行間的含意完全表達出來：「即使祂不救我們」（現代中文譯本修訂版）。其意思乃是說：「就算上帝不拯救我們，就算上帝任由我們被洪爐裏的烈火燒死，我們也要向祂盡忠到底，絕不會事奉外邦的假神。」

再把「即使祂不救我們」這句話應用在我們復臨信徒不幸的遭遇上，這便是說：「就算車禍，橫禍殺死了我的兒子，親人；就算醫師說我的癌病業已蔓延，就算我失業破財；就算我悽慘面臨婚姻破裂……我還是要向上帝忠心到底！」這就是信心，這更是信心的巔峰。

最近批閱全球總會寄來一份刊物，其中一篇文章的題目是：「你的信心足夠嗎」？作者出生在本會信徒的家庭，從孩童到年輕，直至年長的歲月中，熟悉上帝答允信徒禱告的真實故事，就如在農產豐富的加里福尼亞州的農村裏，有一位忠心納十分之一的信徒，在莊稼快要收穫的時候，突然看見田間有一大群甲蟲，深知數小時之內，甲蟲將要把全部莊稼喫盡。他的小女兒對他說：「爸爸，你一直忠心獻給上帝你收入的十分之一，為甚麼不求祂把甲蟲趕走呢？」父女二人便在田疇之中跪下求上帝照祂在瑪拉基書第三章十一節所應許的，保護他們的莊稼。禱告完了，他們睜開眼睛，看見幾隻黑鳥從天而來，降落在甲蟲的中間。繼有一群一群又一群的黑鳥像一陣陣的烏雲，遮天蓋地而來，降落在甲蟲中間，幾分鐘後便全都飛走，沒有留下一隻甲蟲在田裏，全被黑鳥喫盡。這位農夫的莊稼毫無損失。

我在教會中主持查經班時，很喜歡引用本會英文最暢銷書「你的聖經與你」其中一個真實的故事，藉以培植青少年人的信心。該書作者敘述一九三一年非洲大陸蝗蟲災害十分慘重，政府大力救助饑民的時候，蝗蟲所經之處，沒有一片青綠的葉子不被喫盡。

有一信徒，是一位忠心奉獻十分之一的農夫，他祈求上帝保護他的莊稼。有幾個不信上帝的鄰居農夫譏笑他的信心，說他們的神不能保護他們的莊稼，照樣，上帝也必不能保護他的莊稼。當蝗蟲掠過他們的農區之後，只有這位信徒所栽種的農作物，又青綠、又肥壯，有如沙漠中的一片綠洲。當蝗蟲來到這位信徒的田地時，便向左向右繞道前進，毫不吞喫這位信徒的莊稼。這廣大災區的農田霎時之間變成一塊焦土，焦土中間卻留下一片綠洲，吸引遠近居民，紛紛到此來觀看這一片藉神蹟得保全的田土。

此外，更有一位信徒，當冰雹毀壞廣大農區的時候，他懇切求上帝保護他田間的作物，使得以絲毫不受毀損。更有信徒患上必死的癌症，全體教友為他舉行整夜禁食禱告，得到上帝答允，立即痊癒，醫生為之大惑不解。

上述甲蟲、蝗蟲、冰雹、及癌病等事例，都是近代上帝答允信徒禱告，施行神蹟，與聖經記載的許多神蹟相類。上帝答允信徒禱告，叫我們的信心加增，這是無可置疑的。但是上述「你的信心足夠嗎」一文中，提出一個或許是更重要的問題：假如上帝本著祂無窮的智慧，不按照我們的意願答允我們的祈求，我們有沒有足夠的信心繼續忠心事奉上帝，繼續信靠祂，繼續樂意照祂的旨意而行呢？這就是達到巔峰的信心，與為餅而來的信心有天淵之別（其實為餅而來的信心根本說不上是信心）。

該文更探索另一些問題：假如你一直忠心獻上十分之一，竟然破產、破財，你的信心足夠應付嗎？假如你克己犧牲把兒女送到教會學校受教育，待得他們成年後，竟叛離上帝，甚至對你忤逆，你的信心足夠應付嗎？醫生說你的病症沒有治癒的可能，你的信心足夠應付嗎？你所愛的人忍受劇烈的疼痛，至終藥石罔效而死，你的信心足夠應付嗎？

希伯來書第十一章被稱為「信心之章」，這章聖經的內容大部分描述挪亞、亞伯拉罕、撒拉、摩西、基甸、大衛和許多偉人的信心，他們經歷極大的艱辛卻得著上帝神蹟救助，以喜劇作為他們的收場，他們都是「因著信」而得到勝利，他們的信心是足夠應對任何遭遇的信心，自然不在話下。這章聖經末後的小部分卻是對任何遭遇具應付裕如的信心者的寫照。有不計其數信心達到巔峰的人物，他們在許多世代中「遭受戲弄、鞭打、捆鎖、囚禁和各種磨煉；他們被人用石頭打死，被鋸鋸成兩截，受威迫利誘，喪生刀劍之下；更有些人披著綿羊和山羊的皮，四處奔跑，受盡貧乏，痛苦和虐待；他們在荒漠崇山之間，巨穴小洞之內，漂流無定」（希伯來書第十一章卅六至卅八節，當代聖經譯本）。

這些在我們看來是以悲劇收場的偉人，保羅說他們還沒有得著所應許的，上帝讚賞他們「足夠」的信心，就是「即或不然」的信心，為他們豫備了「更美的事」。親愛的讀者，這為我們生活在二十一世紀的信徒，是絕妙佳音。因為保羅說這「更美的事」，也是為我們復臨信徒所豫備的。

用兩節聖經作為本文的結論，也許是十分合適的。第一節是本書第二十四章詳細討論復臨信徒與人生的苦難引用耶穌給門徒臨別贈言說的一句話：「你們在世上會遭受苦難」，這就是說我們信靠耶穌的人，會在人生的途程中遭受患難和痛苦。第二節聖經是使徒彼得語重心長，暢論苦難的話：「親愛的弟兄姊妹，那如火一般的熬煉臨到你們的時候，不要驚奇懼怕，以為發生了甚麼非常的事。反倒要歡喜快樂，因為你們落在磨煉之中，便是與基督一起受苦了！當祂帶著榮耀顯現的時候，你們就可以和祂一同歡喜快樂（彼得前書第四章十二、十三節，當代聖經譯本）。

使徒彼得對受熬煉信徒的苦難，有十分深切的瞭解。在他的想像中，耶穌第一次降生到世上來的主題，就是受苦。這就很符合以賽亞書第五十三章的描述，說耶穌「被藐視，被人厭棄，多受痛苦，常經憂患，背負我們的痛苦，被上帝擊打苦待，為我們的過犯受害，為我們的罪孽壓傷、受刑罰、被鞭傷、受欺壓、在受苦的時候不開口，像羊羔被牽到宰殺之地，被奪去、被剪除、受痛苦、作贖罪祭，將命傾倒，以致於死，被列在罪犯之中，耶穌為我們所受的，是何等苦痛的人生！感謝主！

在彼得的心目中，耶穌第二次降臨到世上來的主題，卻是極大無比的權能和榮耀，因為耶穌好幾次談說祂要有大榮耀駕著天上的雲降臨，坐在榮耀的寶座上。為此，彼得強調兩個字，「一起」（

與基督一起受苦）和「一同」（與基督一同享受祂復臨的榮耀）。現代中文譯本修訂版把「一起」和「一同」的觀念譯作「分擔」（也有分享之意），很合原文的字義。

我們復臨信徒在忍受今生苦痛的時候，這與基督「一起」或「一同」受苦的觀念，對培植我們「即或不然」和足夠的信心，有極大的幫助，這是從人的觀點來說。

先知大衛卻從上帝的觀點，給我們指明「即或不然」信心的可貴。他用「我雖然行過死蔭的幽谷」來形容他人生中所經受的苦難，他卻能暢言上帝在他的身旁，用牧人的杖和竿保護他、安慰他。上帝更用油膏抹他的頭，叫他的福杯滿溢。上帝使他感覺自己的一生一世都有天來的恩惠和慈愛陪伴著他。換句話來說，上帝是在死蔭幽谷的路程中，與大衛「一同」受苦。

信心的培植

我和內人有兩個女兒，她們在家中住了二十四年才結婚。她們離家的時候，當然有不捨之意，幸而她們的住所和我們的很靠近，每週總可以見面三四次。有時兩三天不見面，也不至有如隔三秋之感，而且電話給我們有通訊的方便。我常常這樣想：上帝愛世人，祂是我們在天上的父親。祂必定大有與祂的兒女面對面談心的願望，卻因罪的障礙，不能如願以償，我想祂一定為此痛心不已。讀者記得摩西想見上帝的面，上帝忍痛地說：「你不能見我的面，因為人見我的面就不能存活」，你想上帝是多麼的難過。

為要培植我們的信心，為要幫助我們與上帝建立密切的關係，上帝賜給我們應有盡有的啟示，就是聖經。研讀聖經是把供給信心增長所需的營養帶進信徒的心靈裏面。此外，上帝更賜給我們禱告的特權，祂是一位愛聽人禱告的上帝。在信徒的禱告中，求上帝給我們物質上的需要或求祂為我行事，應當只佔小小的一部分。我們禱告的主要部分，應該是與天父談心，懷愛倫夫人說得十分好，「像與朋友談心一樣」。愈與上帝談心，信心便愈增長，不難到達最高峰——「即或不然」的巔峰。

在結束本文的時候，筆者要強調一項十分重要的真理。本文開始時所引述耶穌所講比喻中那位長期來懇求法官為自己伸冤的寡婦，是我們復臨信徒的好榜樣。耶穌要我們效學她毫不灰心的精神。儘管那位不義之官不理睬她，她卻天天前來懇求。耶穌在此更用一個極度強烈的對照，把一個滿懷自私，不公平又不公義的法官與我們這一位仁愛為懷，又公平又公義的上帝作個比對。所以若是上帝本著祂無窮的智慧，更是為了我們的好處，不按照我們的意願答應我們的祈求，我們應當存著「即或不然」的信心，也就是本文所論述「足夠的信心」，更就是「願祢的旨意成全」的信心，常常禱告，恆切地祈求。

第二十一章　復臨信徒得救的保證（一）

本文與第十四章「復臨信徒怎樣準備妥當」，有相連和密切的關係。一位為耶穌再來準備妥當的信徒就是有得救保證的信徒。前文是著重信徒每天生活行事的方式和對上帝的態度，本文要研討信徒心靈上對自己已蒙上帝拯救的信念。這是一個十分重要的題目，所以不久前全球總會安息日學部用全季的時間藉學課討論信徒得救的保證。本文內容大部分是將該季學課的精華細加研討，摘要以與讀者分享。

凡讀過改正教先鋒路德馬丁傳記的人士，都知道這位原是天主教神學教授和神甫，從年輕時便一直在追求得救的保證。修道院裏年高德劭的長輩告訴他在幫助教會賙濟窮苦大眾的工作上，盡其心力，必能獲致得救的保證。他便不遺餘力地（路德馬丁不管做甚麼事，都是同樣的不遺餘力）去賙濟窮人，卻得不到甚麼幫助。有人向他提出刻苦己身以收效，他便在修道院裏經常一連禁食三天，捱餓抵餓，不眠不休；在寒冷冬天下雪時不蓋被子，捱冷；又每天用許多小時懺悔認罪（神父住在修道院裏，能有多少罪可犯，可認？）正如中國成語「搜索枯腸」，又如西方成語「搜索枯腦」，路德馬丁絞盡腦汁去找尋還沒承認的罪，天天坐在教堂內小小的「懺悔箱」裏，用許多小時認罪，叫那位聽他認罪的神甫為之極度厭煩，對他說：「馬丁，你要先到修道院外面去犯些罪，回來才有罪可認！」

最後，路得決意到羅馬城去朝聖，心想在那裏必能得到得救的保證。他為甚麼這樣想？因為天主教的信條說，信徒死後便要到煉獄去把罪洗滌。若在生前有機會朝見聖物，能大大減少在煉獄的時日。當然，只有羅馬城內的許多所教堂裏，才有各種各式的聖物，如摩西所見燒而不毀的荊棘叢林，耶穌背著十字架赴刑場途中一位婦人為祂抹汗而印上祂的臉面形像的布巾，保羅受捆鎖時所用的鎖鍊，羅馬皇帝把門徒約翰頭髮剪下來的剪刀，猶大出賣耶穌所得的一枚銀幣，吊死猶大那條十二尺長的木條等等，此外更有「聖骨」。教皇利奧十世規定信徒若朝見一組聖骨，便可以減少在煉獄受苦四千年。讀過路德傳記的，都知道羅馬城一所教堂，它門前有一把「聖梯」，又名彼拉多梯，傳說這把二十八級的木梯，原是羅馬官彼拉多衙門前的梯子，耶穌從這把梯子拾級而上，到彼拉多面前受審。在傳說中，這把梯子從耶路撒冷飛到羅馬城來。天主教宣稱信徒若在每一梯級念誦教會規定的一篇話語，便能把一個親人從煉獄中拯救出來。路德一級一級跪著誦念，還加意地親吻每一梯級，希望能把祖父（他父母還健在）救出來。怎知當他十分虔誠地逐級攀登時，忽然有一陣如雷霆的響聲，好像對他說：「義人是要藉著信心而生存」（羅馬書第一章十七節）他便從夢中驚醒，從恭恭敬敬跪著的情狀中跳起來，說：「又有誰知道這是真還是假」！

天主教的信義說：除非上帝給信徒特別的啟示（極其罕有），信徒絕不能確實知道自己已經得到了上帝的救恩。路德馬丁卻懷疑這信義，暗自研讀聖經，便在一五一七年叛離天主教，建立了改正教第一個教派——路德會。在一五六三年，路德會出版了一本教義問答，到今日廿一世紀，德國和荷蘭的路德會仍然使用這書，奉為圭臬。

這書中有一項問題：

問：在你的人生中，和在你死的時候，甚麼是你獨一無二的安慰？

答：唯一的安慰，就是我的身體和靈魂，我或生或死，全不屬於我自己，卻是屬於我這位最忠誠的救主耶穌基督。祂藉著流出自己的血，作為贖價，十十足足地還清我的罪債，又把我從魔鬼的管轄中完全釋放出來。祂更藉著聖靈保證我必要得著永生，叫我從現在開始，全心全意更是樂意地為祂而生活。

這就是天主教與改正教最大的分別。在第一世紀和黑暗世紀中千萬信徒受大逼迫，他們心中若沒有耶穌救贖他們的保證，便絕不能忍受信心的試煉。他們確實相信：在他們生活的地方，在他們生活的每時每刻中，已經有了得救的保證——這就是信心。這樣的信心能把一切疑惑驅除淨盡，並拋之於九霄雲外。

不少猶太教的信徒，也像天主教信徒一樣，缺乏得救的保證。有一位年紀老大的拉比（猶太教的宗教教師，等於基督教的牧師）將要去世的時候，哭個不停。拉比的一位門生問他說：「拉比，你為甚麼不停地哭？」

拉比說：「我快死了。我死後便立刻被帶到聖潔的萬王之王——上帝那裏去。在上帝寶座面前有兩條路，第一條路通往伊甸樂園去，第二條路通往地獄去。我現在一點也不知道要被帶往那一條路去，我怎能不哭！」一個沒有得救保證的人，實在是十分可憐的人，所以有一位牧師說：「上帝絕不會邀請我們來信奉祂，卻叫我們因為沒有得救的保證而畢生過著惶惶不可終日的生活。上帝絕不會這樣殘忍。」

研究我們得救的保證，應當先明白上帝救贖罪人的三個程序。舊約撒迦利亞書中的一個異象，把這三個程序詳細描述出來（請先查看該書第三章一至十節，然後再往下閱讀）。大祭司約書亞穿著污穢的衣服，代表我們信徒都是有罪的人。

第一，上帝本著祂的恩慈說：

「要脫去你的污穢衣服，我要使你脫離罪孽。」

第二，上帝又說：

「要給你穿上華美的衣服，把潔淨的冠冕戴在你頭上。」

這真是我們得救的確實保證，上帝除了赦免我們的罪，還更進一步把祂的公義賜給我們，使我們與祂和好。

第三，上帝說：

「遵行我的道，謹守我的命令。」

在上帝救贖罪人的計劃中，祂負起最大部分的責任，然而有一小部分的責任，是罪人要合作承擔的。例如我們最喜愛的約翰福音第三章十六節告訴我們上帝愛世人，甚至將祂的獨生子賜給他們。但是罪人若要得永生，便必須要信，這是罪人所必要作的。幸而上帝要幫助我們，把信心賜給我們（以弗所書第二章八節）。

在繼續往下研究我們得救的保證之前，我們應當重申基督福音的基本原則——「你們得救完全是靠著上帝的恩典，也靠著信心（以弗所書第二章八節）。保羅強調沒有一個人能靠著好行為得救。但是為甚麼聖經多次論到上帝救贖罪人的時候，把「遵行我的道，謹守我的命令」，相提並論呢？為甚麼耶穌說：「你們若遵守我的命令，就常在我的愛裏，你們若遵行我所吩咐的，就是我的朋友了？」為甚麼使徒雅各大談行為的重要，他說：「信心若沒有行為就是死的，人稱義是因著行為，不僅是因著信心？」聖經絕對沒有自相矛盾。上列問題的答案，可以在使徒雅各的一句話裏找出來。他說：「要有行為才可以把信心證明出來。」（見雅各書第二章）

全本聖經提到「行為」有八十次，多次說上帝觀看和察驗世人的行為。舊約常說上帝依照人的行為或賞賜或刑罰。到了上帝最後審判世人的時候，也是根據每一個人的行為去作審判（見馬太福音第廿五章末段）。為甚麼上帝這樣重視信徒的行為呢？因為獨有行為纔能顯出信徒有沒有像上帝那樣仁愛為懷的性情——解衣推食，問病探監，招待客旅。反之，不肯饒恕別人的人，喜好傳播是非，道長說短，講人閒話，或繼續不停犯罪的人，絲毫沒有上帝那樣的性情。所以上帝本著祂仁慈的性格，不讓他們到天國去。這樣的人，必須要悔改重生，才有得救的保證。

使徒約翰異口同聲，也說：

「我們若遵行上帝的命令，就足以證明我們是真正的認識祂了。反之，若有人口口聲聲說認識基督，卻不遵行祂的命令，這人是說謊的，在他心裏也沒有真理。但真正遵行主命令的人，他們那顆愛上帝的心，實在可以說是完全的。其實，也只有這樣做，才足以證明自己是真的基督徒。所以凡自稱是基督徒的，自己就該照著基督所行的去行。」（約翰一書第二章一至六節，當代聖經譯本。）

有一位著名的神學家從約翰福音和約翰一書中找出兩個試驗的方法，叫信徒知道自己有沒有得救的保證：

❶順從的試驗：「如果我們聲稱跟耶穌有密切的交往，卻仍舊過著黑暗的生活，就是撒謊，行為不合真理。」（約翰一書第一章六節）耶穌是信徒道德行為的標準，自稱是住在主裏的人，便必須照著主所行的去行。所以耶穌說：「你們若愛我，就必遵守我的命令。」（約翰福音第十四章十五節）

❷愛人的試驗：耶穌說：「我賜給你們一條新命令，要彼此相愛，我怎樣愛你們，你們也要怎樣相愛。」（約翰福音第十三章卅四節）約翰加以解釋：「人若說，我愛上帝，卻恨他的弟兄或姊妹，他就是撒謊的……愛上帝的人就必須愛弟兄和姊妹。」（約翰一書第四章廿、廿一節，請參考本書論人際關係的三章）

耶穌在世上生活的時候，經常從舊約中引經據典教導人群，這是再好不過的榜樣。耶穌自己相信聖經是上帝的話，更相信聖經是最高的權威，是絕對可靠的。到了使徒保羅寫希伯來書的時候，他說：「上帝在古代曾多次使用先知，以各樣的方法來啟示我們的祖先。如今，在這末期的時代，又藉著自己的兒子，親自啟示我們。」使徒約翰說：「上帝所差來的耶穌，祂所說的乃是上帝的話，因為上帝無限量地賜聖靈給耶穌。」所以耶穌的話就是上帝的話，祂說：「我實實在在的告訴你們，凡聽我話，又信差我來者的，就有永生。他們不會被定罪，而且是已經出死入生了。」如果這不是得救的保證，還有甚麼是得救的保證？

改正教的先鋒們有一個口號，就是「獨靠聖經」，這口號有一個含意：聖經本身乃是解釋聖經最良好的工具，信徒不應當使用世人的思想去解釋聖經。此外，聖靈一切的工作，全是本乎聖經，以它為依據。所以聖靈絕不會跟聖經背道而馳。路德馬丁說：「聖經乃是聖靈在世界上顯現的化身，又是聖靈的具體形象。」所以聖經給我們得救的保證，那是千真萬確，無可置疑的，這是第一。

第二，給信徒帶來得救的保證，乃是耶穌基督自己。祂看見猶太民族的宗教教師——拉比和法利賽人——孜孜不倦地鑽研聖經，竟然屢次誤解和曲解聖經。所以耶穌啟導他們說：

「你們全神灌注地研讀聖經，滿心以為在聖經裏面找得著永生。其實聖經一直為我作見證，你們卻不肯直接到我這裏來得著真正的生命。」（約翰福音第五章卅九至四十節，腓力士譯本）

耶穌這一席話，是最中肯的話。我們得救的保證，不是在一本經書裏面，而是在耶穌基督本身裏，是在與耶穌建立親密聯繫而得的保證。聖經是十分寶貴，但是聖經的作者和它的中心人物——耶穌基督自己——要比白紙黑字的聖經寶貴得多了。

「你們雖然沒有看見過基督，你們卻愛祂。你們雖然在目前還看不見祂，你們卻因為相信祂，心中便充滿了不可言喻和滿有光榮的喜樂。你們正在接受自己信心所帶來的果效，就是你們的靈魂得救。」（彼得前書第一章八至九節）

用心研究彼得這番說話，我們可以確實知道，一位真心愛耶穌的信徒，在每天的生活中，可以體驗今日，現在，此時此刻（不祇是將來）得救的喜樂。這種靈性上的喜樂能以消除一切是否得救或不得救的疑惑。

我們將在下一章研究我們得救保證最重要的源頭，就是上帝本身的性格和耶穌給我們得救的保證。

本文大部分資料來自安德烈大學神學教授，特此致謝。

第二十二章　復臨信徒得救的保證（二）

甲、從上帝性格而得的保證

有些復臨信徒缺乏自身得救的信念，是因為他們還沒有充分認識天父上帝「熱愛」罪人的性格。英文詹姆氏聖經譯本有一個字，用了四十二次，中文和合譯本把這個字譯為多個不同的詞語。這個字的原意，是分擔別人的痛苦，所以筆者採用「熱愛」這一詞語，希望能包含中文譯本多個不同的詞語，如憐恤、憐憫、哀憐、可憐、慈憐、慈悲、悲憫和「就動了慈心」等等。

這一個字，被提出四十二次，有多次是描述上帝和耶穌對罪人的「熱愛」。當然，讀者也許已經分別地讀過下列描述上帝「熱愛」罪人的章節，但是筆者還是懇請讀者把這些經節一口氣讀完，深信必能更充分認識天父和耶穌的大愛，因而得著自己得救的保證：

「他們的心向祂不正，他們不遵守跟祂立的約。然而，上帝憐憫祂的子民，祂赦免他們的罪，不滅絕他們。」詩篇七十八篇卅七、卅八節

「我們不至於被消滅，是出於耶和華諸般的慈愛。因著祂的憐憫，我們不至斷絕。」耶利米哀歌三章卅二節

「主啊，祢是有憐憫有恩典的上帝，不輕易發怒，祢充滿了豐盛的慈愛和誠實。」詩篇八十六篇十五節

「上帝行了奇事，祂有恩惠，充滿了憐憫。」詩篇一百十一篇四節

「我的上帝阿，人們要述說祢的良善，歌頌祢的公義。耶和華有恩惠、有憐憫，祂不輕易發怒，滿有不改變的愛。」詩篇一百四十五篇七、八節

「耶和華他們祖先的上帝不斷地派遣先知去警告祂的子民，因為祂仍珍惜他們。」歷代志下卅六章十五節

「上帝雖然使我們憂愁，祂卻仍舊要照祂諸般的慈愛向我們施憐憫。」耶利米哀歌三章卅二節

「上帝阿，還有甚麼神能夠跟祢相比，祢赦免了劫後餘生的子民，祢又不長久懷怒，喜愛施恩惠，祢再一次以仁慈待我們，將我們的罪孽踏在腳下，又將我們一切的罪投於深海。」彌迦書七章十八至十九節

請讀者看看耶穌在世界上傳道時「熱愛」罪人的表現：

「耶穌周遊各市鎮鄉村，在各會堂裏教訓人，並治好民間的各種疾病。當祂看見一群群的人，就憐憫他們，因為他們困苦流離，像沒有牧人的羊群一樣。」馬太福音九章卅五、卅六節

「耶穌出來，看見許多的人，就憐憫他們，治好了他們的疾病。」馬太福音十四章十四節

「有一個痲瘋病人來到耶穌跟前，跪下來求祂說：「只要祢肯，祢能夠使我潔淨。耶穌動了慈心，伸手摸他，說：「我肯，你潔淨了罷。大痲瘋立刻離開了他，他就潔淨了。」馬可福音一章四十至四十二節

「耶穌來到城門口，剛好一隊送殯的行列出來，那死者是一個寡婦的獨生兒子。耶穌看見那寡婦，心中充滿了悲憫，就對她說：不要哭！然後上前按著抬架，抬的人就站住。耶穌說：年輕人，我吩咐你起來！那死人就坐起來，並且開始說話。耶穌便把他交給他的母親。」路加福音七章十二至十五節

耶穌講一個比喻，描述上帝對罪人的「熱愛」。祂說：「天國好像一個王，要跟他的臣僕結賬。侍衛把一個欠王一千萬圓的人帶到王面前。因為這個人沒法還債，王就下令把他賣作奴隸，連他的妻子兒子和產業，也要全部賣清還債。那人向王跪下哀求說：請寬容我罷！我一定把一切債務還清。王動了慈心，免了他的債，並且把他釋放了。」馬太福音十八章廿三至廿七節

耶穌所講最膾炙人口的浪子比喻中，形容上帝和耶穌對罪人的「熱愛」，說：「浪子起來走往父親家去，當他離家還遠，父親望見了他，就充滿愛憐之心，跑去緊抱著他，不停地與他親嘴。」路加福音十五章（上列經文都有「熱愛」一詞）

筆者一口氣書寫上列表達上帝對世人「熱愛」的經文，心中感覺有一陣無法形容的熱力（比溫暖熱得多）充盈在心靈裏。有這樣「熱愛」我們的上帝，我們怎能沒有得救的保證？為要避免誤解，筆者在引述上列描述上帝「熱愛」的經節之後，也應該把上帝的另一重要性格相提並論，免得有人視上帝為縱容姑息和溺愛孫兒的祖父（我也許是一個這樣的祖父）。要知道聖經也強調上帝是一位忌邪的上帝，祂萬不以有罪為無罪，因為祂的另一重要性格，就是公義。

乙、從耶穌而得的保證

上帝本著祂對世人「熱愛」的性格，便差遣自己獨生的兒子耶穌到世上來。耶穌在世上三十三年的工作和成就，為我們帶來了得救的保證。

首先，在祂受洗和禁食後，聖靈引導祂到曠野去跟撒但面對面作短兵相接，一決雌雄的戰鬥。一位新西蘭的神學家說：

「耶穌要根治人類的罪病，就得先行打敗撒但，打破撒但控制人類的權力。罪人被關在撒但國度的監牢裏，耶穌的責任是要把罪人帶進上帝的國度來。」

在曠野這場戰鬥中，撒但一敗塗地，便叫耶穌從此所向無敵，百戰百勝。耶穌說：「我靠上帝的靈趕鬼，證明上帝的國已經來到你們中間了。我也已經把壯士捆綁起來了。」耶穌看見撒但像閃電般從天上墜落，就是說他的大勢已去。當然，耶穌還沒有把他治死，所以我們世人仍然受到他的擾害。但是耶穌已經擊破了撒但的權勢，叫他苟延殘喘，等待被拋進硫磺火湖裏受永死的刑罰。為此，我們信徒得救的保證是千真萬確，無庸置疑的。

路德馬丁和另一位領導改正教運動的喀爾文，把耶穌的三重身份，大加發揮，簡述如下：

❶ 先知。先知是上帝的發言人，耶穌知道自己有先知的身份。祂指著自己對經學家和法利賽人說：「看阿，現在有一位比約拿更大的在這裏。」一切的先知是替上帝說話的人，從上帝那裏得到要說的話。耶穌本身就是上帝的話，所以祂比一切的先知都大。

❷ 祭司。在舊約時代，只有利未支派作祭司的，才有赦人罪過的權力。耶穌屬猶大支派（一切

君王都是從猶大支派而出），所以當祂對癱子說：「你的罪赦免了」，經學家和法利賽人不禁怒形於色，說：「除了上帝之外，誰能赦罪呢？祢簡直是狂妄干犯了上帝！」耶穌施行神蹟醫好癱子，證明祂有赦罪的權柄。

希伯來書強調耶穌在十字架上作成了赦罪的大工，然後直到今日仍不停地在天上的聖所為我們施行赦罪的工作。懷愛倫先知在歷代願望書中寫了一句極為精采的描述：「祂本身是祭司，祂本身也是受害的犧牲者。」

為叫我們有確實得救的保證，使徒保羅下了一個結論，說：「耶穌有著永不更改祭司的職位，所以那些靠著祂進到上帝面前的人，祂都能拯救到底，因為祂是長遠活著，為他們祈求。」這就是今日，二十一世紀，此時此刻信徒得救的保證。

3 君王。天使加百列奉上帝的差遣向童女馬利亞宣佈耶穌要降生的佳音時，說：「耶穌要為大，被稱為至高者的兒子，主上帝要把祂祖大衛的王位賜給祂。祂要作雅各家的王，直到永遠，祂的國永無窮盡。」

詩篇中的第二，四十五，八十九和一百一十篇被稱為王族之詩。新約聖經引用一百一十篇有三十三次之多。耶穌回答大祭司說：「將來你們要看見人子，坐在那權能者的右邊，駕著天上的雲降臨，」就是引用這篇詩。

路德馬丁和喀爾文論耶穌這三重身份——先知、祭司和君王——為信徒的得救，帶來最可靠的保證。

有一次，耶穌向一班經學家發一個問題，說：「你們對基督的看法如何？」這班飽學之士竟瞠目結舌，啞口無言。又有一次耶穌向祂的門徒查詢：「一般人說人子是誰」？

在耶穌的心目中，信徒對祂所存的觀念，極為重要。我們對耶穌若有正確的觀念，很有助於獲致得救的保證。相信讀者還記得有一天耶穌在會堂講道，眾人聽了大受感動，那些拿撒勒人卻竟說：「祂不就是那個木匠嗎？祂不就是馬利亞的大兒子嗎？雅各、約西、猶大、西門不就是祂的弟弟嗎？」他們便厭棄祂。

希律王相信耶穌是施洗約翰復活的化身。有些人相信祂是以利亞，或是耶利米，或是古代先知中的一位。我們看看四福音裏，當時的人怎樣稱呼耶穌，很能發人深省。那個憂憂愁愁離開耶穌不肯跟從祂的少年官員只稱祂為夫子，連民眾的宗教教師尼哥底母也只稱祂為拉比——教師。但是那個生來瞎眼被耶穌醫好重見天日的人，卻拜祂，並稱祂為「主」。馬大和馬利亞自然而然地稱祂為「主」。那位為病得要死的僕人來求耶穌救治的百夫長畢恭畢敬地稱祂為「主」。彼得在水面上行走忽然害怕正在要沉下去時不假思索地大叫，「主阿救我」！我們信徒在禱告時也常常稱上帝和耶穌為「主」。要知道從亞伯拉罕的時代開始便有了奴隸的制度和階級的存在。奴隸「主」高高在上，對奴隸嚴加轄制。奴隸的一切都屬於主人，奴隸的命運全操在主人手中。我們作耶穌信徒的人，能以作為祂的奴隸，可說是萬分有幸。祂處處為我們的幸福設想，無微不至。祂甚至說：「以後，我不再稱你們為我的奴隸（原文是奴隸，不是僕人），因為奴隸不知道主人的事。但我從父所聽見的一切，都已經告訴你們了，我是要稱你們為朋友。」耶穌對我們信徒這種深厚的恩情，就是我們得救的保證。

上文曾引述耶穌向門徒發出問題：「一般人說人子是誰？」他們回答說：「有人說祢是施洗約翰，有人說祢是以利亞，也有人說祢是耶利米，更有人說祢是古時先知中的一位。」

耶穌聽了，便問：「你們說我是誰？」

西門彼得回答說：「祢是基督，是永生上帝的兒子。」

耶穌大事讚揚彼得的回答，並說彼得的識別力不是出於他自己，卻是天父給他的啟示。天父親自啟示彼得，說明耶穌是基督。這特別的啟示叫我們得著從耶穌而來得救的保證。

基督，這名字的希伯來文字音是彌賽亞。這名字的希伯來文字義是受膏（把膏油澆在頭上）者，所以當代聖經譯本把詩篇第二篇二節譯為「祂（上帝）所膏立的王」，很合原文的意思。

耶穌是受膏者，祂被上帝封立有三個職位，前文已提及，茲再簡述一次：

❶ 先知。耶穌在世人面前代表父上帝。（申命記十八章十五節）

❷ 祭司。耶穌升天後，在父上帝面前代表罪人。（撒迦利亞書一章十一至十四節）

❸ 君王。耶穌從罪的權勢中釋放了一切信靠祂的人，更要把他們接進將來榮耀的國度裏。

耶穌時代猶太國的宗教領袖仇視耶穌最大的原因，就是祂多次宣稱自己的神格：「我與父原是一體」、「看見我就是看見父上帝了」、「天父使人尊敬兒子、像尊敬天父一樣」。此外，有一次耶穌對法利賽人和經學家說：

「你們的祖宗亞伯拉罕曾歡歡喜喜地仰望我的日子，他一看見了，就非常快樂。」

他們問祂說：「祢還不到五十歲，祢見過亞伯拉罕嗎？」

耶穌回答：「我確實的告訴你們，亞伯拉罕還沒有出生，我已經存在了。」

法利賽人和經學家聽聞這話，怒不可遏，便拾起石頭要擊打耶穌。

為甚麼？因為耶穌說「我已經存在了」，就跟耶和華上帝向摩西說「我是自有永有的」是同一詞語。親愛的讀者，我們所信賴的耶穌原是三位一體真神中的一位，祂給你我得救的保證，是最可靠的保證。祂憑著自己的神格說：

「認識天父是惟一的真神，並且認識天父所差來的耶穌基督，這就是永生」，（永生是在現時開始）

「凡是天父賜給我的人都會到我這裏來。到我這裏來的，我絕對不會拒絕他，或丟棄他」，

「凡接待我的，就是接待差遣我來的那一位。」

筆者不幸善忘，但是多年前曾拜讀過一位本會神學家的論說，一讀便不能忘記。他的大意是說：上帝絕對不會叫人歸信祂之後，便一輩子過著徬徨、徘徊、猶豫不知去向，全無得救保證的生活。這是非人的生活，還比不上酒徒的生活。酒徒尚能知道自己的去向，就是沉迷醉鄉，說：「我酒醒了，還要再來多乾一杯！」（見箴言廿三章）

有人批評基督復臨安息日會相信查案審判，所以得不著得救的保證。其實查案審判乃是聖經的要道，聖經提到審判一詞，有二百次之多，說明上帝要審判世上的每一個人。讀者可從下列幾節經文中知道雖然我們必須站在上帝的審判台前受審判，然而藉著全心全意信賴耶穌，我們可以獲致得救的

保證：

「上帝所立定的耶穌，要作審判活人和死人的主，」

「天父不審判任何人，祂把審判的事交給兒子，」

「耶穌是按著公義審判人的主，」

「住在愛裏面的，就是住在上帝裏面。這樣，愛就藉著我們完全實現了，我們就可以在審判的日子，坦然無懼。」

有這樣得救的保證，我們應要誠心感謝上帝這一盡善盡美的安排，專心等候耶和華的大日來臨。

保羅深明審判的道理，卻有得救的保證。他說：「按著定命，人人都有一死，而且死後還有審判，」他侃侃而說：「我離世的時候到了。那美好的仗，我已經打過了，當跑的路，我已經跑盡了，所信的道，我已經守住了。從今以後，有公義的冠冕為我存留，就是按著公義審判的主到了那日要賜給我的。」筆者寫到這裏，喜極而泣，不禁老淚縱橫。保羅說出審判，卻懷存著多麼確實得救的保證，為我們帶來絕為振奮的佳音！

基督復臨安息日會還強調另一項真理，是信徒得救保證的大好消息，就是今天耶穌仍在天上的至聖所裏，為我們得救的事工工作。保羅說：

「我們有這盼望，正像靈魂的錨，既可靠、又牢固，一直通入天上聖所的幔子裏面。耶穌又為我們作了先鋒，先到了那裏，早已成為與麥基洗德同等地位的永遠大祭司，替我們先進入幔子裏面。

「所以凡靠著耶穌親近上帝的人，耶穌能把他們拯救到底。因為祂是永遠活著，替他們求告上帝。」

親愛的讀者，我祈求上帝藉著祂的話，為你帶來得救的保證，阿們，阿們。

本文大部分資料來自安德烈大學一位神學教授，特此致謝。

第二十三章　復臨信徒得救的保證（三）

到過美國南部好幾省觀光的人，常常會吃一驚。你在街上走，陌生人從後面來輕輕拍一下你的肩膀，問你一聲說：「朋友，你已經得救了沒有？」他們的用意很好，提醒別人想想個人得救的問題。

也許讀者記得使徒彼得在五旬節講道，發揮耶穌救贖罪人的真理，聖靈大大感動聽眾，他們便向彼得詢問得救的途徑，彼得說：「你們各人要悔改，奉耶穌基督的名受洗。」那一天有三千人悔改受洗，這三千人得救了。之後，一連多日更多人受洗，上帝把得救的人，天天加給教會。根據上述經文的啟示，人在受洗的時候，便成了得救的人。假若耶穌在我受洗那一天回來，又或我在受洗那一天去世，我是得救的人，有永生的福樂，這是毫無疑問的。

但是以絕大多數的信徒來說，他們受洗那一天耶穌沒有回來，他們也沒有因車禍或心臟病突然死去，這便產生了對自己得救保證的問題。筆者受洗已是六十年前的事了，我現在還是一個得救的人嗎？

路德馬丁是德國人，是最有名望的宗教改革家。與他同時代的喀爾文，是法國的宗教改革家，有些宗教歷史學者說他是長老會的創立人。喀爾文是神學家，大事發揮上帝至大無比的權能，可惜他走極端。為要叫人知道上帝的大能和上帝的全能，他創立了預定論，就是宿命論。簡單地說，預定論謂上帝用極權管理宇宙，祂預定了世上每一個人的命運，或得永生，或要永死。所以一個人對自己永遠的命運，絕對沒有干預的可能。舉例來說，假如上帝預定筆者永遠墮落，永遠在地獄中被燒，那麼，不管何漢從畢生對上帝一切的律法規例唯命是從，唯命是聽，也全無濟於事，結果還得永遠受刑，因為上帝有無尚權力預定何漢從的命運，何漢從（或任何人）絕沒有改易或選擇的機會。

反之，假如上帝預定何漢從要得永生，則何漢從可以一生為非作歹，無惡不作，結果還可以到天堂享受永生的福樂，因為上帝可以行使極權，預定何漢從得永生。有神學家稱之為「不可抗拒的恩惠」（想不到一位聰明過人的神學家，竟然創立與聖經背道而馳的錯誤理論，殊屬不可思議，我們尋求真理，尚須極度謹慎）。

是以對「我有沒有得救的保證，我是不是已經得救的人」這個問題，喀爾文的回答：「那完全在乎上帝的選擇，在乎上帝的決定，我們不過是局外人，無庸去思考這問題。」

喀爾文辭世前四年，在荷蘭國出生了一位宗教家，名叫亞美尼，他花費畢生的歲月，反駁喀爾文的錯誤。亞美尼的工作和影響，成立了循道會。他強調上帝給人人自由選擇的權力，所以我們對自身永遠的命運，要負全部責任。約書亞對以色列人說：「你們今日要選擇你們要事奉的神。」耶穌第一次講道便教導我們要選擇行走窄路，進入窄門，不要走在滅亡的大路上，也不要進入寬廣的大門。

我們要怎樣回答下述這個問題呢？「我在十五、廿五、卅五年前受洗，我今天是不是一個得救的人呢？」我認為要找到正確的答案，羅馬書第八章便是很好的一章。第十四和十五節說：「有上帝聖靈引導的人，都是上帝的兒女。因你們所接受的聖靈，是不會使你們再作奴隸，仍然害怕。聖靈要使你們作『孩子』，名正言順地稱上帝為阿爸，父。」這節聖經裏的「阿爸」是希伯來文，很湊巧，希伯來文也像中文一樣，就是父親。「父」是希臘文，也就是父親。所以這裏的「阿爸，父」稱上帝為父親父親。全本聖經中只有三次把父親父親連用在一起。保羅在加拉太書討論上帝收納我們罪人，祂是多麼紆尊降貴，更是多麼不可想像的偉大，祂的恩情是何等浩瀚。保羅的情感大為激動，對他來說，這是大喜過望的好消息，叫他驚心動魄，就在他的情緒亢奮，達至高潮的時候，「阿爸，父」便衝口而出了。

當然，在最悽慘情況中，也有呼叫「阿爸，父」的。耶穌在客西馬尼園的生死關頭中向上帝呼求。有些評經家說，耶穌很有死在客西馬尼園的可能，因為祂在這裏與黑暗的權勢作生死的爭鬥。懷愛倫夫人說：「耶穌在進入這園子的時候，開始負起全人類的罪擔，因而感覺已經與天父隔離，這是令祂最難忍受心靈上的痛苦。為此，祂每走一步路，都感到非常喫力，大聲呻吟，似乎是被重擔壓著。若不是門徒扶著祂，有兩次就要跌倒在地上。所以祂對門徒說：我心裏十分憂傷，幾乎要死。祂的汗珠有如血點，滴在地上。」耶穌為救贖我們，忍受了這麼慘痛的苦難，實在是我們信徒得救最大的保證。

就在這生死關頭中，祂向天父祈求把這苦杯拿走的時候，呼喊上帝說：「阿爸！父。」有一位學者說，猶太人的一切經書中，絕對找不到任何人曾稱呼上帝為「阿爸」。中文把它譯為「阿爸」，真是天衣無縫，符合字音，也符合字義（英文依字音譯為「阿爸」，便完全沒有父親的含意了，因為英文沒有一個「爸」字可以代表父親）。基督復臨安息日會聖經字典說：阿爸這個字，是亞蘭文，亞蘭文與希伯來文相近，在耶穌時代的猶太人都說亞蘭語。阿爸是亞蘭文的俚語，也就是通俗語，是作詩詞和大雅文章所不用的字，因為這是年幼孩童對父親所用親暱的稱呼，有點像撒嬌懇求父親寵愛的意味。耶穌用「阿爸」稱呼上帝，是教導我們要與天父建立十分親密的關係。有了這親密的關係，我們便確實知道自己是上帝的兒女，也知道自己在十五、廿五或是卅五年前受洗，今天仍是有得救保證的信徒，因為今天我們仍是天父的兒女。

請繼續研讀使徒保羅論信徒得救的保證，他說：「這位聖靈與我們的心一同作見證說我們是上帝的兒女。既然是兒女，當然便有承受的權利，叫我們可以與基督一同承受上帝的產業（羅馬書八章十六、十七節）。看看保羅在他受洗多年後、多麼確實地知道他是一個得救的人。這並不是憑他的想像以為自己得救，以為自己是上帝的兒子。「這位聖靈與我們的心一同作見證」，中文翻譯與原文有些分別。原文是說：「這位聖靈向我們的靈作見證說我們是上帝的兒女。」這就是說，偉大無比的聖靈向我們極度微小的心靈作見證說我們是上帝的兒女。親愛的讀者，聖靈現在對你說：「你是上帝的兒女」，你肯相信祂嗎？

此外，保羅在這裏使用法律上的詞語，「作見證」，具官方的權力正式地宣佈說：「我們是上帝的兒女」。使徒約翰也有同一樣的保證，他說：「你們看，天父是何等的慈愛，竟讓我們稱為祂的兒女，我們也實在是祂的兒女！」

前文提及喀爾文和亞美尼兩派信徒，他們都十分喜愛羅馬書八章十六節的話。喀爾文派說，假如上帝預定我是祂的兒女，我便絕對不能不得救，因為我沒有自由選擇的權力。有許多基督教徒相信「一次得救，便永遠得救」的理論。這是不合乎聖經的理論，看看出賣耶穌的猶大，便可知道這理論是不可以取信的。

亞美尼派的信徒深信自己是上帝的兒女，可惜他們也走極端。他們相信上帝給人人有自由選擇的權力，當我們接受耶穌作我們的救主，當我們決心受洗歸主那一時刻，我們就是上帝的兒女，就是已經得救的人。可是，因為我們是自由自主有選擇權力的人，下一分鐘，下一週，下一個月，下一年，下十年就不能肯定是一位得救的人了，因為我們隨時可以反叛上帝，因之而失去得救的保證。不錯，聖靈在這一時刻向我作見證，但是下一時刻便不能預知了。有一位神學家批評這一派人的錯誤，說：「最理想的，就是他們在受洗從水裏出來的時候，便立刻死去。」其實這也不可信靠，因為這一派信徒所信奉的教義，說：就算我們到了天國，也不能保證有永生的福樂，因為天國的子民仍有自由選擇的權力，仍有反叛上帝的自由。

顯然，這種理論完全不合聖經的教導，保羅說耶穌是為我們信心創始成終的救主，又說上帝在耶穌基督裏保守信徒的心懷意念。彼得說信徒是蒙上帝能力保守的人。耶穌的弟弟猶大在猶大書說信徒是在父上帝裏蒙愛，被耶穌保守的人。他又說耶穌能保守我們不失腳。耶穌更親自說信徒可以保守生命到永生。在祂為門徒所作最長的禱告中，祂多次求上帝保守門徒，又說除了猶大，沒有一個是滅亡的。耶穌說上帝的旨意乃是叫祂賜給耶穌的人，一個也不失落。

我有一位朋友是神學家，他說：「我們在接受耶穌的時候，便是一次得救的時候。只要我們永遠保持在得救的境況中，我們便是永遠得救的人。」在這種情形之下，一次得救便永遠得救的理論是合乎聖經的理論。

我們也可以從亞美尼派的理論中獲得一些屬靈的幫助。有一位智慧者曾說：「昨天已經過去，永不再來。明天還沒有來，有可能不是屬於我們的。只有今天，只有現在，纔是屬於我們的。」聖經說：「今天你們聽見上帝的呼喚，就要來歸向祂」；「總要趁著還有今天」；「看阿，現在正是上帝悅納人的時候，現在正是上帝拯救人的日子。」這並不是說上帝在明天不肯悅納拯救人，而是明日我們也許已經不在人世，又或我們仍然生存，但是我們變幻莫測的心境，到了明天也許絲毫不感受上帝的大愛，也未可知。

原諒我再說一次，上帝絕不會把我們帶到耶穌面前來，卻叫我們一輩子在徬徨、徘徊、觀望，不知道自己是不是已經得救的人。使徒保羅告訴我們怎樣可以知道自己得救或是不得救，他在希伯來書六章九節說：「親愛的弟兄姊妹們，雖然我們這樣說，卻深信你們的行為比這更好，並且得救。第十節：因為上帝並非不公義，竟忘記你們為祂所作的工作，和你們為祂名所顯的愛心，就是從先前直到如今，毫不間斷地幫助和服事聖徒。第十一節：我們願你們各人都繼續顯出這樣的熱心，一直到底，使你們的盼望是真實可靠的。第十二節：你們不要懶散，卻要效法那些憑著信心和忍耐承受應許的人。」

細心研究這段聖經，保羅給我們五個方法查察自己在得救路途的進度：

❶ 第九節說：「我們卻深信你們的行為比這更好，並且得救。」有一本意譯本把這節經文譯為：「我們卻深信你們正在結好果子。」好行為絕對不能為我們賺取上帝的救恩，好行為卻叫人知道自己人生的去向和生活的方針是對的。

不久前我去探望一對夫婦。他原是會計師，美國的會計師收入十分可觀。他和妻子買大房子、買名牌汽車、買許許多多物品，錢還是用不完。他們卻感覺這樣的生活沒有意義，便回到香港和新加坡，在本會學校工作，薪金低微，十五年如一日。他不幸患上肺癌，化療給他很大的痛苦。他計畫三週之後要回到學校去教學，因為學校需要他。

我是個基督徒，假如我在世界上只作物質上的追求，我就是長妨害禾苗生長的莠草，而不是結好果子。

❷第十節的總意，說明一個得救的人不斷地為上帝作工，在幫助別人的事上顯出對神和對人的愛心。一個得救的人，是以助人為快樂之本的人，是有上帝那樣性情的人。

❸第十一節概說信徒愛神愛人不是五分鐘的熱度，而是他們生活的方式。新約聖經曾提及的多加便是一個好例子，她廣行善事，多施賙濟。

❹第十一節一再重申：你們各人要繼續顯出熱心，一直到底。絕大多數的信徒，在受洗的時候乃是最熱心的時候，這也就是啟示錄書所提及「起初的愛心」。有人問司布真牧師說：「我們怎樣能知道自己是不是在往天國的路上行走？」

司布真牧師回答說：「假如你在憂慮自己是不是在往天國的路上行走，你已經是在往天國的路上行走了。」我們若時常思想自己靈性的狀況和愛主愛人的問題，這足以證明我們實在是上帝的兒女了。

❺第十二節，保羅勉勵我們千萬不可懶散。我們是基督的精兵，不管是平時或戰時，軍人的生

活絕對不能懶散。何況與撒但戰鬥，分秒必爭，絕無休止的時刻。

不久前，我閱讀一位牧師寫給教友的信。該信鼓勵他們與上帝之間建立密切的關係，以便因之而獲致得救的保證，信中有一段說：

「我的朋友收養了一個十來歲的男孩作為養子。這個孩子曾多次被人收養，卻多次被人趕走。我在這朋友家的時候，看見這孩子不停地做工，意圖討好養父養母，諸如吸塵、洗碗、收拾睡房等等，幹個不停。我覺得十來歲的孩子這樣做工，並不正常。但是我想到：他經歷過去多次慘被趕走的遭遇，促使他現在便要做個好孩子，但求不再被趕，是合情合理的。

「一年後，我再到這位朋友家中探訪，又看見這個十來歲的男孩。我內心要說，我從來沒有看見過比他更有安全感的小伙子。他的舉動處處顯出自由自在十分自然。他知道養父安排他每週吸塵兩次，有時還要養父催他，他才動手。為甚麼？因為他已經得著養父母不會把他趕走的保證。」（我讀完牧師這信的時候，在信紙上空白處寫了幾個字：「我讀完這信，滿眼是淚。」雖然我不好，應當做的事還須被催才動手，但是我的天父絕不會把我趕出去。祂必繼續不停地幫助我，扶持我，催促我。）

兩百多年前，英國有一位十分愛上帝的牧師，名叫羅賓遜，寫了一首聖詩，名為「萬福根源」，在許多教派的聖詩本裏，大都採用，成了千萬基督徒喜愛歌唱的福音詩。（時兆出版社一九九一年出版的讚美詩，第一百九十三首）可惜在做了多年牧師之後，他丟棄上帝，辭去牧師職位，到法國的巴黎城去墮落罪網之中，自然失去了得救的保證。一天晚上，他和一位剛接受耶穌為救主的女士同乘馬車。這位女士在車上為他誦讀「萬福根源」詩中的第一節：

全能上帝，萬福根源，懇求使我樂讚美

上帝恩典，如河長流，我們高聲頌恩惠

女士問他喜不喜歡這兩句詩，他沒有回答。女士轉眼去看看他，見他老淚縱橫，他便泣不成聲地說：「妳問我喜不喜歡這兩句詩，這是我多年前作的詩。可惜我丟棄了上帝，遠離了祂，再找不著回到上帝懷抱之路！」

女士低聲回答說：你這首詩的第二節，豈不是指明回頭之路？它說：

有時如羊，迷失正路，主如牧者來尋找

並救我難，為我捨命，主流己血真至寶

女士繼續說著：「你這首詩的第一節：上帝恩典，如河長流，今天晚上，這河在巴黎城的街道上湧流不息。」就在馬車上，羅賓遜把他的心靈再一次獻給耶穌，立即取回得救的保證。

河流，是代表上帝救人恩惠十分美好的表號。耶穌又用另一個美好的表號，說明上帝救人的恩惠，祂說：「我是門，凡從我進來的，必然得救。」不久前，我認識的一位本會神學家說他在電腦網絡中看見一則趣話，把因信耶穌而來得救的保證，發揮得十分透徹，筆者將之作為總結這三篇討論復臨信徒得救保證的文字，想是很合適和達意：

話說教會裏有位執事，名叫鍾士。他升到天上去，要進入天國時，當然來到珍珠門前，這道聳高的巨門，嚴嚴緊閉。這一類的趣話都說彼得把守著大門，他告訴鍾士任誰都要有一千分才有資格進入天國的大門。鍾士聞言，大驚失色，一千分是十分高不可攀的要求。他懷著一線的希望對彼得說：「你我每個週末都到教堂崇拜，六十八年如一日。」彼得查查鍾士的記錄冊，果然確有其事，說：「你說得對，給你兩分！」鍾士心想，「我需要一千分，這纔是兩分！」他告訴彼得這六十八年內他捐助堂費捐、建堂捐、生日捐、生利捐、感恩捐、國外佈道捐……。彼得把冊子上的數目總加起來，實在鉅大可觀，說：「你對教會真是十分慷慨，這值得一分！」鍾士說：「還有，我忠愛妻子五十三年，值多少分呢？」彼得說：「真好，給你一分！」他說：「我畢生愛教會，擔任執事的工作，又義務為社會福利效勞，千萬小時，」彼得說：「不錯不錯，再給你半分好了！」

他需要的是一千分，這一切的一切，只值四分半，他再也想不出還有甚麼功德，甚麼好行為可以告訴彼得，多賺幾分。他知道這是他的絕境，便在無望的慘況中向彼得大叫說：「我無望了，我祇能靠賴上帝的恩典才有進入天國的希望！」彼得聞言，便把珍珠巨門大開，對鍾士說：「請你進來！」

親愛的讀者，在上帝那裏，希望之門，永遠大開，永遠給我們罪人有成為上帝兒女的機會，永遠給我們有得救的保證。感謝主！讚美主！阿們。

第二十四章　復臨信徒與人生的苦難（一）

耶穌給門徒臨別贈言說了一句話：「你們在世上會遭受苦難」。這就是說，我們信靠耶穌的人，會在人生中遭受患難痛苦。聖經說：「罪是從一個人進入這個世界，死亡也就隨罪而來，於是死就臨到眾人，因為眾人都犯了罪。」我們遭遇最大的苦難就是死，它包括了人生中一切的苦難。不管或重或輕、苦難乃是我們在罪惡世界中必有的遭遇，是意中事，不是意外事。耶穌教導我們祈禱，求上帝「救我們脫離兇惡」，要知道苦難給我們帶來的眼淚，須到新天新地裏，才可以完全被擦去。

有時信徒以為作了基督徒，便好像為人生中的苦難買了保險。我記得一九三〇年代的時候，在廣州有一位很虔誠的信徒對我說：「我沒有聽聞過那一位基督復臨安息日會的信徒意外喪生，譬如車禍，飛機失事等。我們作信徒的不會遭受這些不幸。」殊不知一九三〇年代本會在中國的教友人數稀少，能坐得起飛機去旅行或擁有私人汽車的更是鳳毛麟角。

有醫學常識的人都知道吸菸是患肺癌最主要致因之一。在理論上，出生在基督復臨安息日會家庭的人，一輩子沒有抽過菸，家中也沒有嗜好抽菸的人，家人應當不會患上肺癌才是。有人曾經在美國加里福尼亞州的一個小小市鎮作一次調查統計，當時這小鎮——羅馬林達——的居民絕大多數是基督復臨安息日會的教友。這裏有教會主辦的醫科、牙科，及其他保健科目的大學和教學醫院。教友們不喝酒、不吸菸、不喝咖啡，注重適度的休息和運動。有人把這區居民的健康情況，跟幾哩外另一些非信徒居民的健康情況作個比較。很顯然地該小鎮教友們的健康在在都比外地非信徒們的好得多。但叫人大惑不解的，就是當地教友中患上肺患的，仍然大不乏人，試問理由何在？

由於本文開宗明義所提及的「罪」，便可以找到合理的答案；因為空氣污染能致肺癌，正是人類犯罪的結果。自古至今最有智慧的所羅門王說了一則至理名言，他說：「人人都有同樣的遭遇。不管善人或惡人，好人或壞人，虔誠人或不虔誠人，獻祭的或不獻的，都是一樣的。」這裏，所羅門王是指「死亡」而言，但是他的話也可以適用在日常生活中「苦難」二字上面。

苦難有輕有重，輕者像「不如意事十常八、九」，重者如失業、婚變、無妄之災、橫禍飛來，家散人亡等是。

想到耶穌說信徒在世上有苦難，我便想起一位非洲虔誠女信徒的悽慘遭遇。她自己染上了痲瘋病，在痲瘋病院治療的期間，她的兒子患上小兒痲痺症而死，她的丈夫得了癌病，她的妹妹因車禍喪生。其後，主治醫治要把她的雙腿割掉。最令人為她哀傷憐惜的，就是眼科醫師召請護士為她滴眼藥，護士取錯了藥瓶，竟把烈性的酸液滴在她的眼睛裏，叫她雙目失明。幸而這樣悲慘的遭遇，沒有臨到絕大多數信徒的身上。

我又想起一位跟我一同在澳洲本會神學系畢業的牧師。他連續得了幾個神學博士學位，在神學院任教多年，我們兩家很要好。不久，他的妻子患上癌症，多年受苦，最後，癌細胞蔓延到脊骨，疼痛至為劇烈，醫生動手術把脊骨某部分的經經割斷，卻沒有收止痛之效。再動一次相類的手術，竟叫她半身不遂，在輪椅上過活。可敬佩的她，從來沒有發過一句怨言。她在很長的時日中，天天嘔吐、體重日減，從一百六十多磅減至六十六磅，「骨瘦如柴」並不足以語此。結果，她遺下三個幼小兒女而死，離開這一充滿苦難的世界（她忠愛上帝到底）。

我這位神學家友人寫了一些感言，茲簡錄如下，以與讀者分享：

第五世紀時羅馬城有一位大政治家，為了衛護基督教而著書立說，卻被仇人誣告賣國而被監禁九個月，終於未經審訊便被處死，十分不合公理。許多信奉上帝的人，若遭受這樣的牢獄生活，必要埋怨上帝。可是這位堅信上帝的政治家在監牢裏寫了一本書，倡言：人不應當發問這樣的一個問題：

「上帝若真是存在的話，為甚麼世界上還有罪惡的存在？」

假如有人堅持要發出這一個問題，他便必須要發出第二個問題：

「上帝若不存在的話，為甚麼世界上尚有良善的存在？」

古今一切的神學家從沒有把人生中的苦難這個問題作一個徹底的研討。所以當橫禍飛來時，受難的人自然而然地問：「為甚麼？」「為甚麼？」對於這些合情合理的問題，很難找到叫人滿意的答案。

有人說：為建立堅強的品格，苦難是有益處的。不錯，這話有一部分的真理。但是我們也知道有許多人因受苦難，便離棄上帝，反叛上帝。

也有人說：人受苦難，是因為自身罪惡滿盈。據約伯書說，這種理論並不健全。

又有人說：不管信徒患甚麼病，只要憑信心求，一定可以得到痊癒。這樣的立論，是干犯上帝的旨意。聖經論到最偉大的使徒其中之一就是使徒保羅，他三次懇求上帝把他肉體上的那根刺（很可能是他的眼疾）除掉，上帝只說，我的恩典足夠你用。又有誰敢說自己的信心比保羅更大？

更有人說：上帝這麼愛你年幼的兒子，所以一早便召他回到天家去。又或說你的信心這麼大，所以上帝才把這麼重的擔子付給你。受難者正在極大的苦難中，很可能會切望上帝一點也不愛他的幼兒，或切望自己沒有一點信心就好了。

在耶穌對門徒說過「你們在世上會遭受苦難」之後，祂立刻跟著說：「但是你們可以放心，我已經勝過了世界。」就是因為耶穌已經勝過了世界，祂對保羅要除掉肉身裏那根刺的請求，可以不說「好罷」，也不說「不成」，而只說「我的恩典足夠你用的」。這個回答為我們信徒帶來極大的幫助，請看看主僕司布真牧師的經驗。

司布真牧師是十九世紀英國最負盛名的佈道家。有一次，英國遭受一場極可怕的流行病，千萬人喪生。司布真牧師到倫敦醫院探訪一位垂死教友，回家後，心裏充滿了失望、悲觀、沮喪、志氣消沉、心灰意冷（倘若信徒徒陷在這樣的境況中，魔鬼便會利用這千載一時的機會，叫人向上帝生發懷疑和不信的念頭）。上帝的聖靈把司布真熟習的聖經話語，再帶進他的心坎裏，他的腦子呈現出三個景象（三幅圖畫）。首先，他看見創世記描述埃及國宰相約瑟在七年豐收之後，積存有千百座糧倉，倉房中的五穀像海邊的沙，多得無法計算。司布真在想像中看見一隻小老鼠在一座巨大的糧倉底下，用它細小的口吃幾粒麥子。小老鼠吃了幾粒，便閉口不吃，害怕若再多吃幾粒，也許會把全倉的麥子吃光了，不是糟透了嗎？然後司布真聽聞約瑟對它說：「小老鼠，照你所需要的，多吃麥子罷，我這許多糧倉裏像海沙那樣多的麥子，是夠你用的。」

在第二幅景象中，司布真看見一條小魚在流經倫敦市長達二百五十英哩的泰晤士大河裏喝水。忽然，小魚閉了口不喝河水，它想：「我若把河水喝光了不是糟透了嗎？」司布真聽聞大河低聲說：「小魚阿，照你所需要盡量喝水罷，我這無限量的水是夠你喝的。」

最後，他看見一個又矮又小的人站在山頂上，忽然呼吸緩慢下來，害怕若把空氣吸盡了，那不是糟透了嗎？司布真聽聞風中有聲音說：「人阿，照你所需要的氧氣，大力呼吸罷，我的空氣是足夠你用的。」

司布真牧師登時大笑了一回，後悔自己的小信。對信靠上帝的人來說，祂的恩典是足夠有餘的。並且在基督徒的生活中，天父足夠有餘的恩典往往要在我們無法可想或無計可施的絕境中，始得更充分地顯明出來。司布真牧師當時又想起保羅的另一句話，說：「當我軟弱無能的時候，正是我靠主剛強的時候。」（哥林多後書十二章十節當代聖經譯本）

聖經以罹難為主題的論述，只有約伯記最為詳盡。全書有四十二章，其中絕大部分的三十五章，是約伯和他三位朋友的辯論。我的聖經老師說，這是三個回合的討論，在第一個回合中，三位朋友輪流交替說：犯罪作惡的人，便要遭苦難受刑罰，約伯，你這樣受苦，證明你是犯了罪。在第二個回合中，他們說：約伯，看你受大苦，你一定是犯了大罪。在最後的回合中，他們說：你所受的是最大的苦，證明你是犯了最大的罪。

這三個朋友的結論委實是大錯特錯，因為約伯是一位「完全正直，敬畏上帝，遠離惡事」的人。約伯用了二十四章的篇幅答辯，裏面向上帝提出許許多多關於他受苦受難的問題：

為甚麼這些苦難臨到我身上？

為甚麼上帝這樣不公平待我？

為甚麼上帝這樣遠離我？不看顧我？

假如我今日因車禍躺臥在醫院病床上，口鼻和雙臂分別吊著氧氣管，輸血管，流質食物管以持續生命，滿身疼痛。又或龍捲風把我的房子毀掉，妻子兒女因房屋倒塌而喪生，我自己也遍體鱗傷。以基督徒的立場來說，我的思想，我的禱告很可能瀰漫著苦惱和猜疑。從前我深信祂是仁愛為懷的上帝。但這一切的慘遇，叫我大起懷疑之心。我會說：我唯一所想所求的，就是這位我所敬奉的上帝親自下來找我，向我解釋這一切悲慘遭遇的前因後果。是的，我要全心全意信靠祂，但是我在這樣的苦況中，又怎能信靠祂呢？祂若肯跟我談談，我便可以忍受這一切的痛苦。

果然，上帝紆尊降貴從天上下來，在旋風中長篇大論地向約伯說話，奇怪的是（對我們世人來說，很是奇怪），在上帝的「回答」中，卻沒有正面回答約伯的問題，沒有解釋為甚麼約伯要遭受苦難（全本聖經中也沒有多少解釋苦難的經節）。上帝採用了四章的篇幅，暢論大自然中的海，雪、雹、雨、星辰、飛鳥、野牛、野驢、獅子、河馬和鱷魚等現象，然後問約伯懂不懂自然界生物的生長程序？這就是上帝的「回答」。有些聖經學者認為上帝這樣的回答，是答非所問。這是他們從人類十分有限度的觀點去看那位廣大無涯上帝而引起答非所問的結論，實際上，上帝並不是答非所問，祂乃是對約伯說：

「要向你解釋這好些『為甚麼』，就像向一隻螃蟹解釋愛因斯坦的相對論。你若不能完全明白太陽怎樣在每天早晨東升，雷轟、電閃從可而來，或河馬肌肉骨骼的構造，你怎能判定我行事公平或不公平呢？」

親愛的讀者，你能相信嗎？約伯聽了上帝這似乎是答非所問的一番話，竟心悅誠服地說：「上帝阿！我剛才瞎說著一些自己完全不知道，又不明白的事。這些事對我來說，簡直是太奧妙了。我實在厭惡自己，我要在塵土和爐灰中悔改！」

生活在科技知識突飛猛進廿一世紀的人，多的是不喜歡承認對有些事情完全不知道，也不明白。對上列約伯所發的問題，連上帝也不給予甚麼答案，當然誰也不敢冒昧提供答案。但是我們可以猜度為甚麼上帝不給答案，有一位神學家作出下列的猜度：

❶就算得著為甚麼受苦難的正確答案，還是一點也不能減少受難者的苦痛。聖經中尚有一本書，像約伯記一樣向上帝提出許多「為甚麼」的問題。耶利米哀歌甚至說上帝成了以色列人的仇敵，其中許許多多的問題充滿了對上帝失望、忿怒、怨尤之意，比約伯書有過之而無不及，像：「耶和華阿，祢存在到永遠，卻為甚麼永遠忘記我們？為甚麼把我們棄絕了這麼長久？」便是一個例子。但是在這本書裏面，耶利米多次提及以色列人遭受苦難，是因為他們全國向上帝大大犯罪。可見知道遭受苦難的原因，卻一點沒有減輕他們的苦痛。

❷假如上帝果真給世人率直的回答，以我們極有限度的思想，也不能明白，所以就算得著答案，也於事無補，一點沒有幫助。

這就是信心大有用武之處。我的年輕時代信徒很喜歡唱一首聖詩，大意是說，雖然我們對自身所受苦難發生疑問，現在沒有答案，也不能夠明白，卻可以藉著信靠至善至美的上帝，知道終有一天，祂會向我作出完美的解釋，叫我們明白祂至公至正和至善至美的安排。

沒有基督徒信心的人會說：「你們信徒遭受苦難時，像約伯那樣絲毫不怪責上帝。但是有甚麼好事臨到你們，你們便說是上帝的賜予，感謝祂的恩惠。」啊，說得一點也不錯，這就是信心，信賴這位最良善最仁愛的上帝，至終必使信祂的人得到最大的福樂。我們將要在下一章先行討論兩種不同的信心，藉以闡明上帝無窮無盡的慈愛。

第二十五章　復臨信徒與人生的苦難（二）

從聖經的觀點來說，人生的苦難和基督徒的信心，有極密切的關連。我年幼時代中，許多父母教導兒女背誦希伯來書第十一章。全本聖經裏，這是討論信心和苦難最膾炙人口的一章。

這一章聖經裏面，在受苦受難時顯出絕對信靠上帝之心的人中，有以喜劇為收場的，也有以悲劇為收場的。記得三十多年前買了一本很厚的書，令我廢食忘寢，手不釋卷把它一口氣讀完。書中的內容是描述在歐洲某極權國家裏的一家基督教徒，受不住宗教的壓迫而冒生命的危險，投奔自由。他們沒有旅行證件，沒有多少金錢，日宿夜行，躲避軍警，不住地禱告，上帝果然百次聽他們的呼求，幫助他們過了一關又一關，多次得天使特別以人形顯現引路，供給渡河的船隻，事後卻再也看不到引路的人和渡船。他們的信心與時俱增，多日後果然進入自由的地域裏，以喜劇收場。希伯來書十一章中大有這樣的人，如亞伯拉罕，約瑟，「有婦人得到自己的死人復活」，但以理封住獅子的口，他的三位朋友滅了猛烈的火勢。這是第一種信心，由於上帝有求必應因而產生的信心。

固然，約伯也是以喜劇收場。他從苦境出來之後，上帝賜他雙倍的福氣，從前他有七千羊，三千駱駝，五百對牛，五百母驢，現在都增加了一倍，一萬四千羊，六千駱駝，一千對牛，一千母驢。亞伯拉罕和約瑟也像約伯那樣，飽享含飴弄孫之樂，更有曾孫繞膝，足享天年，壽終正寢。

但是保羅在同章裏也提及第二種信心，就是以悲劇收場的信心。「亞伯因著信……死了，」以賽亞先知被鋸鋸死，新約時代基督徒被羅馬政府逼迫，使徒被監禁，司提反被石頭打死，雅各被劍殺死，保羅被斬首，彼得倒釘十字架，還有人「披著羊皮到處逃命，受盡貧乏痛苦和虐待，在荒漠山嶺之間，巨穴小洞之內，漂流無定。唉！這世界怎麼配有這樣有信心的人呢？」

回想家父畢生作上帝的僕人，始而為祂肩負教育的工作，後來在東南亞多個國家佈道，在佈道期間，患了肝癌。他曾經牧養過好幾個教會，數以百計的教友懇切求上帝醫治他，我們作兒女的更是日夜為他禱告。但是在他剛滿六十歲時，便安息日主懷了。以我來說，上帝對我們為家父而作的禱告，也是有求必應。上帝對每一個人的禱告，必有回答。我們在苦難中祈求的時候，誠然是希望上帝回答說：「好的，照你所求的給你成全了罷。」但是上帝本著祂無窮的智慧，有些時候祂的回答是：「不成」、或「等些時候」；當時我們會感覺失望，但我們卻不能說上帝不理睬我們，不回答我們的禱告。懷愛倫夫人說，先知以利沙死前，經過一段很長的時日，在病床上受苦。

歷史家估計在第一世紀裏為信耶穌而殉身的，有一百萬基督徒。又在黑暗世紀中為持守聖經真理的殉道者，也有一百萬之眾，他們都是為上帝而死於非命。希伯來書說「這些人都是因信得了美好的證據，卻還沒有得著上帝應許要給他們的賞賜。」這些人深知上帝厚愛他們，因之而深愛上帝，忠心信靠祂。他們都知道耶穌在客西馬尼園裏生死掙扎時，曾三次懇求上帝說：「父親阿，如果可以的話，求祢把這個苦杯挪去」，然而上帝一次，一次，又一次的回答都是說，不，不，不。耶穌對上帝的回答，百依百順，是我們信徒最好的榜樣。

今且回來談一談約伯的苦難。約伯是東方的大財主，一想到財主這兩個字，許多人便聯想到「為富不仁」這一句詞語。然而約伯卻是一位完全正直，敬畏上帝，遠離惡事的財主。讓我們讀誦下面引用的經節，只花五十秒鐘的時間而已：

「有一天，約伯的兒女正在大哥家中喫喝的時候，悲劇就突然發生了。有人跑來對約伯說，你的牛正在耕田，驢正在牠們旁邊吃草的時候，忽然有些士巴人來襲擊，搶走了牲口，還把所有的僱工殺掉，唯有我一個人逃脫，來報信給你。那人的話還沒有說完，就有另一個人帶來一些更壞的消息，說，上帝的火從天上降下來，把羊群和牧人都燒死了，只有我一個人能逃出來向你報告。他的話還沒有說完，又有一個人走進來說，有三隊迦勒底人把你的駱駝都搶走了，還殺死你所有的僕人，只有我能逃脫回來向你報告。他還在說話的時候，另一個人又來報告說，你的兒女正在大哥家裏喫喝的時候，忽然從荒野那兒颳來了一陣狂風，把房子摧毀了，屋頂塌了下來，把屋內所有的人都壓死了，只有我一個人逃脫來向你報告。」

五十秒鐘之內，財主約伯的全部財物，盪然無存，最可悲的，他的十個兒女全都死去。面臨絕境，是最悲傷困窘的境地。一個信徒陷於絕境的時候，就是信心受考驗的關頭，也就是作選擇的時候。信徒可以選擇惱怒怨恨甚至叛離上帝，卻也可以選擇繼續信靠上帝。我們的選擇決定我們將來的命運，我們的選擇反映我們對上帝所存的態度。

約伯對上帝所存的態度，顯明他數十年來對上帝性格的認識。我們信徒對上帝信靠的心，不是盲信，不是妄信，而是有憑藉，有理性，有根據的信靠。因為信靠上帝，就是信賴祂、信託祂、信任祂。辭海信託釋義：信託人是因那人有信用而託他為自己辦事。約伯能在大難臨頭的時候，繼續信靠上帝，是因為他在過往的年歲中與上帝交往，深知上帝是可靠的。

約伯記二十九章四節說：「我願如壯年的時候，那時我住在帳棚裏，上帝待我有密友之情」，密友是朋友彼此認識多時，過從很密，十分要好的朋友。好幾種英文譯本把這節經文譯作：「在我幼年的時候，上帝常到我的帳棚來教導我，又跟我談話。」約伯十分喜愛與上帝交談，他和上帝有總角交和忘年交的友情。所以在他聽了五十秒鐘的壞消息時，心中感覺萬分悲傷，用當時表示悲傷的習俗，把自己的外袍撕裂，把頭髮削光，卻能恭恭敬敬地在上帝面前敬拜，說：

「我赤身從母腹出來，死時也必赤身歸回。

這一切本來都是耶和華所賞賜給我的，

現在耶和華要收回去，也是應當的，

耶和華的名是應當受稱頌的！」

約伯面臨絕境的時候，他對上帝所存的，是這樣的態度：上帝的安排是最好的安排，我願意服從上帝的安排。

就如我們常唱的讚美詩中有一首名為「主的道路」，說：

「主的道路最好，我雖不明瞭、

何以憂慮試煉，常將我纏繞、

祂是神聖救主，我謙虛信託祂。」

雖然在記述約伯申訴的二十章裏面，充滿了對上帝所存的疑問，字裏行間說上帝的箭射入他身內，上帝擺陣攻擊他，他厭惡自己的生命，不想再活下去。他完全不知道上帝和撒但曾在天上辯論，而且在他遭受一切苦難的時候，上帝好像全無蹤影，一言不發，緘默無聲。然而約伯卻能絕對地拒絕疏離上帝，背叛上帝的意念，他說：

「就算是上帝要殺死我，我仍然要信靠祂。」（見註）

這就是信心，這也就是信靠、信賴、信託和信任，就是處絕境，似乎再無持續信靠上帝的理由的時候，仍然信靠祂，這便是上帝所悅納，視為最可珍貴的信心。

茲舉一個我們日常生活的例子，用以說明約伯對上帝的信靠，讀者也許對這一例子，並不陌生。有一天，我三歲大的孫子十分頑皮，我的女兒不得不責罰他。她手拿籐條打他的腳，他在大哭大叫時，不單止不走開，反而雙手緊緊摟抱住母親的腳，死纏不放。約伯就是這樣死纏上帝，因為他深知上帝愛他，就像我的孫子深知母親愛他。至此使我想起曾到芝加哥城探訪好友梅新立先生（香港清水灣三育校友倪德容女士的丈夫），他引介給我梁啟超先生的一首絕妙好詞：

入山看見藤纏樹
出山看見樹纏藤
樹死藤生纏到死
樹生藤死死亦纏
—梁啟超

我們若知道上帝對我們的大愛，也必能培植像約伯對上帝那樣「纏到死」，「死亦纏」的信靠。

有些中文詞語，英文沒有適當的字表達它的含意。像「撒嬌」一詞，我曾請教多位中英俱精的朋友，卻找不出一個英文字可以表達辭海「撒嬌」二字意義，必須用一句（甚至一片段）話來表達這兩字的含意。英文詞語也是一樣，有一些很簡單的英文字，卻必須用多個中文字才可以充分地表達它的含意。例如：我們對上帝的愛，應當是「與個人利害得失全無關連的愛」，這就是約伯對上帝的愛，也是我們信徒應當服膺的對上帝的愛，這是最純潔、最完善的愛，也就是上帝對世人的愛。

撒但對上帝說，祢以為約伯忠心愛祢嗎？祢待他這麼好，怪不得他敬畏祢。祢一直在保護他全家和他的財產，祢又使他凡事興旺，富甲一方，他又怎敢不敬畏祢？祢若挪走他的財富，我保證他必向祢破口大罵！

大家當然明白，這一回，撒但是錯了。原來上帝絕不會賄賂人，上帝最高的理想，就是要世人為愛祂而愛祂，在遭受苦難可以叛離祂的時候，仍能死纏著祂不放，像約伯一樣。上帝似乎表現很不公平的時候，約伯仍然相信上帝是絕對公平的。他不是因為擁有財富而敬奉上帝，卻在失去一切財富的時候，仍然持續不斷地敬奉上帝，信靠上帝。

不管是約伯時代也好，是廿一世紀的今日也好，遭受苦難的信徒都自然而然地發出如下的幾個問題：

1. 上帝在那裏？
2. 上帝對我受的災害，有甚麼感覺？
3. 上帝關注我的苦難嗎？

二千年前，耶穌降生到我們這個多災多難的世界來，雖然耶穌自己受苦受死，祂卻沒有把人間的苦難完全消除，祂治癒的千萬人和那些因祂的神蹟從死裏復活的人，後來全都死了。上帝以祂無窮智慧所定的時間表中，要到耶穌復臨的時候，我們的眼淚才得以完全被擦去，所以耶穌說：「你們在世上會遭受苦難」。耶穌降世允為偉舉，正好給上列三個問題予以最完美的答案：

❶ 上帝在耶穌裏，下到人間來，親嘗我們的痛苦。

❷ 今天，上帝在耶穌裏，體諒和同情我們的苦難。

❸ 今天，上帝在耶穌裏，極度關注我們的苦痛。我們雖然不能領悟，像耶穌在十字架上不能領悟一樣，因而說出：「我的上帝阿，我的上帝阿，祢為甚麼離棄我？」其實上帝藏在不遠的烏雲裏，很靠近耶穌。照樣，在我們受苦痛的時候，上帝是靠近我們，關注我們的。

換而言之，當我們遭受苦難的時候，上帝絕對沒有袖手旁觀或置身事外。看看四本福音書中，耶穌怎樣同情和關懷受苦的人，上帝也是同樣地同情和關懷我們。耶穌在十字架上顯明上帝對我們的關注。所以有一位曾經遇車禍飽受苦難無法復原的信徒能以像約伯一樣，始終信靠上帝，他說：「在這罪惡的世界中，充滿了不公平的遭遇，但是耶穌在十字架上乃是不公平遭遇之最。對我來說，基督的十字架圓圓滿滿地解答了我對人生苦難所能發出的一切問題，因為十字架向我顯明上帝是一位怎樣為世人而犧牲一切的上帝。」

（註：這是約伯記十二章十五節英文詹姆氏譯本的翻譯）

第二十六章　復臨信徒與人生的苦難（三）

——一位受苦難過來人的心聲——

聖經告訴我們，人生的苦難有幾個來源：

❶ 從罪入了世界而來的苦難。人類犯了罪，罪帶來了老、病、痛苦和死亡。羅馬書第八章說：受造的萬物，正處在敗壞的情況中。

❷ 從犯罪而來的苦難。一個人若生活在罪惡之中，為他本人帶來痛苦。耶穌對那個患了三十八年病被治癒的人說：「不要再繼續不停地去犯罪了」（原文直譯）。懷愛倫夫人認定這個人的病，是他自己犯罪而得的結果。這種苦難，自作自受，可謂咎由自取。

❸ 受試練而來的苦難。約伯所受的苦難，不是上列的兩種苦難，卻是考驗信心而來的苦難。特別重要的，這種苦難是上帝為了堅固人的信心而准許臨到信徒身上的。

我很幸運，在安德烈大學神學院認識了一位我最敬仰的教授，選讀了他多項的科目，得益匪淺。最近他發表對人生苦難的經驗之談（不是紙上談兵），茲摘其要點討論，用第一人稱與讀者分享：

我是教師，也是牧師。以我來說，在神學院指導學生獲取碩士和博士學位論文中，沒有任何題目能比「上帝與世人的苦難」更難以著手。不信上帝的人在遭受人生苦難的時候，可以搖搖頭說：「人生是艱苦的，我們只有盡力而為，逆來順受好了。」但是對信奉上帝的人來說，事情就不是這麼簡單了。一位仁愛為懷的上帝，怎能容讓世人遭受極大的苦難呢？我沒有時間述說一千萬（不是六百萬）

猶太人死在希特勒的魔掌下，或廿世紀中幾個無惡不作殘殺千百萬人的獨裁者兇手的不仁事例。我要從我個人遭受的苦難說起。

家父心臟病發，血液循環不暢通，身體多處得不到血液帶來的滋養，肌肉腐爛，疼痛劇烈，殊不可忍。他捱過了三個星期的痛苦，便與世長辭。其後，我又在一年半的長時間裏，看顧患癌病的愛妻，見她毛髮日益疏，血氣日益衰，受盡折磨而死，實在是人生的慘事。中年喪妻已是苦事，兩年後，我再結婚，妻子的前夫在兩年心臟病突發而死。我們結婚不到幾天，噩耗傳來，她十六歲的女兒和十九歲的兒子因車禍喪生。兩年之內，她失去了丈夫和兒女，真是喊叫「我的上帝，我的上帝，祢為甚麼離棄我」的時候。還有甚麼能以補償她的損失，減輕她的痛苦？

在我忍受了這許多苦難之後，痛定思痛，有感於心，茲將我的感想，列出如下：

1 上帝掌管萬事，人生中的苦難不能超越上帝所定的界限。約伯忍受的苦難，是有限度的。上帝對撒但說：「你喜歡怎樣處置約伯的財物都可以，但卻不可傷害他的身體。」當約伯失盡全部財物之後，他卻仍舊忠心敬愛上帝。撒但又進一步對上帝說：「人為了保存生命就會不惜捨棄一切。祢若伸手傷害他的骨頭和他的皮肉，他必當面棄掉祢。」上帝回答說：「你喜歡怎樣對待他，就照著做罷，只是不可傷害他的生命。」上帝所定的限度，撒但不能超越，世人一切的遭遇，全在上帝的掌管之下。至於為甚麼上帝准許撒但處置約伯的財物，後來又准許他傷害他的身體，我雖然是神學家，亦不能解答這個問題，只能說上帝以祂無窮的智慧所定的，全是為信徒的好處，保羅說：「苦難能產生忍耐」，「耶穌雖然是上帝的兒子，卻在苦難中學了順從。」

我在一個帳棚會中認識一位做母親的，他的丈夫和八個兒女分別死於疾病，死於車禍，甚至死於被人謀殺。福無重至，禍不單行，一連串的苦難，好像是沒有限度似的。我有一位遠親，是一位信主的婦人，她親屬中，有一個女兒和兩個孫子，被火燒死，她的另一個女兒的丈夫病死後，接著兩個孫兒又死於車禍；她的丈夫則患病而死。一次一次又一次的哀傷，也好像是沒有限度似的。幸而保羅說了一些話，給我們信徒帶來極大的安慰，他說：「無論你們遇到甚麼罪惡的試誘和磨煉，都不要以為是空前絕後，不能忍受的事。上帝是誠實可靠的，祂斷不會讓你們落在忍無可忍的試誘和磨煉中，到了山窮水盡的時候，祂會為你們開闢出路，叫你們可以忍受得住。」（哥林多前書十章十三節當代聖經譯本）

❷不管是義人或是惡人，都免不了遭遇人生的苦難，因為我們是在有罪的世界裏生活。當然，放蕩不羈、吸菸吸毒和酗酒的人，招來肺癌肝疾等等病患，自作自受，咎由自取，於人無尤。但是以一般的苦難來說，因為我們是活在多災多禍的世界中，所以當你自身遭遇苦難，或是看見別人受苦受難的時候，不要以為這必然是上帝對受害人胡作妄為的懲罰。懷愛倫夫人提及先知以利沙這位聖人在死前長期之間被疾病纏身，備受折磨而死，這絕不可能是上帝給他的刑罰。當我們經歷苦難的時候，要深深相信每一個人都是上帝的兒女，祂要在我們的苦難中照顧我們，幫助我們。這種信念能為我們的心靈帶來平安，大大有助於精神的重振和身體的康復。

❸我在經歷苦難的時候，發現在罪惡的世界中有傷害人的病菌和毒菌的存在，我也發現在自然界中上帝設立了許多定律，像因果定律、地心吸力定律等是。這些定律叫我們有穩定和安全的感覺。

假如我們不實行衛生的原則，病菌便要傷害我們的身體。我若在高樓上往下墜落，地心吸力便叫我受重傷或死亡。

說到我本人自身的經驗，當我的愛妻患上癌病一年半悠長的時日中，我多次用許多小時禱告，求上帝醫治她。聖經說信徒應當求上帝解除我們的苦難，但是聖經也說我們應該服從上帝的安排。最近有人作一個統計，信徒向上帝的一切祈求中，絕大多數是為醫治疾病的祈求。以我的觀察來說，上帝今天使用神蹟，直接叫病入膏肓奄奄一息的病人立時在床上康復起來，是絕對少有的，是極為例外的事。雖在舊約時代，摩西舉起銅蛇，千萬垂死的人頓時康復，卻也就只是這麼一次。此外，舊約還有以利亞以利沙叫死人復活的記載，不過能復活的人不多。耶穌在世時，這樣的神蹟甚多。使徒時代也有，甚至彼得的影子照在病人身上，那人便立即康復。（在電視上常見有些基督教派用神蹟醫病，有學者對此作詳盡的研究，發現全是靠賴刺激人的腎上素致使病者起一時的興奮，並不是正常治療叫病人康復也。）

我是牧師，多次看見一些以為自己是很有信心的人，當他們患上不治之症的時候，聲稱上帝必定聽他們的禱告，施行神蹟，救治他們。但每一次我都看見病者的健康走下坡，病情愈來愈重，結果便藥石無靈，抱憾而死，死前大失所望，甚至失去信靠上帝的心，可哀可嘆。我們若避免對上帝用神蹟治病存過度的奢望，便不會產生失望的感覺。細心想一想，耶穌在世時所治癒的千萬人，連祂所叫從死裏復活的人，結果也都死了。假如上帝一直答允每一個病人求治的禱告，一切的醫院都得關門，也沒有人因患病而受苦或死亡，又有誰會切切想望將來到天家去？上帝本著祂無窮智慧的安排，要等到新天新地的時候，才擦去人間一切的眼淚，才叫人人不再有悲哀，哭號和疼痛。所以在我們不幸患病的時候，應當懇切向上帝禱告祈求醫治，更要祈求上帝的旨意成就，也祈求祂加給我們忍受苦痛的力量和信心。

❹我有一位女學生，她在醫科畢業後，開始患上口腔癌病。在二十年內，她多次忍受外科手術的治療，臉容改觀，我再看見她的時候，完全不認得她的面貌。醫師們不能再為她動手術，她在絕境中，請我到她家中，按照雅各書的啟示，為她抹油祈求上帝。我得到她的請求，心裏很是為難，我想：「我若為她抹油，她期望上帝必垂聽這樣的禱告並醫治她，若得不著神蹟的醫治，她會不會大失所望而失去信靠上帝的心？」

我和另一位牧師一同到她家坐下的時候，她說：「我請你們來為我抹油禱告，目的不是求上帝醫治我的癌症。我請你們為我禱告，叫我感悟我已經準備妥當，在我死時可以安然歇息主懷，將來復活迎見上帝。」我聞言後大為驚訝，她是要祈求得著最大的治療，就是靈性的治療。我們懇切為她求上帝給她力量，給她有信靠上帝的心，給她有復活的盼望，叫她準備好迎見上帝。不久後，她平平安安地安睡主懷。

❺耶穌說：「你們在世上會遭遇苦難」。大凡當過牧師的人都知道，每一家教友好像都有他們的不如意事，或大或小，或多或少，總是無法避免的。有些教友在橫禍飛來時，不知所措，束手無策。有些教友在大難臨頭的時候，卻應付裕如，危而不亂。前者對人生的苦難沒有絲毫的準備，因為他們與上帝之間，祇是若即若離的關係，不是親密無間的關係。後者卻是天天用時間與上帝交往，體會上

帝的仁愛與關懷，像約伯那樣與上帝有密切相交。願讀者與上帝建立這種深情厚誼。阿們！

❻記得我第一位妻子去世的那一天，為她開刀的醫師帶我走進她的病房時，我本想獨自陪伴她，等到她死。怎知醫師一直不離開病房。我走近病床時，他也走近病床。我站在病床的一邊，他便站在病床的另一邊。我稍稍彎腰看她，醫師也稍稍彎腰看她。我在想：「他為甚麼還不走？」他費了很長的時間移走她肺部的積血，現在他知道她快死了，為要同情我，他便留下來分擔我的傷心和痛苦。

保羅在羅馬書八章十七節說：「我們既然都是上帝的兒女，當然有承受的權利，叫我們可以與基督一同承受上帝的產業。所以，如果我們真正與基督一同受苦，就必定會和祂一同得著上帝的榮耀」，這段話有極豐美的含意。「與基督一同受苦」當然包括信徒體悟耶穌為救贖我們所忍受極度的痛苦。但是「與基督一同受苦」還有更深的含義。以賽亞五十三章是舊約聖經中最感人肺腑的一章，形容耶穌是受苦的僕人。這章聖經的主題是說：耶穌背負我們的痛苦，祂擔當我們的憂傷，這就是耶穌到世上來的任務。所以我們若真是與祂同作承受產業的人，就必須也擔承耶穌的任務去分擔別人的痛苦和憂傷，與受苦受難的人共哀哭，溢出同情之淚。惻隱之心，人皆有之，況為上帝的子民乎？

我的妻子死後，在大學範圍裏，不管是圖書館也好，小商店也好，經常有人來慰問我，分擔我的憂傷，叫我得著意想不到的慰藉。我深深相信這是上帝親自定立減輕世人苦難最有效的方法之一。

❼我在這一次的痛苦哀傷中，體察了一項極重要的真理。人生中一切的苦難，是從人類犯罪而來，不是上帝所使然的，所以我不能怪責上帝。但是我知道上帝藉著人生的苦難，叫我們得著助益，保羅有一句至理名言，說：「我們知道上帝使萬事都互相效力，叫愛上帝又按著祂旨意被召的人得益

處。」因此，在我們遭遇苦難的時候，應當祈求上帝指示我們去留心那些應得的益處，和當學的教訓。從第二位妻子兩個兒女死於非命的事上，我得了很大的感悟。面對著兩副棺木於愁雲慘淡的喪禮中，牧師說：「耶穌快將回來，到那時，耶穌在那裏，我們便要和祂同在一起」，我的妻子聞言，很誠懇地從心靈的深處大聲回應說：「是的」。苦難能叫我們確信聖經給我們帶來的盼望，叫愛上帝的人得益處。

8 你我遭遇苦難的時候，通常第一個反應就是向上帝發問：「為甚麼？」也就是耶穌在十字架上同樣發問：「我的上帝，我的上帝，祢為甚麼離棄我？」我們應該效學耶穌的榜樣，在祂向上帝發問「為甚麼」之後，祂說：「父阿，我將我的靈魂交付在祢手裏。」我們大可以向上帝追問「為甚麼」，上帝是不會介意的，但我們卻必須把自己交付在上帝的手中，像耶穌那樣信靠祂、信任祂和信賴祂，才是穩妥。

保羅說：「我們現時對主的認識，就好像從銅鏡看影像一般，若隱若現，模糊不清。」保羅時代的人，沒有今日的玻璃鏡子，只有磨光銅片而成的銅鏡，模糊不清。「模糊不清」在原文是迷亂和隱語，不能完全明白。是以，信靠上帝始為上策。

9 上帝與我們一同忍受人生的苦難。以賽亞書六十三章九節說：「他們在一切苦難中，祂也同受苦難。」我們有忍受痛苦的感覺，上帝也有忍受痛苦的感覺。羅馬書第八章裏三次言及呻吟叫苦（中文譯作嘆息），聖靈忍受世人痛苦的感覺便呻吟叫苦。有人要問：希特勒殘殺猶太人的時候，上帝在那裏？我的回答是：上帝是在他們身旁與他們一同哭泣。我這樣的說法有點令人詫異，但這正是聖經的原意。聖經說當我們經受苦難的時候，上帝要在我們身旁加增我們忍受苦難的力量。主的兒女哀號：「耶和華離棄了我，主忘記了我」」，然而上帝向我們撫慰，說：「母親怎樣能忘記自己乳養的嬰孩呢？不！我永遠不會忘記你們（以上是我老師經歷人生苦難的心聲）。

在本文結束之前，對「我們應當如何在靈性和心理上作一些防患於未然的準備，俾在遭遇苦難時可以應付裕如」的課題，特加論述，以為總結：

❶ 向上帝存感謝的心。常常朗誦約伯的話：「賞賜的是耶和華，收回的也是耶和華，主的名是應當稱頌的。」筆者過去七十年中，聽覺極佳。一年以前，雙耳功能日漸減弱，耳科醫師說這是聽覺細胞退化所致，且將每況愈下，近代醫學沒有矯正的可能。聞言之下，我感謝天父給我享受極佳的聽覺七十年之久，飽享巴哈、貝多芬莫扎德和舒伯特的音樂。現在雖然充耳不聞，但仍可在回想中享受繞樑的餘音，這是我應該感謝天父的。

❷ 西洋人有句話說：「有健康而又沒有欠債的，是個富有的人。」失去財物的時候，我們應該數算許多還沒有失去的資產，就如美好的健康，親友的愛護，和工作的機會等，在在都足以叫我們存感謝上帝的心。

❸ 用理智管制你的情感。情感是變幻無常的，是未經大腦而又不可靠的。情感使你說出叫你畢生懊悔的話來。用你的理智去主導行動，由行動改變情感。舉個例來說，你所愛的兒子或女兒死了，你的情感很失望，叫你不要信靠上帝。讓你的理智引導你，繼續讀聖經、禱告，到教堂敬拜上帝。這些行動能改變你的情感。

4 運動。精神和肌肉在過度疲勞的狀態中，最容易感情用事。苦難能引致許多消極和不良的情感。運動最能把精神和肌肉鬆弛下來。每天作定時的運動、步行、騎腳踏車、游泳，都有幫助。

5 選擇良好的食物：鮮果、菜蔬、糙米飯、豆類及全麥麵包等，它們可供給良好的維他命，特別是乙種維他命，能以鎮靜人的神經系統。反之，如多吃經過人工製煉的食品，像白米、白糖和白麵包等、或喝咖啡、濃茶、或因吸菸而吞入尼哥丁素，殊能助長情緒的激動。

6 戶外生活。每天在戶外陽光之下生活，能使全身鬆弛，免除緊張。

7 儘量使日常生活忙碌。每天生活中閒暇或休憩的時間太長，很容易叫人煩惱、憂悶，引起不良的情緒。打發時間最好的方法，就是幫助別人，像義務為近處的學校、醫院或老人院服務。助人為快樂之本，同時又可以減除自己的煩惱，一舉兩得，何樂而不為。

8 選讀感人肺腑的書籍。當然，世上再沒有能比聖經更感動人的典籍了。聖經之外，像懷愛倫夫人的許多書籍，又像本仁約翰的天路歷程等宗教書籍，很能培養靈性的增長。一些為人類造福偉人的傳記，也是十分良好的讀物。這些偉人大都曾經遭遇過人生的苦難，卻能百折不撓，堅苦卓絕，克勝苦難。

9 學習體會你是在上帝的跟前，祂是在你的身旁。當然，在上帝跟前，絕對沒有任何事物能傷害我們。有些信徒（在家裏沒有別人的時候）學會時不時高聲呼叫他們的短禱：「耶穌阿！我真愛祢！」「上帝阿，我很感謝祢！」這很有助於建立對上帝的「真實感」。人身體若沒有抗病力，便要百病叢生；照樣，人若對上帝沒有真實感，便要有各樣的疑懼。懷愛倫師母說：我們向上帝禱告，應該是像向朋友談心那樣親切。當惡劣的情緒侵襲你的時候，把它完全交給上帝。要牢牢記住上帝愛你，祂不住地看顧你。

第二十七章　復臨信徒與人生的苦難（四）

復臨信徒在這個罪惡的世界生活一天，就有當天遭受苦難的可能。聖經既然是慈愛天父給我們全備的啟示，所以多有教導我們怎樣應付人生一切苦難的篇章。例如使徒保羅說：「凡事謝恩。因為這是上帝在耶穌基督裏向你們所定的旨意。」（帖撒羅尼迦前書五章十八節）保羅的語氣十分凝重、莊嚴和懇切，引用上帝和耶穌的聖名，更說這是上帝的旨意。甚麼是上帝對復臨信徒所定的旨意呢？上帝對我們所定的旨意，就是要我們凡事謝恩。此處所用的「凡事」和羅馬書八章廿八節的「萬事」，在原文是同一個字，就是一切事，包括人生遭苦遇難和不幸的事。

把幾個不同的譯本比較一下：

「凡事謝恩」……………………和合譯本

「在任何環境中，都要謝恩」……………現代中文譯本

「無論遭遇甚麼事，都要謝恩」…………當代聖經譯本

都是很好的翻譯。

復臨信徒果真要在一切事上感謝上帝嗎？我們能在任何境遇中都感謝上帝嗎？我們無論遭遇甚麼事，都得感謝祂，當作是祂的恩惠嗎？好事、快意事、事事如願以償，當然要謝恩。我服務教會的幾十年間，許多教友為各樣如意事感謝上帝，如美好的健康，兒女學業成績優良，青年學子得到有名大學的取錄，醫師檢查腫瘤說是良性無害，我的教友們都非常感恩，不少信眾還慷慨捐上感恩圖報款

項，這是很好的。

但是「凡事」卻也包括不幸事，不如意事和叫人傷心失意的事，就如失業，兒女一事無成，患上惡性腫瘤、癌病擴散，意外車禍等等，復臨信徒也得要在這些際遇中感謝神恩嗎？保羅勸告信徒要凡事謝恩，我想就是因為救主耶穌到世間來，為我們嘗盡了人生的痛苦憂患，所以我們應該凡事感恩。因為「萬事」都互相效力，叫愛上帝的人得益處。既然不如意事臨到我們，是叫我們得益處，我們得了益處，當然便要謝恩。

且看看聖經人物在絕對橫逆的境遇中怎樣向上帝謝恩。先知但以理聽聞大利烏王禁止人在三十日內向神祈求的命令時，他知道這就是宣佈他的死期將至，因為他要不顧一切忠於上帝。他在面臨死亡的絕境中回到家中向上帝禱告感謝，他是一位凡事謝恩的好信徒，給我們留下好榜樣。

第二位人物也許是讀者看作一無是處的先知。聖經的一切先知中，也許很難找到比他更一無是處的人，這就是又不聽命且滿口怨言又向上帝頂撞的約拿。他全無愛人的心，目睹這兩百萬尼尼微人從王帝到平民，棄惡從善，信服上帝，竟然大大不高興起來，甚至發怒，埋怨上帝不滅絕全國人民。幸而他還有一是處，當他躺在又悶熱又潮濕的巨魚胃裏的時候，他感謝上帝把他放在魚腹裏，救他脫離一死。這真是凡事謝恩，也是在任何環境中謝恩，更是無論遭遇甚麼事也要謝恩的好榜樣。

我們當然知悉東方的大財主約伯是「凡事謝恩」極善極美的模範。他有七千隻羊，三千隻駱駝，五百對牛，五百隻母驢，許多僕婢，是東方最大的財主。叫他更快樂的，就是他有一個愛妻，七個兒子和三個女兒，是一個幸福美滿的家庭。只是好景不常，忽然橫禍飛來，重讀這段史無前例，慘絕人寰的敘述，此段敘述曾在上一篇文中引用作為解釋約伯的信心，今再引述一次，用以說明他凡事謝恩的榜樣：

有一天，約伯的兒女正在長兄家中宴樂的時候，悲劇就突然發生了。有人趕來對約伯說：你的牛正在犁田，驢在牠們的旁邊吃草的時候，忽然有些示巴人來向我們襲擊，他們搶走了牲口，還把所有的傭工都殺掉，我是唯一僥倖逃脫的。那人的話還沒有說完，就有另一個人帶來一些更壞的消息。上帝的火從天而降，把羊群和牧人都燒死了，只有我一人能逃出來向你報告。他的話還沒有說完，又有一個人走進來說：有三隊迦勒底人把你的駱駝都搶走了，還殺死了你所有的僕人，只有我能逃脫回來向你報告。他還在說話的時候，另一個人又來報告說：你的兒女正在長兄家裏飲宴的時候，忽然從荒野那兒颳來了一陣狂風，把房子摧毀了，屋頂塌了下來，把屋內所有的人都壓死了，只有我能逃脫出來向你報告（約伯記一章九至十三節，當代聖經譯本）。

這位東方最大的財主，又幸福又快樂的父親，在五十秒鐘（讀快一點只需三十秒鐘）內變成了最貧窮最哀傷的可憐人！

我常常想：假如我是約伯，我會有怎樣的反應？讀者們，請問你會有甚麼樣的反應？

至於約伯的反應，經上記著說：

約伯便起來，撕裂外袍，剃了頭，伏在地上下拜，說：我赤身出於母胎，也必赤身歸回。賞賜的是耶和華，收回的也是耶和華，耶和華的名是應當稱頌的。

這就有如約伯高聲唱「讚美上帝萬福之根，地上眾生讚美主恩」，這就是約伯凡事謝恩的表現。為甚麼他能在極度的人生苦難絕境裏不假思索不經大腦（不經大腦也有好的一面）謝恩讚美上帝呢？我以為這是因為他一直與上帝有密切的友情，深深知道上帝可信可靠的性格。此外，我相信約伯有其極不容易得著的識別力，知所先後，茲作解釋如下。

多年前我有一位教授在班上提及某位神學家的理論。這一理論說：每一個人在世界上生存，都必須與三個對象接觸：

1. 我——上帝（神）
2. 我——你（人）
3. 我——它（物）

然後神學家解釋這三個對象之間的正確和絕對不能顛倒的關係如下：

神▼人▼物

這裏有三個很重要的原則：

1. 神比人大，神比人重要，如使徒彼得所說，順從上帝，不順從人，是應當的。
2. 神比財物更重要。保羅說貪財是萬惡之根。詩人說貪財能使人背棄上帝，因為貪財的人會因財失義，輕視上帝（詩篇十篇三節）。

❸人比財物重要。假如有誰顛倒上列的次序，把財物放在最首要的位置上，便容易淪為守財奴，作一個為富不仁的可憐人。中國人有一句至理名言說：「物為我用，不為我有。」

約伯深明此理，所以在喪失一切財物，十個兒女被房頂壓死，在人生苦難到達極度深重的時候，卻能開口謝恩讚美說：「耶和華的名是應當稱頌的」。他真是凡事謝恩，他真是在任何境遇中謝恩，他真是無論遭遇甚麼事都能謝恩。他是我們在人生苦難中謝恩的好榜樣。

在結束復臨信徒怎樣面對人生苦難的討論時，我想把幾項能幫助我們的要點簡述如下：

一切臨到信徒身上的事，全都在上帝的掌管之下。讀者記得彼拉多曾心高氣傲地對耶穌說：「祢不回答我的問題嗎？難道祢不知道我有權釋放祢，也有權把祢釘死麼？」耶穌回答：

「若不是上帝賜下權柄給你，你就毫無權力辦我。」

我們要學耶穌的榜樣，在苦難中對魔鬼說上述那句話。使徒保羅說：「一切事都出自祂，藉著祂，歸於祂，願榮耀歸於上帝，直到永永遠遠，阿們。」（羅馬書十一章卅六節）有一位我十分敬佩的神學家說：「我經過十分劇烈的爭鬥要相信保羅這句話。開始的時候，很難相信。但當我愈來愈信這句話的時候，我的心靈便充滿了平安（這位神學家身受許多人生的苦難）。一切事都出自祂，藉著祂，也歸於祂，這並不是說上帝創造罪惡，不！絕不！這乃是說：當罪惡和苦難臨到信徒身上的時候，是上帝所容許的，是帶有良好的緣由和用意的。」上帝掌管一切。

讀者記得約瑟被哥哥們賣到埃及作奴隸的遭遇。後來他當了全國的宰相，哥哥們被饑荒所逼，到埃及來買糧，冤家路窄，大家相見。結果他把老父雅各和十一個兄弟接到埃及居住，同享天倫之樂。老父死後，哥哥們心想老父在生時，可能約瑟看父親面上，不擬報復；現在父親死了，約瑟便要認真地進行復仇。言念及此，不勝惶恐，便都跪在他面前求饒，願作他的奴隸。約瑟聞言，大哭不止，說：「從前你們的用意是要害我，但是上帝的意思原是好的，祂把這些惡事變為好事。祂帶領我，給我今天這樣的地位，是要我拯救許多人的性命。」（和合與當代聖經譯本）上帝掌管一切，於此益可明證。

還有，當王子押沙龍反叛父王大衛，叫大衛不得不狼狽逃命。正在走投無路的時候，「遇見一個掃羅族中與大衛家是世仇的人，名叫示每，他迎向大衛，一邊走，一邊對著大衛破口大罵，又拿起石頭擲擊大衛和他的臣僕。雖然當時大衛身邊圍著許多人，其中尚有勇猛的戰士，他卻視若無睹，不停地咒罵大衛說：滾吧！滾吧！你這殺人兇手，你這敗類，願主追討你殺掃羅一家的血債。你奪取了掃羅的王位，現在主把王權交在你兒子押沙龍的手中了。看阿，你這殺人兇手，現在自食惡果了！

「亞比篩（大衛王的勇將）對主說：這死狗豈可咒罵我主我王呢？求你准我過去割下他的頭來。王說：你不要管我的事。他咒罵我，是因為耶和華吩咐他說，你要咒罵大衛。既然是上帝吩咐他咒罵我，又有誰敢問他：示每，你為甚麼這樣行呢？大衛又對亞比篩和眾臣僕說：我親生的兒子尚且要取我的命，這個便雅憫人咒罵我，又算得甚麼呢？由他去罷，因為這是耶和華吩咐他的，或者耶和華見我今日遭難，見我今日被這個人咒罵，就施恩給我。」大衛深信上帝掌管一切。（見撒母耳記下第十六章）

約伯記強調上帝掌管一切，也強調上帝不是人生苦難的創始者，更強調苦難能給信徒帶來益處。

約伯用一句話來總結他忍受極大苦難的收穫，他說：上帝阿，從前我風聞有祢，我現在親眼看見了祢，這就是約伯身受的益處，謝恩的理由，愈益明顯。

我要採用一位神學家的圖解，作為這四篇研討復臨信徒與人生的苦難論述的結束：如下圖

上帝恩典的循環圖

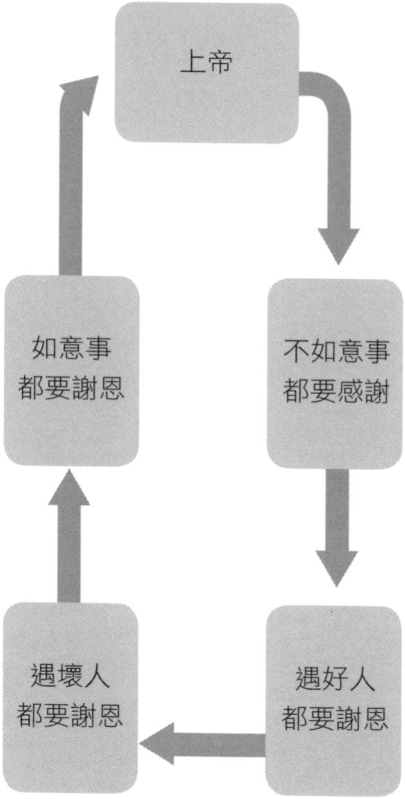

我們復臨信徒都深深喜愛下述這一節聖經：萬事都互相效力，叫愛上帝的人得益處。我們既然得著益處，便有十足的勁力去感謝上帝的恩惠。箭嘴代表上帝的恩惠，是以不同的形式臨到我們身上。

我們若凡事謝恩，便不會打破上帝恩惠的循環圈，使祂的恩惠繼續不停地降在我們身上，阿們。

（讀過這四章研討人生苦難之後，請讀者重看本書第二十章「復臨信徒信心的峰頂」，想必能在受苦的時候，加增我們信靠上帝的心）

第二十八章　復臨信徒怎樣辨識上帝的旨意（一）

耶穌教導我們禱告，要向上帝說：

「願祢的旨意行在地上，如同行在天上。」

復臨信徒都知道，上帝的旨意若要行在地上，就必須首先行在每一位信徒的生活中。一切名副其實的信徒，就是誠心誠意愛上帝的信徒，都要依照上帝的旨意而行。因為真正悔改重生的人，都要像十六世紀改正教信徒所訂定的生活原則，他們人生的目標，就是要遵行上帝的旨意，要為上帝的榮耀而生活。這是多麼純潔的動機！這是多麼崇高的目標！一點也沒有自私自利的成分在其中。

但是我們有罪性——犯罪傾向——的人，總有為自身利益設想的意念，雖然不能說是自私自利，因為也許這是天賦給人類在罪惡世界上求取生存的本能。有一位神學家說，就算是從這樣的觀點去看，上帝的旨意對我們是有百利而無一害的，因為祂對我們心懷善意，處處為我們的幸福設想。既然是有罪性的人，我們屬靈的眼睛常有近視的毛病，看得不遠；但是上帝總是從「長遠計」的利益，宏大的觀點引導我們的腳步。我們必須學會從「長遠計」的宏觀去看事物，至終必知道上帝為我們的安排，是最美好和最妥善的。「假如上帝的兒女能從起初便看明末後，又能看明他們與上帝同工所完成的光榮旨意，他們自己必要選擇上帝所領導他們走的路。」（這是懷愛倫夫人的名句，見先知與君王四百七十二面）

總括聖經論及上帝對信徒的旨意，可以列為三項：

❶ 上帝的旨意，是要信徒忠誠事奉祂。耶穌說誡命中的第一條，且是最大的，就是信徒要盡心、盡性、盡意、盡力愛上帝。

❷ 耶穌說誡命中第二大的，就是信徒要愛人如己。懷愛倫夫人說：「耶穌從祂最早年的時候，定了一個志向，就是祝福別人」。她又說：「如果人從內心不停地發出為別人造福和幫助別人的意念，這人已經得著了基督徒完美無缺的品格。」上帝的旨意是要信徒愛鄰舍如同愛自己一樣。

❸ 上帝的旨意，是要信徒享有美滿健全和幸福快樂的生活。耶穌說：「我來是要叫人得生命，而且是更豐盛的生命。」記得我到以色列國觀光，跟猶太人打招呼時，我說：「你好嗎？」猶太人總是回答說：「沙羅蜜」。猶太人彼此相見的時候，總是說「沙羅蜜」，通常修譯為平安。可是這個字在希伯來文的內涵十分豐富，包括平安、康寧、萬事如意、家庭幸福、身心康泰等佳美意義。上帝要我們享受人生，像美味的飲食，高尚的藝術和音樂。上帝熱望信徒有美滿、幸福和快樂的人生，便賜下十條誡命，叫人因遵行而得福。神所恨惡的拜偶像、殺人、姦淫、偷盜、說謊和貪婪等盡是破壞世人美滿幸福快樂生活的惡事。

上帝的旨意和信徒的意願

可惜我們出生在罪惡的世界裏，都是有罪性的人，在還沒有悔改重生之前，順著本性，我們的意願，我們的喜好，處處都違反上帝的旨意。因為我們是死在罪惡過犯之中，行事為人都順服魔鬼，放縱肉體的私慾，在上帝看來，我們是反叛祂，抗拒祂的旨意和惹祂發怒的人（見以弗所書第二章）。

在我們悔改重生之後，我們的意願和喜好，在理論上來說，應當處處與上帝的旨意相符。可惜在實際生活上，卻不是這樣。我們歸信耶穌的人，仍然有與生俱來犯罪的傾向，直到離世之日。我的一位神學教授說得好，有些時候我們犯罪的傾向，促使我們去引誘撒但，叫他來引誘我們犯罪。換句話來說，我們悔改重生卻仍不免有犯罪傾向的人，常常有違反上帝旨意的思想和行動的可能，保羅在羅馬書第七章把悔改重生信徒抗拒上帝旨意而引起內心的爭鬥，痛快淋漓地描寫出來。所以我們信徒若要遵行上帝的旨意，可能給我們帶來痛苦的感覺，民數記廿二至廿四章敘述先知巴蘭本身的意願與上帝的旨意相違抗，他不肯順服上帝的旨意，因而招致了悲慘的後果。舊約先知約拿的行事，也應當作為我們前車之鑑。

怎樣辨識上帝的旨意

我們在人生中難免要作許多重大的決定，諸如選擇學校、事業和工作，終身的伴侶、居住的地區、房屋的購置等等，許多虔誠的信徒渴想知道上帝對他們人生中的大事，有甚麼旨意，有甚麼計劃和安排。

上帝十分關懷我們，祂對每一個人的人生都有完美的計劃和旨意。我們若肯依照祂的計劃而生活，就必得著最大的幸福和快樂。就是因為我們都像耶利米先知所說：「人的道路不由自己，行路的人，也不能定自己的腳步（意譯為：沒有人能操控自己的命運或掌握自己的前途），所以上帝應許我們說：「我要教導你，指示你當行的路。我要定睛在你的身上勸戒你」，「你要專心仰賴耶和華，不可倚靠自己的聰明。在你一切所行的事上，都要認定祂，祂必指引你的路。」（詩篇卅二篇八節，箴言三章五、六節）我們得以事奉一位這樣細心照顧我們的上帝，是為最幸福不過的人。

但是在尋求明白上帝旨意的時候，我們因著肉體的軟弱會犯錯誤。有些不太成熟的歐美信徒在作決定的時候，會像非信徒及無神派人士那樣，把一個銀幣向空中投擲，當它下跌在掌上時，看看銀幣的正面或反面是否朝天而作決定。

聖經記載在士師時代上帝親自向基甸說話，吩咐他出來拯救以色列人。他卻兩次要上帝在一團羊毛上依照他的規定用神蹟顯示祂的旨意。可見他的信心是多麼軟弱，也許應當說他是多麼不信靠上帝。幸而上帝體諒基甸的軟弱，一次又一次用神蹟顯示祂的旨意（見基督復臨安息日會聖經評註，士師記第六章），讓基甸好作決定。

記得第二次世界大戰日本軍隊侵佔香港的時候，我只是十三歲。家父家母熱愛上帝，就在此時要作一個生死關頭重大的決定：要留在香港或回到祖國去，他們急欲知道上帝的旨意。父母把我們四兄妹帶進臥房跪在床前，爸爸把寫上「留」和「去」的兩個紙條放在布袋裏，然後每人懇切禱告求上帝指示。禱告完畢，父親把手伸進布袋裏，取出一個紙條，是「去」，父母認為這是上帝顯示祂要我們全家回去祖國的旨意。六十年後我寫這篇文字的時候，深知當時選擇回祖國去，是最好不過的決定，更是上帝體諒信徒的急切要求而顯示祂的旨意。

我應該在此強調一項十分重要的原則。俗語說：平時不燒香，急時抱佛腳。我們作復臨信徒的人，若要知道上帝在我們人生中的意旨，必須尋求認識上帝，每天在靈修時間中與上帝作密切的交往，像約伯與上帝建立有深厚的情誼。我們不應當把上帝視為消防梯子。耶穌在約翰福音第十章強調信徒與上帝之間建立密切的關係。祂說：我是好牧人，我認識我的羊，我的羊也認識我。我的羊聽我的聲音，他們也跟著我。

與上帝保持密切交往因而明白上帝旨意的一個好例子，是十九世紀信心偉人莫佐治。他在五十年內，養活了英國數萬孤子，教育他們。他每年需要二萬六千英鎊去供給多所孤兒院的費用。他沒有宣傳的機構，更沒有公共關係的組織。每當他需要購買衣服食物的時候，他不告訴任何人，卻走進房間裏，關上門，向上帝陳明他的需要。他開設了多所孤兒，世界各地的人士不斷地供應他的需要，五十年如一日。

有一次他在英國海岸乘船要趕往畢士都城講道，不料濃霧籠罩全境，一切船隻都得慢駛或停航。他的心非常焦急，走上船長室對船長說：「我明天必須趕到畢士都城！」船長已經三天三夜不睡，為安全計，親自駕駛，他說：「我們絕對沒有在明天趕到畢士都城的可能。你看不見濃霧嗎？」

莫佐治說：「船長，我的眼睛不是注視濃霧，我是定睛在永生上帝的身上，我請你和我下到船艙的小房間裏一同向上帝禱告，求祂把濃霧驅散。」二人下去，把小房間的門關上，一同跪下。他用最誠懇卻是最單純的話語禱告：「親愛的耶穌，祢知道祢為我安排明天在畢士都城講道，所以請祢把濃霧驅散，阿們。」船長繼著想要禱告，莫佐治卻說：「船長，請你不必禱告，因為剛纔你不相信上帝能把濃霧驅散，而且我更進一步相信祂已經把濃霧驅走了，請你走上船長室，你要看見濃霧已經消散了。」船長走上去，看見濃霧果然已經消散，次日及時趕到畢士都城。

辨識和遵從上帝旨意的步驟

為甚麼莫佐治能夠準確地知道上帝的旨意？這位天天與上帝有密切交往，數十年如一日的信徒，他在死前把辨識和遵從上帝旨意的步驟詳細排列出來，使信徒在人生中面臨重大決定的時候，得著幫助。在讀者細心閱讀這些步驟時，應當特別注意的，就是切勿單單根據某一兩項步驟而去作決定，應該把每一項仔細研究後，才去作一個綜合性的決定，這是一個最重要的原則。

茲把這些步驟列出如下：

❶ 全心全意依照上帝的旨意行事。信徒當然有自己的意願，正像耶穌在客西馬尼園生死掙扎的關頭中，祂切望上帝把釘十字架而死的苦杯移去。但是祂定意要照上帝的旨意行，這是因為耶穌每天與上帝有密切交往，祂說：「我的食物，就是遵行差我來者的旨意。」缺乏了與上帝保持密切交往的人，不可能願意全心依照上帝的旨意行事，也不可能把自己的旨意降服在上帝的旨意之下。

詩人提及在上帝的引導之下，信徒也會有「行過死蔭的幽谷」，或「遭害」的可能。當然，上帝不會加害祂的信徒，卻要在信徒遇害的時候，作他們隨時的幫助。試想約瑟的遭遇，當他被眾兄出賣，米甸商人把他帶往埃及的時候，他的人生似乎到了山窮水盡的境地。他在波提乏家裏作奴隸的時候，贏得主人的信任，似乎可以一帆風順，柳暗花明。怎知因為忠於上帝，得勝了試探，反被囚在監牢裏，信心一再大受試煉。行過死蔭幽谷的經驗，就是孟子所說：苦其心志，勞其筋骨，空乏其身，和行拂亂其所為的人生憂患，叫他能夠勝任日後上帝交付他的重大任務。

事實上，我們作信徒的人，應該知道我們不能完全明白上帝的旨意。為甚麼耶利米先知被下在牢獄，陷在淤泥中？施洗約翰被希律收在監裏？門徒約翰被羅馬皇放逐到拔摩島上？這些問題是我們不能理解的。依照我們人性的軟弱，看見但以理從獅子洞被救出來便興高采烈，樂不可支，但是看見施洗約翰被斬首便疑懼叢生，膽戰心驚。以利亞和以利沙都是上帝所倚重的忠僕，前者有火車火馬把他接到天上去，後者卻要忍受多時的疾病，身心交困而死。

誠心敬愛上帝的信徒，都全心全意相信「萬事都互相效力，叫愛上帝的人得益處」這一金句，並甘心樂意降服在上帝的旨意之下。

2 不要單單靠賴自我個人的情緒行事。一個人的情緒，心情、心境和感覺等，變幻無常，常因健康或好或壞，消化優良或不良，睡眠充足或不足而異（美國人俗語說一個人某日脾氣壞，是因為早晨下床時，在「錯誤」的床邊下床！）可見情緒是多麼不可靠。所以撒但最能使用人的惡劣的情緒令人叛離上帝。人若喜歡愛上帝，撒但會使他過分地宗教狂熱；人若心情不佳，撒但會使他心灰意冷，不再信靠上帝。

有一位宗教作家說恐懼、疑惑、惱怒、貪婪、恨惡是帶有罪性的情緒；而樂觀、喜樂、疲倦、饑餓、悲哀是不帶罪性的情緒。

有些信徒在尋求上帝旨意的時候，以為心中所存的「第一個印象」、「第一個感覺」、或是「第一個反應」，就是聖靈的感動，也就是上帝的旨意。這種想法引起很嚴重的問題，因為這「第一個印象」不是絕對可靠的，很可能不是聖靈的感動，而祇是個人的感覺而已。假如這「第一個感覺」或是「第一個反應」是依順信徒個人的意願，迎合個人所想所求的，便很有不是來自聖靈引導的可能。反之，如果這第一個感覺和反應是以上帝的榮耀或別人的福利為依歸，便可視之為來自聖靈的引導。

重溫以利亞的經驗，可以充分說明情緒的不可靠（見列王記上第十八、十九章）。

3 在聖經裏尋找上帝的旨意。詩人說：「祢的話是我腳前的燈，是我路上的光。」固然，在我們生活上作重大決定的時候，不會找到聖經某卷書某章某節明說你應當過粉筆生涯，或說你終身的伴侶是誰。但是聖經對我們實際的生活有許多重要的原則，例如不要與不信的人結婚，或是不要加入以詭詐欺騙為手段的行業中謀生，如專為作奸犯科罪大惡極的人在法庭辯護，或者幫助奸詐的商人逃避向政府納稅。

很可惜有人把聖經隨意打開，看看打開之處有甚麼話語可以用來作決定行事的根據。我有一位擔任牧師的朋友，聽聞了一個故事，說：有人亂翻聖經，看見「猶大出去弔死了」，這人第二次再亂翻，看見「你去照樣行罷」，他照樣第三次看見「快快去作」。這樣使用聖經，絕對得不著上帝的引導。

4 在思考怎樣作決定的期間，細心觀察上帝在暗中的引導。例如我用過幾個牌子的汽車，毛病百出，正在考慮購買某個牌子汽車的時候，求上帝引導。好像是很碰巧地，無意中跟一位新近認識的人攀談，他多年使用某個牌子的汽車，滿意非常，我便買了。我以為是碰巧，無意之中，但這很可能是上帝在暗中給我的引導。

有些時候上帝在暗中的引導，會叫人驚異。祂暗中用牧羊的經驗訓練摩西學習忍耐和謙卑，以待日後帶領以色列人出埃及之用。所以當上帝在燒不毀的荊棘火焰中任命他拯救以色列人的時候，他對上帝說：「祢找錯人了，我逃離埃及已是四十年前的事了，我的埃及語文大都忘記了，又怎能去說服法老王。還有，祢來找我也太遲了，我已經是八旬老翁，我的人生也快完了（見詩篇九十篇摩西的禱告）。請祢找別人好了。」他尚不知道上帝對他人生的計劃有兩個不同的階段。

說到大衛的人生，也頗相像。上帝揀選大衛作王，撒母耳先知把膏油澆在他的頭上立他作王。從這時候開始，他一直在被掃羅王追殺逃亡中過活，這種生涯足足經過七年悠長的時日，好像他不會有做以色列王的一天。古今許多敬虔事奉上帝的人，都得等待多年才看見上帝的計劃在他們身上實現出來。

原來上帝的時間觀念和我們世人的時間觀念很不相同。我們熱切地希望祂為我們行事快捷迅速，但是上帝卻要培植我們對祂的信靠心。當以色列的百萬群眾來到紅海岸邊安營快要渡海的時候，上帝沒有早早把海水分開，把海底變成乾地，卻要等待多時，直到法老王在後頭趕到追殺之際，最後一分鐘才吩咐摩西舉手向海伸杖，把海水分開。上帝也沒有早早把瑪拉的苦水變為甜水，同樣的是要培植他們的信心。一位神學家說今天信徒若遇到經濟危機，銀行給予三十日宣佈破產的限期，上帝還有二十九日，甚至二十九日半的時光，可以為你解決問題。

在你等候上帝為你解決困難的時候，你的內心有甚麼反應？你能心平氣靜，毫不激動地等待嗎？

你能安安詳詳地信靠上帝嗎？你會不會因為上帝遲慢便向祂埋怨呢？有些時候你若省察自己多麼容易失去信靠上帝的心，多麼不假思索便向祂懷怒，這也許對你培植信心的事上，有很大的助益。

當我們在學習忍耐等候上帝行事，繼續信靠祂的時候，可能看見大難快將來臨，卻可以寧靜安穩地觀察上帝怎樣在你前頭為你引路。

第二十九章　復臨信徒怎樣辨識上帝的旨意（二）

上文結束時提及上帝有時在暗中引導我們，這便引入另一個辨識和遵行上帝旨意的步驟：

5 與敬虔熱愛上帝的親友磋商。前文在敘述這些步驟之前，曾談到切勿單單根據某一兩項的步驟去作決定，所以親友們的意見，應該只是給我們作個參考。這些親友們也必須是熱愛上帝和敬虔的信徒，就是天天與上帝有密切交往的人。有人把箴言十一章十四節譯為：「沒有勸導，人民便要敗落，眾多人的勸導，乃是安全」，有很好的涵意。

所羅門王死後，眾百姓來見他的兒子羅波安，要求新王減輕他們的負擔。羅波安王說：「你們過三天再來見我。」他首先跟那班作過所羅門臣僕的老年人商議，他們憑著多年的經驗勸導新王要依照民眾的意願而行。跟著他又與自己一同長大的少年商議，這班血氣方剛缺乏經驗和見識的人勸他要變本加厲向人民說：「我的小指頭比我父親的腰還要粗大。我父親用鞭子打你們，我要用有刺的棒擊打你們！」於是眾叛親離，新王原有的十二族人，失去了十族。他接受了錯誤的勸導，也從沒有求問上帝的引導。

在我們的親人中，往往可以找到敬虔和熱愛上帝的人，摩西的岳父葉忒羅，是個好例子。他看見摩西從大清早到晚上審判百姓，便為女婿的健康擔憂，對摩西說：「你這樣做事不好，這許多（三百萬之眾）百姓，事無大小都帶到你面前來，叫你的責任太過繁重，你獨自一人辦理不了。我給你出個主意，要從民中揀選有才幹的人，就是敬畏上帝，誠實無妄，恨不義之財的人，派他們作一千人的領袖，一百人和十個人的領袖。這些領袖可以處理許許多多細小的訟案，只把重大的帶到你面前。這樣你的責任便要輕省得多，能夠應付得來。」幸而摩西樂意接受勸導，有良好的結果。

在接受家人勸導的事上，耶穌為我們留下一個好榜樣。祂在十二歲到耶路撒冷聖殿守逾越節的時候，便知道遵行上帝的旨意，是人生中最重要的事。當祂三十歲開始傳道的時候，同著母親去赴一個婚筵。筵席中酒用盡了，馬利亞對祂說：「他們沒有酒了」，請祂解決這個困難。祂答應了母親的要求，同時卻很有禮貌地使母親知道祂的一舉一動必須首先要合乎祂天父的旨意。

我們作重大決定的時候，千萬不可單單靠賴親友的勸導，要把每個步驟逐一細心研究，作個綜合性的決定（這第五項不是莫佐治所作，是後人加上去的）。

6 在禱告中祈求上帝顯示祂對你這項決定的旨意。上帝在雅各書第一章五節邀請我們向祂祈求智慧。本文和上文所列舉的八項步驟中，這是最重要的一項。假如做決定的時間極短，必須當機立斷，我們便應當效法尼希米先知。他被擄到波斯國作王的司酒官，卻全心要修建久已荒涼的耶路撒冷城。王忽然問他對王有甚麼要求；他立時在心中向上帝祈求，上帝也便立時引導他（見尼希米書第二章）。

固然，在我們思考每一步驟的時候，應該禱告。我們不是作「平時不燒香，急時抱佛腳」的禱告，而是天天與上帝有密切交往的禱告。耶穌在教導門徒禱告的時候，說：「你們祈求，就給你們，尋找就尋見，叩門就給你們開門。因為凡祈求的就得著，尋找的就尋見，叩門的就給他開門。」（路加福音十一章九、十節）請讀者注意，在耶穌暢論禱告的時候，從來沒有提出或暗示我們應該向上帝求個兆頭，像晴天中忽然雷轟電閃。禱告乃是把我們要解決的事情，帶到上帝面前來，求祂指引我們當行的路。

有人會作如下的意想：某些事情可以用幾個不同的方法去處理，都可以得到妥善的後果，上帝既賜我們頭腦，不管我們怎樣去決定將必合符祂的旨意，所以我們不必禱告，自行決定好了。要知道這就是無神派人士作決定的方法。原來上帝十分關懷我們的福樂，祂說：「應當一無掛慮，只要凡事藉著禱告、祈求和感謝，將你們所要的告訴上帝。」（腓立比書四章六節）「凡事」就是說，大事和小事。我們知道上帝統管全個宇宙，耶穌卻告訴我們上帝也看顧小小的麻雀，祂裝飾田間的青草和野花，上帝更知道我們每一個人有多少根頭髮，祂關懷我們生活中的任何事情，無微不至。

禱告的特權給我們信徒帶來向上帝陳說我們生活中各項細節的機會。讀者記得希西家王收到亞述王的信，說他要來毀滅猶太國，把國民趕盡殺絕。希西家把信帶進聖殿裏，在上帝面前把信展開。請讀者想一想，難道上帝不知道那封信的內容嗎？祂當然知道，希西家也知道上帝知道。他把信帶到上帝面前來，是要與上帝談論這事，商討這事。這就是上述保羅的話，把凡事都在禱告中告訴上帝，與上帝談論和商討。耶穌說我們是祂的朋友，朋友們常常彼此談論和商討生活中不論大小的事務。

在我們禱告與上帝商討之後，我們便要留心察看祂怎樣引導我們。聖經記載上帝用許多不同的方法回答信徒的禱告，常常出乎人的意料之外，今列舉如下：

拿但業在樹下祈求上帝指示他到底耶穌是不是彌賽亞，上帝便差遣腓力去指示他。埃提阿伯國的太監到耶路撒冷城來敬拜上帝，得了以賽亞先知那卷書，在回家路上細讀第五十三章，讀到「他像羊被牽到宰殺之地，又像羊羔在剪毛人的手下無聲，他也是這樣不開口」，不明白以賽亞是指著自己而說，或是指著別人？上帝卻在幾小時之前打發一位天使對腓利說：「起來，向南行，走在那從耶路撒冷下迦薩的路上」，上帝帶領他走上太監的車子，為之解答問題。

當摩押人，亞捫人和米烏尼人派大隊軍兵來攻打猶大國，國王約沙法知道無力抵抗，便召開全國性的禱告會，求上帝拯救。就在禱告會中，上帝打發祂的一位先知高聲宣佈祂施行拯救的細節（見歷代志下第廿章）。

上帝回答人最不可想像的方法，也許是使用那隻冥頑不靈的驢子開口跟先知巴蘭吵架。讀者一定記得但以理和他的三位同伴面臨死亡，他們立即同心祈求上帝把王帝的夢向他們指示。就在當天的夜裏，上帝便把那夢向但以理啟示出來，一點也沒有遲延。

約瑟聽聞他的未婚妻馬利亞快要生一個孩子，心情十分惡劣。聖經對此事的記載，在字裏行間，可以看出他是在禱告中祈求智慧去處理這事。上帝便差遣一位天使在夢中給他回答，說：「不要害怕，只管把馬利亞娶過來。」

以色列人的領袖約書亞在耶利哥城附近求上帝的引導，立時，他看見一個人，手裏拿著拔出來的刀，站在他面前，這人就是耶和華軍隊的元帥。以利亞逃命，走了四十晝夜的路程，在何烈山的洞中禱告，上帝叫他出到洞口來，站在那裏。有崩山碎石的烈風吹過，繼之而地大震動，然後有烈火，以利亞也許以為上帝要在這些大自然的現象中向他回答。沒有！上帝卻在火後用微小的聲音向他說話。

如上所述，上帝帶領信徒的方式各有不同，因人而異，但是祂對我們求救求助的禱告，必有回應。上帝絕對不會把我們的祈求（此處用三個以「置」字為首的成語）置若罔聞，置之不理，或是置之腦後。信徒倘若得不著上帝的救助，其原因之一，就是使徒雅各所說：「你們得不著，是因你們不求（四章二節）。這個「求」字，含帶常常的禱告，不住的禱告，禁食的禱告，誠心懇切的禱告，恆久持續的禱告。這是我們作重大決定之時，辨識上帝旨意最重要不過的方法。

7 立斷和果決。讓我們再把前六個辨識上帝旨意的步驟重述一次：甘心樂意把自我個人的旨意降服在上帝的旨意之下；不憑情感用事；從聖經中探尋上帝的旨意；細心觀察上帝暗中的引導；與熱愛上帝的親友磋商；和在禱告中祈求上帝指示祂的旨意。下一步自然就是立斷和果決了。

我們在聖經裏可以找到許多催促人作決定的例子。當摩西在西乃山從上帝手接過兩塊石板下山，看見以色列人圍著金牛犢跳舞時，大怒之下扔碎了石板，說：「凡屬耶和華的，都要到我這裏來」，人人便得作個決定，作了決定之後便得接受所作決定的後果。

約書亞帶領以色列人進入迦南美地，在那裏安居樂業的時候，他吩咐百姓作個決定，選擇要事奉的是上帝，或是別的神。約書亞自己和他的家人當時作了決定，說：「至於我和我的家，我們必定事奉耶和華」，毫不猶豫，勇往直前。但以理和他的三位同伴決定不以尼布甲尼撒王的食物和酒玷污身體，他們的決定帶來美好的後果。

可惜上帝的信徒有時不肯作決定。以利亞責備以色列人遲疑不決，心持兩意。掃羅王優柔寡斷，舉棋不定，是一個沒有決斷能力的人。今天他願意順從上帝，把大衛迎作上賓，明天卻竟要用槍把大衛刺死。

從深一層來說，原來我們作決定與我們執行決定之間，有極大的距離。羅馬書第七章是保羅發現這距離所生發的哀鳴，他說：「我可以立志（決定）行善，只是沒有力量行（執行）出來」，這就是我們常用的感嘆語，說：「心有餘而力不足」，或說：「心餘力拙」。幸而保羅告訴我們怎樣消除這個距離。現代中文譯本修訂版把這個好消息的精意完全表達無遺：「上帝常常在你們的心裏工作，使你們既願意（決定），又能夠實行（執行）祂美善的旨意。」（腓立比書二章十三節）

是的，上帝不單止向信徒顯示甚麼是正確的決定，祂更在我們心中幫助我們作正確的決定，而最重要的，乃是祂賜給我們執行正確決定的能力，這是最好不過的保證。

在結束這段「作個立斷和果決」的時候，我們應當暫且放下對作人生大事決定的討論，而去思考人生最重大的決定。我們要回到約書亞死前給以色列人臨別贈言所說的話。他沒有說：「你們要作個決定，要選擇做一些甚麼事」，他卻說：「你們要作個決定，選擇要事奉誰？要作誰的僕人？」原來在有奴隸制度的社會中，僕人（原文是奴隸）不是自由自主的人，奴隸的責任就是奉行主人的決定，事無大小，主人作出全盤的決定。奴隸唯一可以決定的，就是要不要繼續作目前主人的奴隸。他可以冒生命的危險逃走，或冒入獄的危險脫離主人。但是當奴隸一旦作了要事奉誰的決定，他便不須再作甚麼別的決定了，因為一切的決定，都有主人為之作主了。有一位神學家說：「一個不停地對上帝說，好，是的，對的，我要照祢的決定行事，這樣的信徒就是最快樂和幸福的信徒」，這是至理之言。換句話說，約書亞把我們生活上許許多多複雜的問題，大大地簡化了。

8 把你的決定實行出來。這也許是最叫人興奮的一步，因為在這一步中，你可以潛心觀察上帝在你的人生中怎樣為你籌謀策畫，怎樣為你開路或擋路，怎樣為你開門或關門。

上帝在啟示錄書第三章說祂「拿著大衛的鑰匙，把門開了就沒有人能關，關了就沒有人能開。」這就是說，上帝深深明白怎樣用開門或關門引導信徒的途程。

人是常常犯錯誤的，上列的七個步驟中，我們可以在任何一個、兩個、或兩個以上犯錯，自然在第七個步驟會作出錯誤的決定。所以到了把決定實行出來的時候，我們應當祈求上帝說：「主阿，假如我作了錯誤的決定，求祢為我封路，求祢為我關門，叫這決定行不出來。（當然我們絕對不能忽略上列七個步驟，毫無準備，便貿貿然作決定，然後求上帝開路、封路、開門或關門）。

假如我能夠肯定地說：「讀者若經過細心考慮頭七個步驟，然後作了一個合乎上帝旨意的決定，從此，機會之門便告大開，更要持久大開，你便一帆風順，無往不利，事事稱心如意」，我會很開心。但是我絕對不能那樣說，因為這是與聖經的教導不相符合。

假如我又說：「在你面前的機會之門似已關閉，你的決定必然是錯誤的」，我也不能這樣說，因為這也不合聖經的教導。原來上帝為信徒開門或關門，不是很簡單的事情，因為在引導我們的時候，祂常常也要同時培養我們信靠祂的心，和堅忍不撓的性格，這就是孟子所說：「動心忍性，增益其所不能。」

我們應當查考在聖經中上帝怎樣用開門或關門引導祂的兒女。有些時候，人呼求上帝，門便大開，不須等候，以利亞是個好例子。他一開口祈求上帝從天降火下來，果然烈火立時從天而降。大衛用投石機把石粒向歌利亞強力射去，立時殺死了哥利亞，不須稍待。但以理剛下達獅子洞底的時候，上帝便封住獅子的口。沙得拉、米煞和亞伯尼歌被扔進火窯的那一剎那，上帝便立時把火焰冷卻下來。

有些時候上帝在引導祂子民的事上，祂會使用雙管齊下的方法，同時開門和關門。我們閱讀使徒行傳第十六章，發現上帝把保羅計劃到亞洲兩個地區傳道的門都關閉起來，祂卻立時把到歐洲傳道的門大開。

讓我們看看上帝在引導人的過程中，怎樣教導人耐心等候，並持續信靠祂：

當亞當聽聞上帝要賜下一位救主的應許，便把頭生的兒子起名為該隱，意思是說，我已經得著這位救主了，怎知該隱竟是一個殺人犯。亞當等待了九百三十年，卻仍得不著救主，但是他肯耐心等候，持續信靠上帝，順從祂的旨意。

在挪亞的人生中，他把握機會學習等候和信靠上帝。他用了一百二十年的歲月建造方舟，一面勸導世人決心進入方舟保存性命。有些人在挪亞開始傳道的時候受了感動，決意在方舟建成之日要進去。一個世紀又二十年是一段十分悠長的時日，這些人經不起信心的試驗，全都放棄進入方舟的意念。挪亞等待了一百二十年，就是在一切飛禽走獸從樹林田野出來進入了方舟，上帝親手把方舟門關上後，他還得再等待七天，豪雨才下降。在方舟裏面，他等待了一年多才可以步出方舟，他學會了忍耐等待，順從上帝的旨意。

亞伯拉罕得著上帝特別給他一個異象，應許他要得一個兒子。對這位擁有一切財富名譽地位祇是無兒無女的人來說，是極其寶貴的應許。可是等待了一年、五年、十年、二十年、二十四年之久，他仍舊得不著上帝所應許的兒子。在這二十多年間，雖然他曾一度信心軟弱，聽從妻子的提議娶了女僕夏甲為妾，他卻受培植得了前無古人後無來者的那樣堅強的信心，竟能毫不猶豫地決心殺死以撒獻給上帝，絕對地順從上帝的旨意。

雅各想不到要等待三十多年才得到所應許的長子名分，卻兩次向哥哥以掃採用詭計，違反上帝的旨意。

摩西知道上帝委任他帶領以色列人出離埃及。他感覺上帝行事緩慢，便自作聰明地殺死一個埃及人，拯救族人之門便緊緊關閉了四十年。四十年後，他在燒不毀的荊棘林中與上帝說話，門又大開了。怎知當他下到埃及時，法老王聞言，便變本加厲苦待百姓，門又關閉，叫他作了一個啼笑皆非的禱告，說：「主阿，祢為甚麼這樣虐待祢的子民？又為甚麼差遣我來這地方？自從我到國王面前為祢講話，他便更加殘害祢的子民，祢卻一點都不救助他們！」

每一次災禍降下來，門便開一開，但是災禍稍為鬆弛一點，門又關閉。第十災殺盡埃及人的長子時，門開了好幾天，但當以色列人到達紅海岸邊的時候，法老追兵趕到，門又好像關閉。上帝順勢把門打開，他們便過了紅海。可惜他們到達迦南美地邊境的時候，反叛上帝，自己把進入應許之地的門關了三十八年之久，違反了上帝原定他們立刻進入迦南美地的計劃，可悲可嘆。

聖經所記述的人物中，少有像約瑟那樣完全沒有大過的人。上帝為了要培植他的信心，容許他曾作過一段時期的奴隸，又被關進在監牢裏。他等待了二十多年，門告大開，不再關閉，這是上帝對約瑟人生所存美善的旨意。

幫助。

最重要的觀念

在我們人生多項重大的決定中，要探尋和辨識上帝對我們所存的旨意，上列的八個步驟，殊多幫助。

在總結這兩篇討論辨識上帝旨意文字的時候，最宜為讀者帶來一個絕妙的佳音，這佳音是：退一百步來說，假如我們在頭六個步驟中全都犯了錯誤，所以在第七步所作的決定就必然是錯誤的決定；可是上帝絕對不會因錯誤的決定而丟棄我們，或不再引導我們。

西諺有一句名言說：犯錯誤是一般人的通性，這是至理之言，連聖經中的聖賢，都免不了常犯錯誤。可是熱愛上帝的信徒雖然犯了錯誤，卻不會是致命的錯誤，也不會招致咒詛。固然，關懷我們福樂的天父是要因這些錯誤而傷心和失望的，但是祂必定幫助我們亡羊補牢，或叫我們亡羊得牛，失小得大，這就是上帝「使萬事都互相效力，叫愛上帝的人得益處」的道理。說出這句名言的使徒保羅，曾一度因愚妄無知，以殘害基督徒為能事，上帝沒有因這偌大的錯誤而丟棄他。

所以親愛的讀者，上帝呼喚你，說：「無論做甚麼事，都要以上主的旨意為依歸，祂就會指引你行走正路。」（箴言三章六節現代中文譯本修訂版）全心信靠祂是為上策，阿們。

（這兩篇文字，頗多取材自我的神學教授和一位同事的作品中，特此致謝）

第三十章　復臨信徒與聖靈的引導（一）

耶穌帶領十二個門徒三年半的生活中，甚麼時候有困難，他們一點也不愁煩，這位常在他們身旁的耶穌不單止有求必應，祂更是萬能的主。祂能用五個餅兩條魚餵飽兩萬三萬人，又在狂風駭浪中，一葉漁艇險遭沒頂之際，祂被門徒驚醒，站起來斥責風浪，立時風平浪靜。祂施行千萬神蹟奇事，醫病趕鬼，最偉大的就是叫死了四天屍身開始腐朽的拉撒路復活。有這樣的一位領導者，前途十分光明，沒有一點憂慮的意識。只是在耶穌被釘十字架之前，曾多次告訴門徒祂將要被賣捨命，然後離開他們回到天父那裏去，門徒便滿心憂愁，驚惶失措，對前途有絕望的感覺。就在這樣的情景中，耶穌便向他們詳細講解祂為他們和祂復臨前一切信徒所定下最美善的計劃。祂說：「我要求父，父就另外賜給你們一位保惠師（或作訓慰師），叫祂永遠與你們同在，就是真理的聖靈。」研究過這節經文的人都知道它有十分豐富的內涵。先看「另外」一詞為例：耶穌自己是上帝賜給世人的一位保惠師，而聖靈乃是上帝賜下和耶穌同一類型的另一位保惠師。耶穌是神，聖靈也是神，祂們是二而一，一而二的。

「保惠師」沒有「訓慰師」那樣符合原文的意義。把「訓慰師」一字完全翻譯出來，就是「被請來到身旁訓導，安慰和幫助者。」耶穌在世傳道的三年半中，在門徒身旁訓導、安慰和幫助他們；照樣，當耶穌升天不再在他們身旁的時候，聖靈乃是時時刻刻在信徒身旁訓導、安慰和幫助他們，幫助他們過真正的基督徒生活，叫他們在任何處境中，有祂作他們隨時的幫助，直到耶穌回來之日。這對我們復臨信徒來說，是一項絕對令人振奮的佳音。

因此，聖靈便成為我們生命的主宰，祂要鼓勵我們完完全全地效忠上帝，祂要供給我們過得勝生活的能力。聖靈的工作，是以耶穌為中心的，耶穌說聖靈「要榮耀我」。使徒保羅稱聖靈為「耶穌基督的靈」（腓立比書一章十九節）。聖靈自己沒有為信徒帶來新的思想，祂的工作不是要標新立異，或另創新奇的學說，耶穌說聖靈憑著自己不說甚麼，乃是把祂所聽見的都說出來，並要叫門徒記起耶穌所說的一切話。聖靈向信徒的指示，是完完全全以聖經為根據，因為聖經是聖靈感動人而寫成的，聖靈絕不會更改聖經的話語。信徒每日靈修研讀聖經的時候，必須懇求聖靈賜力量，把聖經的原則在每日的生活中實行出來，這才可以在靈性上有所增長。

聖靈引導基督復臨安息日會

我要以最謙卑和最感謝的態度書寫下面的一段話。耶穌說：「只等真理的聖靈來了，祂要引導你們明白一切的真理」，現在代中文譯本修訂版譯作「等到賜真理的聖靈來了，祂要指引你們進到一切的真理中」，如此譯出，更合原文的意義。記得讀本會先賢們探索聖經裏面多項真理的時候，他們經常夜以繼日地研讀和討論，並在研討中，常用長時間去禱告，祈求聖靈啟導他們的思想。當然，聖靈照著耶穌的應許，把多項真理向他們顯明出來。這是聖靈工作的第一步，叫人在思想上「知道」聖經中某一項的真理。「知道」當然比「不知道」好得多了。但是聖靈的工作，不僅是叫人明白或知道真理，而是指引人把真理拳拳服膺，如獲至寶，不單謹存於心，更要把真理付諸實行，這才是「進到一切的真理中」。

舉個例子來說，十七世紀初葉聖公會（英國的國教）裏面有一班信徒研究聖經，聖靈引帶他們發現浸禮的真理，除了不應當為嬰孩行滴禮之外，成年人更應當全身入水，才符合新約的浸禮儀式。這班信徒便成立了浸信會。過了一些時候，有一班浸信會的信徒繼續研究聖經，聖靈引帶他們發現了遵守星期六為安息聖日的真理。很可惜絕大多數的浸信會信徒不肯聽從聖靈的帶引，拒絕接受這項聖經的真理。當時一千萬的浸信會信徒中，只有寥寥可數的六千人，成立了「安息日浸信會」。

在基督復臨安息日會的早期歷史中，聖靈向我們的先賢指引許許多多的真理。一八四四年的大失望之後，我們得著基督復臨的真理。聖靈藉著安息日浸信會的信徒把安息日的真理傳給本會的一位先賢，船主貝約瑟。此後，聖靈帶領我們進到許多本教會肯接受的真理，例如：死人毫無所知，因信得救，耶穌今日在天上至聖所為我們工作，全身入水的浸禮，管家的責任（十分之一），潔淨和不潔淨的食物，預言之靈的恩賜等等。

我們絕對不能以為本教會已經進入了「一切」的真理中，因為聖經歷史證明上帝在各個世代中繼續不斷地向祂的子民啟示真理。每一個世代有它特殊的需要，所以上帝賜給各個世代的真理，不盡相同。例如挪亞用一百二十年的時間向當代人民所傳的真理，就是洪水快來了，你們要進入方舟保存性命。施洗約翰傳的真理，就是耶穌來了，天國近了，你們要悔改。上帝給生活在末世時代世人的真理，就是耶穌快要回來了。這就是使徒彼得所說的「現代的真理」（彼得後書一章十二節照原文翻譯）。

月前偶爾翻閱三十年前出版的本會基本信條一書，只有二十一條，今日已增至二十七條。最叫我們信徒興奮的，就是本教會極度樂意接受聖靈指引的態度，感謝主！讚美主！

聖靈引導信徒的日常生活

一位牧師對教友講論聖靈的時候，向他們發出這個問題：

「為甚麼聖靈要不停地充滿我們的心？」

一位教友很認真（也很天真）地回答：

「因為我們的心有漏洞，常把聖靈漏出去。」

這個回答似乎有點不太文雅，卻是一個很有意思的回答。試想一個水壩若有一條小小裂縫，要填補它是件易事。但是水壩若全部破裂，那是無可挽救的災害，千百房屋要倒塌，千百居民要喪生。我們要怎樣在裂縫還是細小的時候把它填補，以防步整個水壩破裂？

當大衛從重罪中悔改後，他寫了傷痛欲絕的懺悔詩，哀求上帝說：「不要從我收回祢的聖靈。」大衛深知聖靈離開掃羅的可怕後果。

聖經勸導信徒在日常生活中順從聖靈的引導，有兩句很重要的聖訓，這兩句聖訓都是以「不要」為開始的，這兩個「不要」字，證明上帝非常尊重每一個人，讓人有絕對自由自主之權：

1「不要叫上帝的聖靈憂傷」（以弗所書四章卅節，現代中文譯本修訂版）。這「憂傷」一詞，與耶穌對門徒說，我心裏甚是「憂傷」，幾乎要死，二者在原文是同一個字。

有甚麼事能叫上帝的聖靈為我們憂傷？保羅在希伯來書第三章引用聖靈自己的話：「聖靈有話說，你們不可硬著心」。跟著，保羅解釋硬心是甚麼？硬心就是信徒存著不信的惡心，被罪迷惑，心裏就剛硬了。還有甚麼能比不信的惡心，被罪迷惑，更叫聖靈憂傷呢？

有一位長老會的神學家在聖經中找出六項使聖靈為信徒憂傷的事：

甲、公開和明知故犯的罪

乙、不合情理的發怒

丙、邪惡淫亂的思想

丁、忘恩負義

戊、疏忽、不盡責任、對人漠不關心。

己、抗拒聖靈

2「不要消滅聖靈的感動」（帖撒羅尼迦前書五章十九節）。這句話在原文是：「不要熄滅聖靈的火」。聖經用火代表聖靈，使徒行傳第二章記載聖靈下來充滿門徒的時候，說有舌頭像火焰顯現出來，分別落在各人的頭上。

「不要消滅聖靈的感動」，是十分完美的意譯，因為聖靈對信徒的一項重大任務，就是感動他們。以賽亞先知說：「你或向左，或向右，你必聽見後邊有聲音說，這是正路，要行在其間」，這就是聖靈引帶信徒的聲音，也是信徒蒙光照後憑良心說出來的聲音（未得上帝恩光照耀的良心，很不可靠。新基內亞土人的良心叫他們喫剛死去父母的肉，才算是孝敬父母）。

在信徒的生活裏，有甚麼事情能消滅聖靈的感動，能熄滅聖靈在我們心中燃燒的火焰？最好的回答，可從大衛的一篇詩中找出來：「我的心若注重罪孽」（詩篇六十六篇十八節）某英文聖經譯本說：「我的心若撫愛、培養、縱容、助長罪孽。」坦白來說，在我的心中，我享受一些罪惡，聖經說人可能享受罪中之樂。基督復臨安息日會聖經評註對「我的心若注重罪孽」一語，寫了一段精警的評註，說：「信徒願望他們的禱告得蒙上帝垂聽，便須定意丟棄他們生活中明知故犯的罪惡。『人若存心立意要順從上帝，又在順從上帝的事上努力，耶穌便接納這樣的心意和努力，視之為信徒給祂最佳美的服務。祂更要把自己的美德去彌補信徒努力的不足之處』」（引懷愛倫夫人的名句）。

說到信徒心中的罪，各有不同，因人而異。怎樣在心中把個人的罪惡趕盡，乃是每位信徒的當務之急。且引本會在美國一位很有名的黑人腦科外科醫師為例。他十四歲時在波士頓的黑人貧民區生長，他有極壞的脾氣。一天，他跟友人口角，怒氣沖天，伸手把刀插向友人的肚子。幸而那人腰帶的金屬扣又厚又大，叫他的刀鋒斷裂。他立時醒覺，知道自己無法控制這種壞脾氣，便跑回家中，把自己關在浴室裏，用幾小時向上帝求助。他告訴上帝說：假如不是那人腰帶的鐵扣子，他必要喪生，我便得被判死刑或無期徒刑。他極度憎恨自己，他更知道要去克勝這與生俱來的壞脾氣，自己實在無能為力。他常常讀「今日心理學」雜誌，心理學家都以為壞脾氣是不能改變的。他全身大汗，滿眶淚水地對上帝說：「不管心理學家的理論說甚麼，我求祢改造我的性格，祢一定能夠為我除掉這又乖戾又滿帶毀滅性的壞皮氣。」

他的心靈在這幾小時裏好像在漆黑中摸索，這是他在浴室裏跟罪惡作生死爭鬥的時刻。他把聖經打開，翻到箴言書十六章，看見「不輕易發怒的，勝過勇士，治服己心的，強如取城」這兩個金句，深受感動。他說：「我掙扎了許久之後，心中感覺到一陣莫名的平安，把我的眼淚止住了。我知道上帝聽了我的禱告，我心頭的重擔輕省下來。我也感覺我的性格已經有了改變，現在的我和幾小時前的我，已是判若兩人。我發覺我自己已經改變了，與前不相同了。我便站起來，把聖經放在洗澡盆旁邊，走到洗臉盆前把手和臉面洗乾淨，把衣服抖得整齊。在我走出浴室的時候，我是一個改變了的青年，我自言自語地說：『我的壞脾氣再也不能管轄我，我是一個自由人！』自從那天在浴室裏面多小時的掙扎，向上帝求救之後，經過近二十年的時光，到今日為止，壞脾氣的惡行再沒有重現。」

保羅說在我們的生活中，有些「容易纏累我們的罪」。現代中文譯本修訂版把這一詞譯為「跟我們糾纏不休的罪」，十分達意。我上文談及各人的罪，互不相同，因人而異。像嫉妒、自私、虛偽、不誠實、貪小利、思想不潔、搬弄是非、道長論短、與人結怨、批評人事……。親愛的讀者，你若是知道你的生活中，或是你的心裏有某些罪，是你所撫愛、培養、縱容、助長，甚至「享受」的，又或是你痛恨卻沒有決心除去的，你應該知道，藉著禁食和禱告來到上帝面前，祂必定為你克勝這些罪，幫助你不致消滅聖靈的感動，亦不熄滅聖靈在你心裏的火焰。記得懷愛倫夫人的一段話，大意是說：上帝答允人的禱告，有些時候祂必須稍作等待。但是當人祈求上帝賜力量去克勝罪惡，這種禱告，是上帝絕不等待而立時答應的禱告。

兩種反應

讀者知道我們若明知故犯做了一件錯事，良心便要責備我們。我們被良心責備的時候，可以有兩種不同的反應：

①接受聖靈藉著良心的責備，順服聖靈的勸導，改邪歸正，重新與上帝和好。②拒絕聖靈藉著良心的責備，蔑視聖靈的勸導，繼續做錯，消滅聖靈的感動。

使徒保羅十分明白聖靈的工作，他訓示人「不要消滅聖靈的感動」，舉出一個例子。他講論有些信徒離開真道，說：「這些人的良心，好像被熱鐵烙慣了一樣。」保羅生活在盛行奴隸制度的社會中，主人用燒得熾熱的鐵棒烙印在奴隸的皮膚上，作為屬於主人的標記。這被刻烙的皮膚所結的疤痕，完全失去了知覺。

人在多次拒絕聖靈感動的時候，將要失去悔改的意念。更可哀的，就是人到了這個境地，更失去了分辨善惡的能力。先知彌迦說，這樣的人，憎惡善良，卻喜愛罪惡（三章二節），先知以賽亞說，他們稱善為惡，稱惡為善，以暗為光，以光為暗，以苦為甜，以甜為苦（五章廿節），這就是淪於連上帝也束手無策，愛莫能助的境地了，無怪乎以賽亞先知哀嘆說：「這樣的人有禍了」。

西方人說良心（良知良能）是人心靈裏面上帝的眼睛，上帝把良心放在人的心靈裏面，是要經常地提醒人要順從他已經得著的真光。故意違背良心的指導是最危險不過的事，這樣的違背，就是聖經多次提及法老王把他的心漸漸剛硬起來。上帝極度尊重人的自由，所以祂准許和任憑法老王硬著心腸抗叛祂（見出埃及記四章廿一節一九四八年和合譯本小字註解）。這樣一次再次多次的違背終要形成無法破除的習慣。這樣的習慣一旦形成了，人便完全失去了悔改的意願，是最可哀不過的現象。原來上帝與世人交通獨人無二的路徑，就是藉著聖靈的感動。人若為要不受良心的責備便阻塞聖靈感動的路徑，這就是把自己與上帝交往的路徑堵塞住了。這一來，不是上帝不願意赦免干犯聖靈的罪，而是罪人失去了請求上帝赦免的意願，哀莫大於心死，其是之謂乎？

聖靈對信徒生活，從中引導，是通過人的良心去感動人。我們通常說聖靈用微小的聲音引導人，比如說，我今天在超級市場被試探要偷取一小包巧格力糖，聖靈藉著我的良心說：「不要偷，不要犯罪」。我聽了便把那小包放回架子上，我的良心便保持它敏銳的警覺。但是我若不聽從這聲音，硬把那小包塞進自己的衣袋走出市場，心臟劇烈砰跳，惶恐萬分。全天精神彷彿，不停地想著這樁罪惡，晚間想著這事，整夜睡不著，好不難受。

但是過了幾天，我又一次受試探竊取巧格力糖的時候，聖靈又透過我的良心說：「不要偷，不要犯罪。」但是就算聖靈的聲音像上一次一樣響，可是在我聽來，這聲音比上一次細小了，微弱了。這是因為經過一次拒絕聖靈的勸導，我的良心像被熱鐵烙過，失去了從前敏銳的感覺。這還不止，我偷了巧格力糖走出市場的時候，心臟沒有像上一次那樣劇烈砰跳，沒有惶恐，也沒有全天想著這樁罪惡，更沒有為此事而失眠。經過多次拒絕聖靈的勸導，就算祂用震耳欲聾的雷聲向我說話，我也會充耳不聞，何況聖靈從來沒有向人吆喝大叫。

門徒猶大的悲慘經驗，是良心被熱鐵烙慣（中文的慣字用得十分妙！）的好例子。細讀懷愛倫夫人「歷代願望」論猶大的一章，可知猶大從愛慕耶穌而變成出賣耶穌，冰凍三尺，非一日之寒，不是一朝一夕的事，而是一次、兩次、三次和多次拒絕聖靈的勸導，積年累月，結果，他的良心麻木不仁，把聖靈的感動完全消滅了，聖靈的火焰也完全熄滅了。他竟以當時三十塊錢的奴隸賤價把天地的主宰出賣了。拒絕聖靈的勸導，能叫人喪盡天良，曷勝浩嘆！讀者其勉諸！

我們作信徒的人，除了不消滅聖靈的感動之外，更應當積極去挑旺聖靈的火焰在我們心中燃燒。路加醫師說「上帝賜給順從之人的聖靈」一語，有很深厚的含意。「順從」一詞的音義，是同意、信任和友誼。我們若養成一個好習慣，隨時隨地同意上帝的指導，對祂存絕對信任的心，更把上帝看作是我們最友善的朋友（亞伯拉罕是上帝的朋友），我們便可得到上帝所沛降的聖靈。

聖經是上帝藉著聖靈給我們的啟示，是人被聖靈感動，說出上帝的話來。所以研讀聖經有助於聖靈火焰的燃燒。有一位聖經學者說，誠懇熱切的禱告，是像把汽油倒在火焰上，叫我們心靈上得著莫大的喜樂。我們與同道們討論屬靈的事，一同唱歌頌讚上帝，這都是有助於聖靈火焰旺燒的好途徑。是的，讀聖經、禱告和與聖徒交往，能堵塞我們心靈上的一切裂縫，叫我們成為被聖靈充滿，被祂使用去完成聖工的信徒，阿們！

第三十一章　復臨信徒與聖靈的引導（二）

我有一位神學教授說：「耶穌升天後，祂坐在聖父的右邊，祂們兩位都在天上，所以三位一體真神要與在地上的世人交通，要引導信徒，全是聖靈的工作。天庭與世人交通獨一的通路，就是聖靈。」當然，我們知道聖父聖子，也像聖靈那樣，是無所不在的，祂們雖然是在天上，祂們同時也在各處，祂們的臨格也在世上。但是上述神學教授的話，與約翰福音十四章耶穌向門徒解釋聖靈的職司，十分相合。換句話說：一個人若拒絕聖靈的引導，他就是把自己與天庭交通的唯一通道塞住了。如上文所說，這是最無可救藥的行徑，叫上帝也束手無策，愛莫能助。可惜在一八四四年復臨運動的歷史中，竟有如下的一個可悲的例子，筆者要引用它與讀者分享，切望復臨信徒把它當作前車之鑑，幸勿重蹈覆轍，阿們。

本書第六章敘述一八四四年代復臨運動到達高潮的時候，信徒捐獻房屋田地珠寶玉石資助傳揚耶穌即將回來的訊息，他們更親自四出拯救生靈，歐柏醫生，就是一位這樣的信徒，人人稱呼他為「醫生」，也許當日在維廉米勒耳的群眾裏，只有他是醫生。十九世紀的醫生早上騎馬到一個鄉村進入三個家庭治病，然後乘馬到鄰近小鎮在兩個家中治病，這就是醫生全天的工作。醫生在馬背上浪費許多時間，在每一個家中也費了不少時間為病人作冷敷和熱敷。有一天，他的病人發高熱，天氣又甚燠熱，他請病人的妻子把窗戶打開一兩吋，通通睡房像鮑魚之肆的嗅氣。妻子極力反對，怕丈夫受寒。他便自行把窗打開兩吋，向她解釋說：「新鮮空氣，冷水敷額頭，和薄薄的衾被對治療高熱，十分有功效」，他便坐在床邊跟病人談話四十五分鐘，幫助他減退高熱，然後他為病人禱告。有些時候病人快死，他便日夜在病人床旁侍候，怪不得人人敬重和喜愛這位仁心仁術的醫生。

當時復臨信徒相信耶穌要在一八四四年十月廿二日回來，便都四出傳揚這緊急的訊息，又用許多時間研讀聖經，醫生也沒有例外。某一天晚上，醫生去聽維廉米勒耳講道，他說：「你們不要單單聽我講道，更要緊的，你們要自己研究聖經。再過幾天，只有多幾天，耶穌便要回來，我懇請你們要為永生作準備」，說時聲淚俱下，極其懇摯。然後他把雙手拱合，像是要作禱告，說：「一切的監牢要被打破，一切手鐐也要解開，耶穌正在敲門，以馬內利大君王要降臨。你們肯不肯擺脫一切把你們與耶穌隔離的罪呢？你們肯不肯準備妥當迎接祂呢？」維廉米勒耳坐下來，一位年輕人唱歌，歌詞說：「烏雲快要消散，天也快要亮了。醒來！醒來！醒來！你偉大的救贖主臨近了！」

維廉米勒耳的話和這首歌的詞句，震盪了醫生的心靈。他全身感覺著一陣莫名的寒顫，他想：耶穌回來的時候，我若仍舊是一個失落的人，那會是多麼的可怕？他不能讓任何事情叫他不能準備妥當；但是有一件事叫他不能準備妥當，因為在他的生命中有一項罪把他和要回來的耶穌隔離了。他仍舊繼續不斷地在犯這項罪，每一次人稱呼他為醫生，他便犯了一次罪。每一次他診治病人，他便又犯了一次罪。

為甚麼？因為他不是一位醫生，他告訴人自己是倫敦大學醫學院的畢業生，這是謊話。他是英國人，他是藥劑師，但是他人生最大的願望就是當醫生。可惜他沒有經濟能力進入醫學系，便在工作餘暇到倫敦大學醫學院上課（當時英國學制最注重考試，教師不管學生來不來上課，誰都可以不交學費註冊來上課）。醫學生都得三度向啼哭的親人買屍體作解剖實習，他也解剖了三具屍體。他又到外科手術室向教授學習為病人動手術。他的醫學智識跟一切醫學生相等，他卻不是醫學生。他二十五歲時，十分厭倦藥劑師的生涯，便收拾行裝，告訴輪船公司他是一位醫生，要到美國去，願意在船上當醫師，作為他的船費；他在波士頓城登岸。

一百五十年前，波士頓只是個小小城市，他在城中到處步行瀏覽，見到一所大廈，門外掛著許多醫師名字的銅牌。他靈機一動，去找一間製造銅牌的商店，訂造「歐柏醫師」銅牌一面。當然，他不敢在波士頓城內掛起這個銅牌行醫，便買了一匹馬，帶著銅牌往西行走。付了造銅牌和那匹馬的錢，他口袋裏所餘無幾，錢也快要用完了。走了幾天的路程，來到一條小村落，錢已經用光了。他租了一個房間，在門外把銅牌掛起來，懸壺問世。從來沒有醫生肯到這樣偏僻的村子來行醫，當然也沒有人要查問他的醫生執照。

在短短的時間裏，他的病人愈來愈多，忙得叫他氣也透不過來。他請病人稱呼他為「醫生」，不要用「歐柏醫生」那麼客氣。雖然他說起話來還是滿口英國腔調，病人都十分喜歡他，村人都很尊敬他，待他看作同鄉那樣親熱，十三年如一日。

在這十三年中他漸漸以醫生自居，他的良心久不久為這騙己騙人的罪惡自責。現在，他一面聆聽維廉米勒耳叫人除去生活中一切罪惡等等驚心動魄的話，突然兩隻手掌發汗潮濕，全身開始發抖。維廉米勒耳說：「除掉你生活中一切虛謊欺騙和假冒隱瞞的行為，除掉你生命中任何一項明知故犯的罪惡。這些罪能把你與即將回來的基督隔絕」，每一個字都在醫生的耳鼓裏喧鬧。他想：這就是要我必須告訴村人我並不是一個醫生，我並沒有在倫敦大學醫科畢業；這一來，我便要丟盡臉，面目無光，失去村人對我的敬仰。

繼而，維廉米勒耳說：「除掉你們心中的驕傲，把自己的罪承認出來」，醫生聽了，有動於中，想要立時在維廉米勒耳面前承認一切的罪過，但是他那驕傲的心把他一霎時的意念制住了。

今天是一八四四年十月廿一日，是耶穌回來前最後的一日。在過去幾週中，他的良心晝夜不停地為這一項罪自己責備自己。他心裏十分矛盾，多年以來他曾把自己的醫藥工作獻給上帝，現在，這醫藥工作乃是唯一能把他關在天國門外的污點。今天晚上太陽下山之後，耶穌隨時都可以回來。他想到這裏，便決定趁最後的一個機會把罪咎除掉，因為今天晚上復臨信徒要舉行聚會，他決定要在他們面前認罪。

他到聚會場所的時候，看見人人異常喜樂，因為他們已經準備妥當迎接耶穌。他的一位好朋友喜氣洋洋地問他說：「醫生，你準備好向耶穌歡呼迎接祂嗎？」他回答說：「差不多了！」他說「差不多了，」因為為他知道不能再遲延了，他也知道自己已經決定認罪，便要趁著尚存這種決心的時候站起來認罪。他請主領聚會的人叫大家安靜下來，他有話要向他們說明。大家便安靜下來，聽他說話。

他說：「親愛的朋友，你們也許記得多年前，我到你們這裏來作你們的醫生。我能照顧你們中間許多生病的人，感覺十分榮幸。在我們的人生經驗裏，有些時候我們必須面向『真相大白』的挑戰。有些時候人的外表和內在大不相同，人的信仰和行事完全脫了節……」，說到這裏，眾人看見他內心好像有極大的掙扎，他的情緒好像完全失去了控制。一會兒，他繼續說：「今天下午，我告訴你們大家都認識的那位馬良夫人，我說上帝樂意赦免人的一切罪過，不管是明顯的罪過，或是隱藏的罪過，上帝都樂意赦免。當然，我們須有勇氣去承認罪過」，會眾很受感動，高聲齊說「阿們」。人人仍在注視著他的面孔，看見他心靈裏的掙扎，最後他說：「請你們為馬良夫人禱告」，便溜出會場，在漆黑中走到樹林裏。他還沒有認罪！他又再一次失敗了！

今天是十月廿二日，今天耶穌便要回來！信徒們人人興高采烈，滿心歡樂；但是醫生心裏沒有甚麼喜樂。當然，他應該十分歡樂，因為他多年間深愛的耶穌今天便要回來。還有，他深愛的母親便要在今天復活，與他團聚，這會是多麼快樂的事。不知道為甚麼，現在對這些大事都好像無關重要了。他嗚咽著說：「天父阿，祢還肯聽我的祈求嗎？」他盡力回想過去曾與上帝有親密的交往。繼續犯罪祇能消滅基督徒生命中一切屬靈的喜樂。

今天是十月廿三日，就是大失望後的第一天。他騎著馬要回到家裏去，三十六小時之前，他以為再也不會走這條路回家了。他回到家裏，痛定思痛，決定要離開這村莊；他在過往的十三年中欺騙了他們，他引咎自責，不願繼續見這班真誠基督徒的臉面。到傍晚時分，他把藥箱收拾好，取了僅剩下的幾元（其他的存款早已全部獻給維廉米勒耳的工作）。他走出家門的時候，看見自己那本多年心愛研讀的聖經，被他手不釋卷地使用而殘破不堪，他的雙手自然而然地伸出去要拿起它來帶走。不！他心中的另一個律命令雙手縮回，便把聖經留下，不顧而去。

他一面乘馬向村外走去，一面在想：也許在宇宙間根本沒有上帝存在這一回事。假如上帝不存在，我這一切驚心動魄的掙扎，都是莫須有的憂慮。因為上帝若不存在，罪也不可能存在。假如罪不存在，那麼，不管我做甚麼事，也不能說是犯罪。他愈想下去便愈覺得一切都混淆不清，愈想下去便愈糊塗，沒有確定的答案。他順著過往的習慣伸手要把聖經拿來翻讀，從它得著安慰和答案。當然，他摸不著那本聖經，卻摸著那塊多年替他撒謊的醫生銅牌，他的手感覺銅牌的剛硬和冰冷，沒有給他的心靈帶來任何的溫暖。他將要流淚，然而剛硬的心卻把淚水制止流出。他在漆黑的夜裏，向遠離上帝的路上摸索。

親愛的讀者，在這悲劇的字裏行間，我們體會聖靈曾一次、再次、三次和多次感動這位信徒，可惜他把自己與天庭交通的唯一通道塞住了，便如上文所說，他叫上帝束手無策，愛莫能助。我們又可以看出拒絕聖靈引導的人，可以失盡一切的理智，從一個熱愛上帝的人，變成無神論的信徒，可為浩嘆。上帝極度尊重人的自主權，聖靈絕對不會勉強一個人丟棄罪惡。耶穌說聖靈的工作是叫人為罪、為義、為審判、自己責備自己。祂的工作是幫助我們在生活中把罪除掉，克勝罪惡。相信讀者還記得上帝勸導該隱的時候，說：「罪要伏在你門口，死纏著你，要把你吞滅，你卻要制服罪惡」，只有聖靈可以幫助我們制服罪惡。感謝主，聖靈樂意幫助我們，讓我們也同樣地樂意順從祂的引導，阿們！

第三十二章　復臨信徒的人際關係（一）

親子、夫妻

有一句西諺說得好：「沒有人可能是個孤島」。一個嬰兒從呱呱墮地那一剎那開始，便有了人際的關係，就是父與子、父與女、或母與子、母與女的關係。是以研討復臨信徒的人際關係，不如先從父子父女和母子母女關係說起。為篇幅所限，本文只能研討親子和夫妻的關係。

親子關係

上帝十分重視父母和兒女的關係，十條誡命中有六條是指導信徒怎樣對待別人，並且這六條誡命的開頭第一條，便是談及父母和兒女的關係。

在愛護和照顧兒女的事上，天下父母心是無微不至的。記得中學時代讀過一篇朱自清先生的作品，名為「背影」，以我來說，這是一篇一讀難忘百讀不厭的文章，我且先把該文的末段節錄如下：

「近幾年來，父親和我都是東奔西跑，家中光景，一日不如一日。他少年出外謀生，做了許多大事，那知老境卻如此頹廢，他觸目傷懷，家庭瑣屑，便往往觸他之怒，他待我漸漸不同往日。但最近兩年的不見，他終於忘卻我的不好，只是惦記著我，惦記著我的兒子。」

下面是節錄此文的前半篇：

那年冬天，祖母死了，父親的差使也交卸了，正是禍不單行的日子。我從北京到徐州，回家變賣典質。父親還虧了空，又借錢辦了喪事。這些日子，家中光景很是慘淡，一半為了喪事，一半為了父親賦閑。喪事完了，父親要到南京謀事，我也要回北京念書，我們便同行。

到南京時，有朋友約去遊逛，勾留了一日，第二日上午便須渡江到浦口，下午上車北去。

父親因為事忙，本已說定不送我，叫旅館裏一個熟悉的茶房陪我同去。他再三囑咐茶房，甚是仔細。但他終於不放心，怕茶房不妥帖；頗躊躇了一會。其實我那年已經二十歲，北京已來往過兩三次，是沒有甚麼要緊的了。他躊躇了一會，終於決定還是自己送我去。我兩三回勸他不必去；他只說：「不要緊，他們去不好！」

我們過了江，進了火車站。我買票，他忙著照看行李。行李太多了，得向腳夫行些小費，才可過去。他便又忙著和他們講價錢。我那時真是聰明過分，總覺得他說話不太漂亮，非自己插嘴不可。但他終於講定了價錢，送我上車。他給我揀定了靠車門的一張椅子；我將他給我做的紫毛大衣鋪好座位。他囑我路上小心，夜裏警醒些，不要受涼。又囑咐茶房好好照應我。我心裏暗笑他的迂（不通達事理）他們只認得錢，托他們簡直是白托！而且我這樣大年紀的人，難道還不能料理自己麼？唉，我現在想想，那時真是太聰明了！

我說道：「爸爸，你走吧。」他望車外看了看，說：「我買幾個橘子去，你就在此地，不要走動。」我看那邊月台的欄柵外有幾個賣東西的等著顧客。走到那邊月台，須穿過鐵道，須跳下去又爬上去。父親是一個胖子，走過去自然要費些事。我本來要去的，他不肯，只好讓他去。我看見他戴著黑布小帽，穿著黑布大馬褂，深青布棉袍，蹣跚地走到鐵道邊，慢慢探身下去，尚不太難。可是他穿過鐵道，要爬上那邊月台，就不容易了。他用兩手攀著上面，兩腳再向上縮；他肥胖的身子向左微傾，顯出努力的樣子。這時我看見他的背影，我的眼淚很快地流下來了。我趕緊擦乾了淚，怕他看見，也怕別人看見。我再向外看時，他已抱了朱紅色的橘子往回走了。過鐵道時，他先將橘子散放在地上，自己慢慢爬下，再抱起橘子走。到這邊時，我趕緊去攙他。他和我走到車上，將橘子一股腦兒放在我的皮大衣上。於是撲撲衣上的泥土，心裏很輕鬆似的，過一會說：「我走了，到那邊來信！」我望著他走出去。他走了幾步，回過頭看見了，說：「進去罷，裏邊沒人。」等他的背影混入來來往往的人裏，再找不著了，我便進來坐下。我的眼淚又來了。

我北來後，他寫了一信給我，信中說道：「我身體平安，惟膀子疼痛利害，舉箸提筆，諸多不便，大約大去之期不遠矣！」我讀到此處，在晶瑩的淚光中，又看見那肥胖的，青布棉袍，黑布馬褂的背影。唉！我不知何時再能與他相見！

這是中國人的父母心。說起歐西人的父母心，也十分相像。我在澳洲求學時，認識了一位已退休的前任英文時兆報的主筆，他已七十多歲了。他的父母還健在，都已是九十多歲的老人。一天晚上，我在他父母家裏聊天，他也來探望父母。那是寒冬時節，家裏有爐子保持溫暖。兒子告別時，老母親一次一次又一次叮囑兒子穿上大衣。我們聽得有點厭煩，試想她的兒子已是七十多歲的祖父，難道還不知道保暖嗎？這就是父母對兒女無微不至的愛心（我們都知道在這個罪惡的世界上也有些天良喪盡不護養兒女的父母，幸而這種人少而又少。）

上帝大大讚許父母愛護兒女的心，祂說：「母親怎會忘記自己乳養的嬰孩呢？她又怎會不憐愛自己親生的兒子呢？」這是人類犯罪之後仍然保有的美善性格。

自古以來，中國人很明白父母愛護兒女的心，有一首膾炙人口的詩，把父母的愛心表露無遺：

慈母手中線，遊子身上衣
臨行密密縫，意恐遲遲歸
誰言寸草心，報得三春暉

這種父母愛護兒女的心，就是在漠然無知，冥頑不靈的動物界中，也很容易看得見，且看如下白居易的一首絕妙好詩：

樑上有雙燕　翩翩雄與雌
銜泥兩椽間　一巢生四兒
四兒日夜長　索食聲孜孜
青蟲不易捕　黃口無飽期
嘴爪雖欲敝　心力不知疲
須臾十來往　猶恐巢中饑
辛勤三十日　母瘦雛漸肥

喃喃教言語　一一刷毛衣
一旦羽翼成　引上庭樹枝
舉翅不回顧　隨風四散飛
雌雄空中鳴　聲盡呼不歸
卻入空巢裏　啁啾終夜悲
燕燕爾勿悲　爾當反自思
思爾為雛日　高飛背母時
當時父母念　今日爾應知

上述兩首詩除了表達父母愛護兒女的心意之外，更為我們帶來另一種意念，就是兒女對父母的愛，應有甚麼樣的反應呢？試看看那兩首詩的結語：

❶ 誰言寸草心，報得三春暉？

❷ 燕燕爾勿悲，爾當反自思
思爾為雛日，高飛背母時
當時父母念，今日爾應知

似乎是說兒女需要好好地為父母的福樂著想。我深信這就是上帝用祂的指頭在石版上寫第五條誡命的用意：

當孝敬父母，使你的日子在耶和華你上帝 所賜你的地上，得以長久。

上帝把這條誡命頒給作兒女的人，符合中國傳統文化的精神。中國是一個以孝道立國的國家，我們且先看看中國人自古以來對孝道的詮釋，然後看看它怎樣與第五條誡命不謀而合。

以中國歷史來說，比孔子早一千五百年的時代，孝道已經是我國文化重要內涵之一。古人觀察自然界發現烏鳥私情，有些鳥類的天性，到父母年老的時候，反哺父母。孔子教導許多孝道的正義。曾子問孝於孔子，退而與學生研究，再由學生記錄而成孝經。元、明、清三朝的學生都誦讀一本書，名叫二十四孝。該書敘述從虞帝大舜起，次及老萊子、曾參、子路、漢文帝，直至十一世紀的黃庭堅等二十四位以事奉父母著名的人物事蹟，輯錄完備。茲選取其中若干故事，以與讀者分享：

❶ 一位王子的母親患重病三年之久。王子日夜不離侍候母親，晚上睡覺也穿著全套衣服以便隨時起床侍候。古時中藥大多是湯藥，湯藥苦口，王子每次必先親嘗這些苦藥，才給母親服用。

❷ 孔子的一位學生經常步行百里為雙親購買米糧。

❸ 一家窮人買不起蚊帳，他們八歲的兒子在黃昏時走進父母的睡房，把衣服脫光任由房內的蚊子吸用他的血。他想，假如蚊子飽吸了他的血，便不會吮吸父母的血。

❹ 一位十四歲的兒子看見父親被老虎拖曳而走，他便衝上前、把老虎的頸項勒緊。老虎只得把他的父親放走。

❺ 古時還沒有電力供應，所以沒有空調、電氈等驅暑禦寒的器物。一個早年喪母年僅九歲的哀兒（無母曰哀兒），事父至孝。他於炎熱的夏天約在傍晚，用扇子把外面的涼風扇進父親的睡房裏；在寒冬的晚上，他則用自己的身體先行煖和父親的被窩，叫父親得以安睡。

❻（這不是基督復臨安息日會信徒的家庭）。有一位母親最害怕閃電和打雷。每一次打雷的時候，她的兒子必走到她身旁撫慰她，叫她不要害怕。在她死了以後，每次天空呈現大雨和雷暴徵象時，這孩子便趕到母親的墳墓去陪伴她、撫慰她。

要把這六個和其他十八個在孝道上著名人物所作的事，用一句話去總結起來，我們可以說：孝敬父母的人，就是在一切事上以父母的幸福快樂為最高目標的人。這也是中國人對孝道二字的釋義。現在我們要看看這樣的釋義與聖經第五條誡命有沒有相同之處。

第五條誡命說：當孝敬父母，這「孝敬」一詞，希伯來文有好幾個含意：

❶ 順從父母。

❷ 若是父母有需要，兒女應當在經濟上供養他們。

❸ 盡一切的能力叫父母幸福快樂。

深信讀者讀到這裏的時候，已看得出我們中國人幾千年來對孝道的實踐，已經到達上帝頒賜第五條誡命的原意。這是上帝賜給以百行孝為先的中國人民的特別福氣。感謝祂！

夫妻關係

在上帝的計劃中，兒女在父母有生之日應當盡力叫父母幸福快樂。上帝卻也同時為人設立了婚姻的制度，男大當娶，女大當嫁。上帝說：「人要離開父母，與妻子結合，兩人成為一體」，這就是說，夫妻關係是一切人際關係中最親密的關係。

在上帝的計劃中，婚姻乃是夫妻終身的結合，要到或夫或妻生命結束時，這結合才告終結。我在美國加里福尼亞州住了二十多年，這州是全美國離婚率最高的一州，每一百對夫妻結合，有五十對以離婚收場，可嘆之極。這比全國百分之四十的離婚率壞不了多少，想想千千萬萬為此而受害的人，禍延他們的兒女，真是悲劇重重。

我在澳洲旅居二十年，初到美國來跟妹妹們團聚的時候，她們很關懷地問我說：「哥哥，你的婚姻幸福快樂嗎？」我說：「十分幸福快樂。我若要再度此生，毫無疑問的，必要跟曼斐一再結為夫妻（我希望她也有相似的意念）。她真是一位賢妻良母，更是牧師的賢內助。

某次我探訪一家教友時，在牆壁上看見一幅「幸福婚姻要訣」文字，是一位心理學家撰寫出來企圖促進美滿婚姻，用意甚佳，茲把這十條要訣列出如下：

1. 夫妻不可同時發怒。
2. 除非火燒房子，不要高聲呼喝對方。
3. 雙方辯論或爭執時，讓你的配偶得贏罷。

4 你若必須批評對方，要以愛心為出發點。

5 不要舊事重提，不要翻舊賬。

6 你可以不睬理全世界的人，卻不可以不睬理對方。

7 在睡覺前，把爭論圓滿結束。

8 假如你自知是錯了，便坦白認錯，請對方原諒。

9 每天最少一次向對方說句讚揚或獎勵的話。

10 必需有兩個人才可以造成口角，大聲喊叫的就是犯錯和理虧的人。

這都是很善美的秘訣。對於第七和第八條，我曾親身經歷，且將那次的體驗，簡述如下：

多年前的一個星期五早上，我和內子及大女兒開六小時的車程去赴小女兒的畢業禮。開車前好像魔鬼入了我的心，叫我向內子發脾氣、氣忿了六小時。到了學校吃過晚飯，靈修會後，我們四人回到睡房，我還在生氣，兩個女兒也很難受。燈熄了，十分鐘、廿分鐘、半小時、一小時，沒有一個人能以入睡（通常在床上兩分鐘後我便呼呼入夢鄉）。我睡不著便一步一步回想早上開車前到底發生的是甚麼事，叫我向內子大發忿怒。我發現錯是在我的身上，是我不合情理。這時，我必須作一個選擇：要坦白認錯丟臉，或是要死爭面子。在漆黑的睡房中，我對內子說：「曼斐，我很對妳不起，今天全是我的錯，請妳原諒我。」不到幾分鐘，我們都熟睡了。我學了一個好教訓：這種面子值不得去力爭。

很可惜，剛才提及那一家牆上掛著「幸福婚姻要訣」銘言的夫妻，過了不久便也列入了美國離婚統計數字之內。原來婚姻不單止是心理或情緒上的結合，最重要的，乃是屬靈上的結合，因為上帝是婚姻的創設者。

筆者在「耶穌基督自己」書中曾說，自從人類犯罪之後，全世界上發生了一個頂可怕的現象，就是重男輕女的現象。說重男輕女，不過是輕描淡寫，很不合實際的情況。以實情來說，就是男人欺負女人，男性壓制女性，男界剝削女界，造成我國古經典的「唯女子與小人為難養也」，或外國文豪的「女人！妳的名字是弱者」等等錯誤觀念，使男人在潛意識中把女人當作是上帝所創造的第二等低級公民，便不知不覺地產生男性的優越感。

亞當犯了罪，便成了第一個欺負女人的人，有一位學者說亞當喫了禁果後所犯的第一件罪，就是欺負夏娃。於是日積月累，到了四千年後耶穌降世時，猶太人欺負女人的氣燄到達巔峰。那些拉比們（猶太社會的宗教教師，男性，大多數是法利賽人）有這樣的一個禱告：「我們的主上帝，宇宙的大君王，我們感謝祢，因為祢沒有造我作個外邦人。我們的主上帝，宇宙的大君王，我們感謝祢，因為祢沒有造我作個奴隸。我們的主上帝，宇宙的大君王，我們感謝祢，因為祢沒有造我，作個婦女。」

為此，耶穌降世為人的時候，在祂的言論教導和行事上，處處提高婦女的地位，凡事尊重女權。在尋找失落銀幣的比喻中，耶穌用女人代表上帝。全本聖經的論調（我的聖經老師梁慶燊牧師很喜歡用「全本聖經的總趨向」，是一個十分好的用語）乃是在上帝眼中，男女平等。先從上帝造男人和女人的程序說起。上帝沒有從亞當的頭上取一根骨，也沒有從亞當的腳下取一根骨去造夏娃，因為上帝不要女人管轄男人，也不要男人踐踏女人。上帝從亞當的胸部取一根肋骨創造夏娃，在上帝眼目中，男人和女人是平等的，因為他們都是照上帝的形像受造（創世記一章卅七節）。

當夫妻知道彼此都是在基督裏「一同承受生命之恩」，這樣的婚姻便達到理想的夫妻關係，因為他們會彼此敬重。使徒彼得說這種完美的夫妻關係使丈夫的禱告可以達到上帝那裏，通行無阻。

上帝造人，沒有兩個是絕對相同的，好像祂造億萬的雪花片，沒有兩片是相同的。男人與男人，女人與女人已經有很不相同的性格。中文稱男女對方為異性，因為男女的性別相異，英文稱之為「相反性別」。我的屋前有兩棵樹，我十分喜愛這兩棵樹，我的內人反而最憎惡這兩棵樹。她絕不是因為我喜愛，她便憎惡。假如她是我的話，她會喜愛這兩棵樹；換言之，假如我是她，我也會憎惡這兩棵樹。這就是說，她和我的性格大不相同。夫妻二人，就算是國籍血統言語文化背景完全相同，他和她卻是十分不相同性格的兩個人。

上帝要把這樣不同這樣相異的兩個人，結為夫妻，顯出祂無窮的智慧。我常想：假如我的妻子和我一模一樣，假如她的性格和我的性格完全相同，我必會煩悶死了，她也會煩悶死了。認識我們夫妻的人，連我們的兩個女兒都知道她和我的性格大不相同，甚至大大相反，他們奇怪我們能很快樂地慶祝第四十五次結婚週年紀念。她獨有的性格，把無限的光彩和奇妙的生趣帶進我的生命裏來。大佈道家葛理翰牧師的夫人說：「假如丈夫和妻子性格完全相同，那麼，他們兩人中的一個是莫須有的。但是沒有一個是莫須有的。」

在上帝創造世界的過程中，祂說有一件「不好」的事，就是亞當沒有配偶。在祂創造人類的精密計劃中，祂特意先造了亞當，叫他為一切動物起名字，叫他看見一切動物中，沒有可以配作他終生的伴侶的。這便叫他知道缺少了這位能配得起他的伴侶，他便不是一個完全或幸福的人，他便不能過完好無缺的美滿生活。這就是保羅所說夏娃是「後造」的緣由。英國一代大文豪因有所感，寫了兩句詩吟咏其中情景，且把它意譯出來與讀者共享：

有福的亞當，他卻只是半個有福的人
他必須得著了夏娃，才可以說得上是個完全有福的人
艷麗超凡的夏娃，她洵是美中何其不足
她必須得著了亞當，才算得上是完美無缺

在一個婚姻指導研討會中，我聽了一句話，印像很深。這位專家說：「假如有人說他結婚後五十年間，從來沒有一次與妻子爭論或口角，我知道這個人或他的妻子或二人一起，一定患有精神病。」夫妻性格不同，意見衝突是最自然不過的事。而且丈夫和妻子都應該知道，沒有一個人是完全無錯誤的，人人都有弱點。有一對年老夫妻，日間在家裏閒著。妻子對丈夫說：「我很想吃冰淇淋，請你到街上去買，要濫尼拉香料的冰淇淋，加上巧格力。」丈夫說：「我立刻去買給你」。妻子說：「請你寫下來，免得到小店時你會忘記」。丈夫說：「不須寫下來，我不會忘記的。」

十五分鐘後丈夫回來了，把兩包三文治遞給妻子。妻子拿著，說：「我叫你寫下來，免得你忘記。

看，你忘記買酸黃瓜和芥醬，我怎吃得下三文治？」

我們身為基督信徒的人十分有幸，因為心中有了上帝的愛，大有助於建立美好的夫妻關係。我每一次為青年人婚禮福證的時候，必讀出如下這一段話：

在你們的婚姻生活中，凡事都要以耶穌基督為首。你們夫妻愈愛耶穌，你們彼此之間的愛便愈增強，愛的深度也隨之而增加。

在美國離婚的統計數字中，夫妻若都在教會裏面是活躍的基督信徒，每三百對夫妻才有一宗離婚。

夫妻有不相同的意見，是無可避免的。信徒得著上帝的幫助能把這些叫夫妻發生磨擦或衝突的事，合適地處理、控制和調解，視為很正常的現象。葛理翰牧師很幽默地說：「有些時候我的妻子很氣忿我，對我有謀殺的意念，她卻對我絕對沒有離婚的意念！」讀過葛理翰牧師傳記的人，都知道他們夫婦各有強烈的個性，卻能在上帝的愛中，建立融洽美滿和恩愛的良好夫妻關係。

懷愛倫夫人舉十九世紀時代馬車的輪子為例，說明夫妻美滿關係的要訣。輪子的外周是一個巨大的輪環，輪子的中央就是軸心。把軸心與輪環連結起來的，有十多條輻桿。插在外周輪環上的一條一條輻桿，彼此之間的距離，有五吋、有十吋或十五吋，視馬車的載重量而定。讀者在腦子中可以想見輪子的結構，當輻桿越接近軸心的時候，彼此的距離便越短，再不是五吋、十吋和十五吋。當輻桿插在軸心的時候，也就是輻桿彼此之間最接近的時候。懷夫人說，當丈夫和妻子向往耶穌，以祂為軸心，與耶穌建立親密的交誼時，也就是丈夫和妻子彼此親近和沒有距離的時候，這就是美滿夫妻關係的秘訣。

第三十三章　復臨信徒的人際關係（二）

饒恕是甚麼？

下面是我的一則日記：

今天我參加兩個婚禮，都是基督復臨安息日會華人教友的婚禮。我和這兩起婚禮的家人很熟悉，第一個婚禮由我主持福證，新郎父母卅一年前的婚禮，也是我主持的福證。在婚禮前等候的片時，我看見新郎叔父的女兒，她是一位在我服務的教會中長大的好青年。我問她說：你的父母今天要來赴姪兒的婚禮嗎？她說：他們都不會來。原來新郎叔父和他的父親，雖是同胞兄弟，卻多年結仇相恨。兩人每安息日都到教堂敬拜上帝，又彼此住在步行幾分鐘的近鄰，卻是老死不相往來。他們那住在大兒子家裏的老母親，實堪令人表示同情與憐憫的。

這兩個婚禮同時舉行，所以我只能赴第二個婚禮的喜筵。在喜筵中我數一數那些住得不遠，應當來赴婚禮的同父母親生的同胞家人和他們的眷屬，這些近親缺席者不下三十人，他們都是自稱愛上帝切望到天國的信徒，卻對親人敵愾同仇，結下不共戴天的仇恨，太可哀可惜了。

這是很可悲的復臨信徒不饒恕人的實例。許多牧師都知道時常在教會裏幾個信徒之間有血海深仇，卻一同到教堂來敬拜上帝，在教堂中彼此迴避。有些人寧可到別的教會聚會，避免彼此怒目相視，卻一點沒有去解決這不肯饒恕人的軟弱。

不久前，我居住地區的聯合會會長致函給聯合會的每一位復臨信徒。聯合會會長是我們屬靈的牧者，十分關懷信徒靈性的健康。我讀過這信以後，深受感動，茲特摘要錄出，以與讀者分享：（他曾當過教會牧師多年）

我們常常因耶穌的公義把我們從罪中拯救出來而讚美上帝。祂不單止饒恕我們在過往所犯的罪，祂更是不斷地饒恕我們每天向祂祈求赦免的罪過。在我們的教會裏，有許多十分虔誠的信徒，畢生在教會裏事奉上帝，在各方面用財力物力支持教會。

但是可惜在這些人中，我深知道他們不停地在犯不可赦的罪，因為他們不肯饒恕別人的罪。耶穌說：「你們若不饒恕人的過犯，你們的天父，也必不饒恕你們的過犯」，這就是不可赦的罪。

我多次看見信徒不肯彼此饒恕，把教會分裂了。我多次看見離婚的父母，彼此仇恨，使幼小兒女在貧困中生活。我多次看見親人結怨，老死不相往來。

我們接受上帝的饒恕，一點不會感覺困難。但是我們轉過頭來，竟不肯饒恕別人。不肯饒恕人，就是不愛人。上帝絕不會讓一個沒有愛心的人進入天國。祂既是無條件地饒恕我們，祂便要我們也無條件地饒恕傷害我們的人。耶穌在十字架上將要死亡之時求天父饒恕把祂釘死的惡人，我們便須效法祂的榜樣。（節錄至此完結）

不久前，附近一所守星期日大教堂的牧師，在他每天早上的廣播說：我可以列舉人與人之間彼此傷害的事例，最少有十三項：①朋友向你借錢，立心賴債，絕沒有償還的打算，②你的父母、教師、上司對你不公平，③你受別人加以種族歧視，④你是牧師，有位長老或教友處處難為你，⑤騙子叫你投資，喪失銀錢，⑥你的丈夫或妻子對你不忠實，⑦和你合作經營的股東存心欺詐，騙了你的錢，⑧你是研究人員，你的上司或同事把你的發現說是他們的發現，⑨醫生為你治病，作出錯誤的診斷，⑩鄰居把垃圾拋在你的後園裏，⑪你全心信賴一個人，他卻利用你，⑫你很要好的朋友向你翻臉，反對你，⑬你成年的兒女跟你決絕。

也許讀者在這十三項事例之外，很容易多加幾項，就如小童不幸幼年喪父母，被繼父或繼母虐待，又或親人被謀殺。我且援引一個私人的例子，是人際關係中慣見的事。當我父親在追求我母親的時候，另一位青年男子也追求她。我父親似乎佔著上風，所以這位男子見自己失去希望，便對她造謠說：妳知道嗎？他染有痲瘋病！（今日的用語是：他染有愛滋病！）是一種必死的病，沒有根治的特效藥。

假如你是上列十六種受害人之一，請問你對傷害你的人有甚麼樣的反應？我自己若要回答這個問題，我要很誠實地說，我最自然最不假思索的反應，不是饒恕傷害我的人，而是要向他報仇、雪恨。英國大戲劇家莎士比亞深明世人的性格，在他劇中一位主角說：「啊呀！報仇雪恨，多麼甜密！多麼快意！」

第二次世界大戰時的英國首相邱吉爾，是當代的大政治家，卻是一個死不肯饒恕人的人。他在政壇中當然有許多政敵，其中一位女議員更是他的死敵。一天，在國會辯論中，他罵女議員：「妳真貌醜！」（我們男士絕不可罵任何女士為面貌醜惡，這是十分不禮貌之舉）她深知邱吉爾性喜醉酒，便反罵說：「你那一天不是個醉漢！」他說：「明天早上，我便會清醒不醉，妳卻還是一樣難看！」

你打我一拳，我踢你一腳，互不相讓，這是我們罪人生來的本性。

記得曾讀過一位西洋詩人作的一首詩，大意是說：「甚麼事能叫我得到人生的快樂呢？假如我可以住在一個美麗幽靜的小小湖邊上，後面園子裏栽滿了各種美麗的花卉，前園有十來棵大樹。白天有三頓飽餐喫，夜間有溫暖的床睡覺。這樣的人生，是快樂的人生。但是叫我有比這更大快樂的，莫如可以看見人生中那十來個我最深恨的仇人，一個一個被掛在前園的樹上！」假如我們是誠實的話，這就是我們每一個帶有罪性的人的願望。

這罪性還有更兇的一面。你打我一拳，我還了你一腳之後，卻還不肯罷休。報章上時常有新聞說有人謀殺仇人的全家。別人傷了我的一隻眼睛，我卻要把他的兩隻眼睛都毀掉。為此，摩西製訂出「一隻眼償還一隻眼，一隻牙償還一隻牙，」簡稱之為「以眼還眼，以牙還牙」的法律。印度國一代大政治家甘地曾在英國留學，與基督教有接觸，十分敬仰耶穌的言論。他讀到耶穌這一段訓言說：「你們也聽過『以眼還眼，以牙還牙』的話，我卻要告訴你們，受了惡人欺負，也不要報復。」甘地讀了，五體投地，佩服之至地說：「耶穌教導人不要以眼還眼，這真是最高的原則，不然，全世界的人都要變為瞎子了。」外國人有句至理名言：你還未達到向別人報復的目的之前，很可能自己已經先得著胃潰瘍的病症了。

為甚麼摩西在上帝指導之下，頒佈以眼還眼以牙還牙的律法呢？耶穌在世上的時候，親自回答這個問題，祂說雖然摩西准許他們報復，這卻不是上帝的理想。祂說因為以色列人的心硬，所以摩西勉強准許他們。耶穌又說：「若有人打你的右臉，連左臉也轉過來由他打。」我們若細讀四本福音書記載耶穌受難的最後幾章，有惡人打祂，用手掌摑祂，卻找不著祂轉過臉來讓人打的記錄。大多數的聖經學者認為耶穌的話是教導人不要存報復的心；人若不企圖報復，在饒恕別人的事上，便容易得多了。

有些人對「饒恕」更作深一層的認識。譬如說，饒恕並不是忘記別人怎樣得罪了你，像婆婆向媳婦，或女婿向岳父說難聽甚至不禮貌的話，是沒齒不能忘記的。試想上帝怎能忘記大衛的雙重罪過呢？

其次，饒恕人並不是任由別人欺負你（英文說任由人在你身上踐踏你）。耶穌說：「如果有一位弟兄開罪了你，你要找個機會跟他獨在一起，誠懇地指出他的錯處。如果他肯接受勸告，承認錯誤，你就得了一位弟兄。但如果他的態度傲慢，不肯聽從，你便要多帶一兩位弟兄去見他，讓雙方的談話，有兩三個人作證。如果他仍執迷不悟，就當向教會報告。假如他連教會也不管，你就乾脆把他當作不信上帝的人，或貪官污吏一樣看待好了」（見馬太十八章當代聖經譯本）。

上帝深知人類不肯饒恕人的罪性，所以在聖經中多次教導饒恕的道理。耶穌開始工作時，馬太記載祂第一篇講道，也是四福音中祂一切講道中最長的，就是山邊寶訓。祂在這篇講道中教導我們怎樣禱告，祂給我們留下主禱文，是模範的禱告詞，說：「免我們的罪債，好像我們饒恕得罪我們的人。」換句話說，假如我不肯饒恕別人，我便不要妄想或侈望上帝肯赦免我的罪，道理就是這麼簡單。我得先行饒恕人，然後才有資格求上帝饒恕我。

當耶穌說了阿們去結束主禱文後，也許因為祂太知曉世人不肯饒恕人的本性，便再用正反兩面的方式勸導我們要饒恕人，說：「你們饒恕人的過犯，你們的天父也必饒恕你們的過犯；你們不饒恕別人的過犯，你們的天父也必不饒恕你們的過犯。」這樣看來，我們復臨信徒的人際關係，要決定我們與上帝之間的關係，這是一件最嚴肅不過的事。有一位神學家說，將來有許多自稱為基督信徒的人不能得救，是因為他們不肯饒恕人！這真是至理之言，與基督的教導相符。

耶穌在主禱文用「債」來代表罪。我們干犯上帝的律法，犯了罪，就是欠了上帝一筆債。我們悔改了，便要祈求上帝說：「免我們的債」。照樣，別人得罪了我們，他們便欠了我們一筆債。我們若肯饒恕他們，就等於把他們所欠的債，一筆勾銷，再也不念舊惡，不究既往。當然，上列十六項世人彼此傷害的事中，有大有小，小者如朋友借你一兩百塊錢，不還給你，或鄰居把垃圾拋在你的後園裏。我要引用宋朝俞文豹的「靈玉集」中一則故事，說河南省汝南縣有一個棋藝極精的道人，與人下棋時先讓人幾步，最後卻一定得勝。他作了一首詩，詩的最後一句說：「得饒人處且饒人」。人欠我一兩百塊錢，鄰居把垃圾拋在我後園子裏，原諒了他罷，不斤斤計較，不必逼人太甚，做事不要做絕，留一些餘地，這是涵養的工夫，可敬可佩。

但是其他的十多項事情中，有許多是大事，以常人來說，都不是得饒人處且饒人的小事。就如有人叫你破產，叫你家散人亡，夫或妻不忠實，親人被殺害，叫你患上不治之症（診斷錯誤），叫你失盡天倫之樂（兒女與你決絕），叫你畢生受害（年幼受虐，至於傷殘）。這是血海深仇，應當與加害者誓不兩立，因為這是不共戴天的仇恨。這些債項大得無比，比山更高，比海更深，所以有些信徒覺得怎能夠隨隨便便，一下子把它一筆勾銷？怎能輕易就說我饒恕了你？這種仇恨，這些巨大的債項，絕不能靠賴「得饒人處且饒人」的涵養去把它了結。且看下面的例子。

福特汽車公司的老闆是福特亨利，他僱了一位經理，名叫埃亞高。埃亞高十分能幹，製成「野馬號」車輛，暢銷全世界，叫福特公司發了大財。老闆亨利懦弱無能，不單止對埃亞高沒有感謝之心，反滿懷嫉妒，八年之間藉老闆的地位，處處為難他。後來，另一間汽車公司陷入破產的危機，請埃亞高當經理，他把這間公司起死回生，立時成為美國人心目中的大英雄。我買了他的自傳來看，書中詳述福特亨利對他的傷害，說：「我和我的妻子，兩個女兒，受亨利精神虐待，我永遠不會饒恕他！」埃亞高的一個女兒說：「認識我父親的人都知道他要一生背負這個重擔，把仇恨帶到墳墓裏去！」

六千年前，是人類歷史開始的時候，我們可以從聖經的第一首詩看見不肯饒恕人的精神。亞當的第六代孫子拉麥作詩說：「壯年人傷我，我把他殺了。少年人損我，我也把他殺了。若殺該隱，必遭報七倍，殺拉麥的，必遭報七十七倍！」比起拉麥，埃亞高算是個十分善良的人了。

許久之前，我筆錄了幾句話，現在已忘記是從那裏抄來的了：「中國人有句話說，印度人有句話說，美國人有句話說，亞拉伯人有句話說，愛斯基摩人有句話說，……這差不多包括全世界的人了。這一切的話都是異口同聲地說的一句話：別人加在我身上的傷害，我絕對不能忘記，也更不會饒恕他。」記得我幼年時在廣州長大，多次聽人對罵，他們都說：「我死後變了鬼也要回來報復你！」廣州通俗諺語有云：「有恩不報非君子，有仇不報枉為人，」這就是沒有悔改重生世人的本性。

我在澳洲華人教會服務的時候，有一位好教友切想勝過不肯饒恕人的惡性。他對我說：「何牧師，三十年前我跟某人大鬧，他已經死了多年，我對他仍是恨之入骨。更可怕的，就是夜深人靜的時候，那人的音容惡相，歷歷如在目前，就好像是昨天發生那樣逼真，我無法把它忘記，叫我很是苦痛。我怎樣可以消除這個仇恨？我怎樣可以放下這個重擔？」

那是四十年前的事了，我記不起當時怎樣回答他的問題。假如我今天回答他，我會這樣說：對的，恨人和不饒恕人，在短期中會給你帶來一點點的快樂，我稱之為罪中之樂。但是時間長了，這必成為一個重擔。你的記憶力太好，這是與生俱來的本能，你無法控制。我們都知道上帝有完全的記憶力，祂絕不能忘記大衛奪人妻害人命的雙重過犯。大衛用詩篇五十一篇聲淚俱下地求上帝赦免他的罪行，饒恕他的大惡。上帝饒恕了大衛的罪，祂卻不能夠忘記大衛的罪。以上帝來說，祂饒恕了大衛，便永遠不再把這兩樁大惡向大衛興師問罪。聖經說：「東離西有多遠，祂叫我們的過犯，離我們也有多遠。」我們犯罪的記錄仍然存在，卻離我們很遠，上帝也不會舊事重提，把我們已被祂饒恕的罪，責難我們，這真是絕好的佳音。你若能效學上帝那樣饒恕人，這重擔必定要自行消失。

甲和乙兩人是很要好的同學，可惜在畢業後各散東西，一直沒有相見的機會。二十年後，他們首次相聚，話舊甚歡。在言談間，甲對乙說：「二十一年前，某月某日，我們在校園走往課室的路上，你講了幾句話得罪了我，你記得嗎？」乙說：「記得。但我也記得我立時向你道歉，你也立時饒恕了我，你記得嗎？」甲回答說：「我記得我饒恕了你。但是那幾句話確實是很可憎的話，對不對？」乙說：「對的，那是很可憎的話。但你若是饒恕了我，你便不應當向我再提這件事了。」他們分手時，仍然是好朋友。

再過了二十年，他們又喜相逢，兩人獨自個兒談心。言談之間，甲對乙說：「四十一年前，某月某日，我們在校園走往課室的路上，你講了幾句話得罪了我，你記得嗎？」這叫乙立時想起約翰一書一章九節的話，又得了這話的新意義，「我們若認自己的罪，上帝是信實的，是公義的，必要赦免我們的罪，洗淨我們一切的不義。」祂不會不停地重提我們過往所犯的許多罪。主僕懷愛倫夫人曾說，當上帝赦免我們罪過之後，我們在祂的眼前，就好像從來沒有犯過那些罪一樣。對我來說，當我相信上帝已經赦免我罪過的時候，我也絕對不敢以為自己從來沒有犯過那些罪。連大衛也不敢以為他從來沒有犯過那兩樁大罪，所以他說：「求祢掩面不看我的罪」。上帝就是那麼仁愛，那麼慈憐對待真心悔罪的信徒，感謝祂！讚美祂！

耶穌強調信徒必須饒恕人，最少有三個理由：

❶本篇文已稍為提及第一個理由，就是上帝為著我們自身的好處，免得我們一輩子挑著沉重艱苦的擔子，促使我們早早進入墳墓之日，便吩咐我們要饒恕人。立意傷害你的人，就是你的仇人，對你不懷好意。他們要把你當作個傀儡，作個牽線木偶，他們拉線，你便蹦跳，你完全受著他們的控制。上帝卻要你脫離惡人的控制，作自由自主的人，使你有心靈的平安和舒暢。你所付上的祇是小小的代價，就是饒恕人。

記得中學時代讀歷史，十九世紀最有名的美國黑人是華盛頓布克。當時黑人都是奴隸，受盡白種人的欺負和凌虐。華盛頓布克卻說：「我絕不會任由人叫我仇恨他，把我的心靈敗壞，阻滯我靈性的發展。為甚麼在傷害我的人安甜睡覺的時候，我卻為圖謀報復而失眠，輾轉反側？」他得著了饒恕人的好處，不容讓人損害和摧毀他的靈命。

下文要討論餘下兩個饒恕人的原因。

第三十四章　復臨信徒的人際關係（三）

為甚麼要饒恕人？

耶穌強調信徒必須饒恕人的第二個理由，就是我們罪人自己時刻不停地需要上帝的饒恕，所以我們便得要饒恕人。讀者記得有一次彼得問耶穌說：「主啊，如果有人得罪了我，我該饒恕他多少次呢？七次夠了嗎？」彼得和耶穌都是猶太人，深知猶太宗教教師們一直都在教導人要饒恕人的數目是三次。這個人竟能一連三次得罪我他必定是個壞得不可收拾的人，所以拉比們所定的三次，想來也很有道理。但是彼得卻十分慷慨，把三次加了一倍還不止，多來一次，共是七次，這是了不得的慷慨和大量。有人說彼得提出七次的時候，心中必定這樣想：耶穌一定要拍拍我的肩膀，面形得意之色對我說，「彼得，你果真學到了基督精神，竟肯饒恕人七次之多，你從我學會了饒恕人之道，你考畢業試名列前茅。我能做你的老師，引以為榮……。」

可是耶穌並沒有這樣讚揚彼得，卻說：「不夠！應該到七十個七次。」仔細想一想彼得對饒恕人所發的問題，有很大的弊病，它更是一個十分錯誤的問題。饒恕人不是可以用數目字來限止的，三次、七次等等。三次七次就是說，四次八次超出了限度，便可以不饒恕。懷愛倫夫人發揮饒恕的道理，說了一段感人肺腑的話：「不肯饒恕人的人，就是把自身接受上帝恩慈獨一無二的通道割斷了。千萬不要以為那些傷害我們的人若不向我們認錯，我們便可以不饒恕他們。當然，他們應該謙卑悔改認錯。

但是他們若不肯認錯，我們也應當向他們顯示憐憫和恩慈的心意。不管別人怎樣傷害我們，我們也不應當仇視他們；這樣，我們便可以期望上帝看見我們肯饒恕傷害我們的人，便饒恕我們的罪過」（譯自山邊寶訓原文一一三、一一四面）

彼得對饒恕人有錯誤的觀念，我們不如看看上帝怎樣饒恕人：

耶和華有憐憫、有恩典、不輕易發怒，且有豐盛的慈愛，

祂不長久責備人，也不永遠懷怒。

（詩篇一〇三篇八、九節）

保羅教導我們饒恕人，有點像上述的語氣：

所以你們既是上帝的選民，是聖潔蒙愛的，就要存憐憫、恩慈、謙虛、溫柔、忍耐的心，倘若這人與那人之間有隔膜結怨，總要互相寬容，彼此饒恕。因為主饒恕了你們，你們也要照樣饒恕別人。

耶穌聽了彼得「饒恕人七次夠不夠」的問題，覺得這是千載一時的好機會，便開口講述一個比喻：

天國正像一個國王要跟他的僕人清算賬目。侍衛押著一個欠了一千萬圓的人進來。因為這個人沒法清還債款，國王就下令把他和妻子兒女並產業賣清來還債。那僕人伏地拜他，懇求他說：「求求陛下開恩，請給我一個限期，我必定設法清還。」國王可憐他，不但釋放了他，而且免了他全部的債。

可是，這人一出大門，遇見另一個僕人，就威逼他清還所欠的二千圓。這人揪住那同伴的衣襟，扼著他的咽喉，連聲喝令他立即清還。那同伴雙膝跪下，苦苦的哀求：「饒了我罷，我一定儘快奉還的。」這人卻絲毫不肯放鬆，竟將那欠他債的人關進牢裏，聲明若不清還債項，休想出來。目睹這一切事的人都悲憤不平，一起去把這事告訴國王。國王立即把這僕人召來，怒斥他說：「你這狠心的奴才，你只向我哀求一下，我就饒了你。難道你不應該饒恕你的同伴嗎？」國王大怒，就下令把他交給行刑的人，直到他清還全部的債務。

這是一個十分動人的比喻。有人認為耶穌在這比喻中說我們人人的罪債是一千萬圓，有點誇大其詞，我們果真是這麼壞嗎？我本人感覺我真是這麼壞，耶穌一點也沒有言過其實。我在安德烈大學有一位神學教授，是一位對自己帶罪的本性有真切認識的信徒。安德烈大學建築在農田當中，像一所修道院那樣遠離塵囂。一位神學教授在這世外桃源中能犯甚麼罪？可是他在班上時常說，每早上他醒來第一件事，就是悔改和認罪。有一天，他說假如在他腦子裏一切的思想都實現出來，便要犯謀殺（第六誡）、姦淫（第七誡）、偷盜（第八誡）、撒謊（第九誡）、貪婪（第十誡）等罪。還有，他愛世上不少事物，如名譽，勝過他愛上帝（第一和第二誡）。我的教授深知他欠上帝一千萬圓。

保羅也知道他欠上帝一千萬圓，他說在一切罪人中，他是個罪魁，是罪人中最壞的一個。耶利米先知說人心比萬物都詭詐，壞到極處，誰能測得透呢？他知道他欠上帝一千萬圓。當我們歸信耶穌的時候，上帝便毫無條件地一筆勾消這宗大債。這還不止，上帝應許在我們日後的生活中，若因肉體的軟弱偶然犯罪的時候，祂仍然要繼續饒恕我們。上帝施給我們這樣的大恩大德，促使我們感恩圖報。

一切討論饒恕人的道理，都得從上帝怎樣饒恕我們開始，都得以上帝怎樣饒恕我們為出發點，為根據。因為饒恕人的觀念絕對不會符合世人的邏輯，饒恕人三次、七次，對不認識耶穌的人來說，一點也不合情理，何況七十個七次？

但我們若深深認識上帝赦免我們罪過的大恩大德，在我們的心裏便自然而然地湧出饒恕別人的意念。所以保羅說：「主怎樣饒恕了你們，你們也要怎樣饒恕人。」這便叫饒恕人變成輕而易舉的事。耶穌說七十個七次，並不是允許我們到第四百九十一次時，便可以不饒恕人。從耶穌的語氣中可知它的含意至四百九十一次，五百九十一次，甚至到達九百九十一次，還得繼續饒恕下去。如果讀者花些時間坐下來，靜心計算一下，在你的人生中被人傷害的次數，我相信難以達到一百次。而我們每日、每週、每月、每年求上帝饒恕，一生當中，何止千次。這就是耶穌給我們忘恩惡僕比喻的精義。

有一次，循道會（又名衛理公會）的創立人衛司禮牧師講道，敦促他的教友們要彼此饒恕。散會後，一位品性傲岸的軍官對他說：「牧師，我從來沒有饒恕過別人。」衛司禮牧師回答說：「我希望你從來也沒有犯過罪。」

耶穌強調信徒必須饒恕人的第三個原因，就是信徒有饒恕的精神，便能有上帝和耶穌那樣的性情，這也就是基督信徒人生中最高的目標。

在上述的比喻中，國王原先按照當時奴隸制度社會的法律，把惡僕，他的妻子和兒女賣為奴隸去還債，他便懇求國王延期償還。國王深知他絕無償還的可能，便「可憐他」。這「可憐他」就是為他的幸福設想，叫他全家不必過奴隸痛苦的生涯。信徒饒恕傷害我們的人，就是像上帝那樣為別人的幸福著想。我們若真心要做天父的兒女，便得學效上帝愛罪人的榜樣去愛那些傷害我們的人。

耶穌出生的那一年，上古一代大哲學家仙力加也在羅馬帝國出生。仙力加最有名的一句話是說：「做錯事是人的本性」，這真是一句至理名言。一千七百年後，英國大詩人柏普氏初次讀到「做錯事是人的本性」時，拍案叫絕，如獲珍寶。但是當他愈仔細咀嚼這句話，愈探尋它的意義時，便愈感覺這句話有點美中不足。這句話有開頭，卻沒有結尾，更帶點消極。他用去許多時間，絞盡腦汁要把這句極有意義的話變為完整無缺，十全十美的一句話：

做錯事是人的本性
饒恕人是神的本性

這又是耶穌所講惡僕比喻精意的所在。

饒恕人是神的本性，不是人的本性。遺傳學家研究人的性格，發現人身體的細胞裏，有叫做染色體的小粒，這小粒再分為許多更微小的小粒，遺傳學家稱之為基因。基因把父母的體高、膚色、髮色、鼻形等等傳給兒女。基恩也把父母的外向性、內向性、暴躁、溫文、慷慨、或一毛不拔等等性格，傳給下一代。換句話說，基因決定一個人與生俱來的品性。有一位神學家說得好：「我的曾祖父母、祖父母、我的父母都沒有饒恕人的本性，所以我生來沒有饒恕人的基因，也就沒有饒恕人的本性，這原是神的本性。我若要饒恕人，就得先求上帝把祂樂意饒恕人的基因，像今日外科手術那樣移植到我的心靈裏，始有可能。這也就是說，一個肯饒恕人的人，是有上帝那樣的情性，用彼得的話來說，是與上帝性情有分的人。

這叫我想起一個彼此不容讓的實事。一位年輕的拉比（猶太教的拉比與基督教的牧師職位相等）到一所猶太人的會堂上任。頭一次領聚會是在星期五晚上的夕陽會，歡迎安息聖日的來臨。出乎他意料之外，這聚會竟在大喧嚷和大混亂狀況中結束。次日是安息日，聚會又是在嚷鬧混亂中結束。原來在這會堂裏，有左右兩排座位。聚會的時候，會眾坐下聽講道，講道完畢禱告的時候，坐在左排的人立時都站起來，坐在右排的人，全都靜坐不動。站了起來的人向坐著的人嚷叫：「快快站起來！本會堂的傳統是要站立禱告，表示尊敬，你們不懂嗎？嘿！你們真可惡！」坐著不動的人嚷叫反駁，說：「坐下來！本會堂的傳統是要坐著禱告，表示尊敬，你們要破壞傳統嗎？」

拉比盡力跟他們勸解調和，希望把這事和平解決。可是雙方不肯相讓，叫拉比不知如何是好。有人告訴他，已退休的前任拉比住在不遠之處，已達高齡九十九歲，思想卻還清醒。老拉比是這會堂的創始人，一定知道傳統是站著或是坐下禱告。他找到老拉比，問他說：「這會堂的人分為兩派，這兩派就是兩黨人，大家不相讓。一黨要站著禱告，另一黨要坐著禱告。請你告訴我，你創立這會堂的時候，是不是以站立禱告為傳統呢？」老拉比回答說：「不是」。年輕拉比再問：「那麼，坐下禱告一定是這會堂的傳統了，是嗎？」老拉比說：「不是，坐下禱告也不是這會堂的傳統。」

年輕拉比大惑不解，說：「這叫我怎麼辦呢？他們每次聚會禱告時都大嚷大鬧，厲聲對罵，不歡而散，氣氛壞透了！」老拉比聞言，大聲說：「啊，老弟，這就是他們聚會的傳統習慣！」事實上，這也是許多基督教信徒的傳統，這種不容忍不謙讓的精神，是很不幸的現象。耶穌的教導，可以解決這種人際關係的問題，祂說過一次一次又一次，「你們要彼此相愛」。

沒有饒恕精神的人，就是沒有上帝性情的人。沒有上帝性情的人，就是到了天國，也不會快樂，因為不能與上帝情投意合地過幸福快樂的生活。為甚麼上帝不能讓這種人進入天國呢？理由很簡單，天國的氣氛，是最快樂最融和的氣氛。沒有饒恕精神的人，會把天國的氣氛弄壞了。況且上帝絕不會勉強人到天國去過不快樂的生活。

信徒很可以讀了前一章和本章討論上帝要我們饒恕人的三大理由，深深感覺言之成理，有動於中，因而決意要接受耶穌饒恕人的精神。在下一章裏，我們要研究一個更重要的問題，就是怎樣著手饒恕別人？

假如讀者不幸在人生中有一個或多個結怨已久的仇人，請你首先做個禱告，懇切祈求聖靈引導你的思想，然後仔細研讀下一章的論述。

第三十五章　復臨信徒的人際關係（四）

怎樣去饒恕人？

到此為止，我們已經詳細討論甚麼是饒恕，和為甚麼要饒恕人。也許有一個比這兩個更重要的問題，就是怎麼樣去饒恕人。

怎麼樣去饒恕人呢？耶穌提示我們要「從心裏饒恕人」，當代聖經譯本把「從心裏」意譯為「甘心樂意」，是十分善美的意譯，把原文「從心裏」的精意表達無遺。甘心樂意饒恕人就是真真誠誠地從心裏饒恕人，一點也沒有覺得勉為其難，不是勉強去做自己根本不願意做的事。耶穌的比喻叫我們大可以甘心樂意地去饒恕人，剔除一切不甘心或不樂意的心思意念。上帝這麼大量一筆勾消我欠祂一千萬元的巨債，我要饒恕別人欠我區區二千元，是微不足道的小小債項，我應當是多麼甘心樂意去饒恕得罪我的人。所以我絕對不會這樣想：我實在不想饒恕某人，但是我若不饒恕他，上帝便不饒恕我，我只好無可奈何地饒恕他罷！這是很消極的態度，「從心裏」是很積極的。廣播人員在電視上問一個老翁的長壽秘訣，他說：「我今天是九十歲，我在世界上沒有一個仇人。」廣播員問：「你怎樣能活九十年而沒有一個仇人呢？」他說：「他們一個一個都死光了！」這不過是一個消極的回答。

我們不可能過分強調饒恕的積極性。耶穌講論的七十個七次，乃是鼓勵我們要養成饒恕人的習慣，叫這習慣變成我們自然的反應，要把饒恕作為信徒人生的要素，成為日常生活方式的一部分。我們在開始培養饒恕人習慣的時候，會有點猶豫、遲疑、或力不從心的感覺，這正是祈求上帝幫助的時候。上帝既然吩咐我們饒恕人，祂必把饒恕人的力量加給我們。下面幾個上帝幫助信徒從心裏饒恕人的例子，是本會在美國創辦電視福音廣播溫德文牧師記錄下來真實的故事。

歐卓謀殺了二十個人，被關在監牢裏。他曾把炸彈埋在一位名叫司丹博州長住宅前園的閘門處，炸死了州長，這是他殺害最後的一個人。有一天，獄卒對他說：「司丹博夫人的兒子來了他想見見你。」這十來歲的兒子瞥見殺死父親的兇手時，害怕得發抖。他把帶來的一包東西遞給歐卓，說：「媽媽叫我把這包東西帶給你。」歐卓接過來，便開始發抖，他想：「這包東西裏面，是個炸彈嗎？炸彈是我應得的報應！」他把包裹拆開來，有可口的糖果，又有一本小書，名叫「幸福的階梯」。然後司丹博的兒子說：「媽媽說，你雖然殺死了我的父親，傷害了我們的家庭，她要你知道，她已經饒恕了你。媽媽請你細讀這本書，認識耶穌，把你的心獻給祂。媽媽對你只有一個希望，就是有一天，上帝把你拯救到祂的天國裏。」

過了不久，司丹博夫人好幾次到監獄來，探訪歐卓。歐卓看見她臉上流露著上帝那樣的仁慈，叫他知道上帝也就是那麼仁慈對待他。他受了很大的感動，結果接受耶穌為他的救主。後來溫德文牧師探訪歐卓，他看見這位八十三歲殺人犯臉上的每一條皺紋都流露著平安，就是他在耶穌基督裏所得著的平安。他那殺人的兇相，已經泯滅殆盡，卻有聖潔信徒的樣貌。

紐約時報登載一段新聞：有一對夫妻的廿二歲女兒被一個青年謀殺了。這對夫妻多次請求兇手容許他們去監獄探訪他，他都拒絕，深恐給他們咒罵自己的機會。最後，他終於接見他們，在會面之後，妻子寫了一段話，說：「探訪室的門開了，他走進來。他約有六尺高，頭髮黑得美麗，身體十分結實，相貌清秀，他是一個『人』啊！這時，上帝的愛在我的心裏面沸騰起來，我看見他眼眶滿了淚水（筆者寫到這裏，也禁不住眼眶裏滿了同情之淚），我更是淚眼模糊，便抱著他一同哭泣，我的丈夫也抱著他哭。我和丈夫是毫無保留地饒恕了他，所以和他道別分手時，我們的心靈好像經過洗滌，十分潔淨，沒有絲毫的惱怒和仇恨；當然，我們還是十分懷念我們可愛的女兒。

有一年本會英文晨鐘靈修課記述上帝怎樣幫助一個幼年被繼父殘虐的人，去饒恕他的繼父。這位繼父是一個有虐待狂的人，常用馬鞭把他毒打。所以他從幼少生長的年歲中，他一直對繼父恨之入骨。等到他十多歲的時候，他很想要受洗加入教會，但是有一節聖經好像在阻攔他，叫他不要受洗歸主，這節聖經說：「你們若不饒恕人的過犯，你們的天父也必不饒恕你們的過犯。」他怎麼樣才可以把他心中多年對繼父的仇恨除掉呢？他為這事掙扎了許久，一天早上，他走到一棵大樹的蔭下，痛切祈求上帝把他心中對繼父的仇恨走挪走，又求上帝把祂的愛倒進他的心裏面，叫他可以有一個愛仇敵的心。他說：「上帝果然把我心裏的仇恨取走，從樹蔭下走出來，我的心對繼父只有愛。前時心中對他的仇恨，再沒有復現。我一直為他祈求，叫他有得救的希望。」

讀者都知道在南非的白人和黑人是死敵。有些黑人基督信徒是耶穌真實的信徒。一天，一位黑種婦人帶著她的小兒女在街上走，一個白人走到她面前來，把口裏的唾沫吐在她的臉上。她停住了腳步，對白人說：「謝謝你，現在你可以把唾沫吐在我孩子的臉上！」白人大吃一驚，萬萬想不到有誰能夠像基督那樣饒恕人的可能，便站在那裏呆了好久。

讀者記得一位父親帶著被鬼附的小兒子來求門徒醫治，他們束手無策。最後他把兒子帶到耶穌面前，祂立時把鬼趕走，孩子便痊癒了。門徒大惑不解，問耶穌為甚麼他們趕鬼無效。祂回答說：「要對付這一類的邪鬼，你們必須禱告和禁食。」要把不肯饒恕人的邪鬼趕走，也須要禱告和禁食。記得英國廿世紀宗教書籍最暢銷作者路易士（劍橋和牛津大學教授）說過一句意味深長的話，他說：「有人以為饒恕人似乎是很容易的事。但是，到你自身真真實實有饒恕人的必要時，你才知道饒恕人不是一件容易的事。」假如你是過來人的話，你便知道這是最真確不過的話。美國白人欺負黑人有兩百多年之久的歷史，雖然林肯總總在一八六三年宣佈廢除奴隸制度，黑人得到自由自主之權，但是事實上，一百年之後，黑人仍舊是美國的次等或三等公民。公共場所喝水的噴泉、洗手間，都分「白」和「有色」兩等。黑人若敢在「白」噴泉喝水，或進入「白」洗手間如廁，是違法之舉，有監禁之虞。學校，更可惜的就是教堂，也全分別開設。戲院、球場、音樂廳內，黑人白人座位，界線分明。當時公共汽車司機全是白人，可以粗聲吆喝黑人男子為「黑猴子」，黑人婦女為「黑母牛」，沒有法律制裁。公共汽車前座的舒適座位，只准白人乘坐，黑人只能在乘客登車下車最擁擠之處，最不舒適的後座乘坐。黑人絕不容許坐到前座去，但是白人乘客太多時，大可以坐到後座去。尤有甚者，通常坐在車上的白人若看見有婦女站著，大都會站起來讓座給她們，這是白人的基本禮貌。但是在林肯解放黑奴後的一百年，美國法律規定黑人婦女坐在後座時，若看見白人站在她們前面，不管她是年高體弱的老太婆，或是抱著嬰兒的母親，都得立時站起來讓白種男士坐下。有時白人乘客少，前座空著一排一排的座位，黑人乘客多，後座沒有立足之地，黑人也絕對不能走到前座去。不然，司機到下一站停下來時，可以找警察逮捕膽敢以身試法的黑人。

當時一切工廠僱用工人，要到找不到白人的時候，最後才肯僱用黑人。工廠生意不佳，要解僱工人時，最先解僱的是黑人。學校取錄學生，也是這樣，白人處處佔便宜，黑人處處受虧待。警察捕逮罪犯，遇見白人，儘可放寬，黑人雖輕微犯錯，便受重罰，無怪在廿一世紀開始的時候，全美國監獄裏，百分之八十以上是黑人（可見人性是多麼醜惡）。讀者想想，黑人怎樣能夠饒恕白人？

到了一九六〇年代，黑人的民權領袖姓京，名路德馬丁，他學效印度的甘地，以和平手段領導黑人反抗千百種不平等的待遇，抵制公共汽車公司，和平示威。當時政府官員，全是白人，因京氏領導群眾，對政府不合情理的法律，加以反抗，便處處為難他，叫他不停地入獄坐牢。政府派交通警察在他辦公室的停車場附近等候，他開車時便緊緊追隨其後。一次，他在回家的路上，帶著兩位友人同事。路上被警車逼停下來，警察對他說：「你在這條時速廿五里的街道上超速了五里，我要把你逮捕，送到監牢去。」他把車子交給朋友駛回家去，請朋友把他入獄的事告訴他的妻子。事實上，他有沒有超速，誰也不知道。美國交通警察不會因超速區區五里懲罰人。通常警察辦理超速只是給駕車者一張罰款傳票，便立刻放人，那有把人送到監牢之理。俗語說：欲加之罪，何患無詞。政府又受意聯邦調查局採取行動難為他。你想，他對這一切傷害他的人，何等憎恨，你想，他怎能饒恕他們？

京氏是一位虔誠的基督徒，他決定要遵照耶穌的教導去愛仇敵，饒恕仇敵。他發現保羅所說的，一點也不錯，人可以決定行善，但是沒有力量行出來。京氏決定要饒恕白人，也盡了他所能的去饒恕白人，可是力不從心，一次又一次地失敗了。最後，他經過一段悠長的時間，照著耶穌所說的，禁食和禱告。上帝果然賜他超人的力量，把不饒恕人的惡鬼趕出心外，叫他真正地從心裏饒恕了他的仇敵。

廿多年前，筆者買了一本書，名為「藏身之所」。此書出版後，立時在紐約時報的「新版書」欄中，成為最暢銷書籍，繼續印行三十版，出售了二百萬本，作者是荷蘭人潘佳麗女士。在第二次世界大戰期間，希特勒下令捕殺全歐洲的猶太人。潘女士是一位虔誠的基督徒，要奮身拯救他們，把許多猶太人藏在她三層的樓房裏。結果希特勒的士兵把她的父親和叔父殺死，把她和她的妹妹捉去關在德國著名的烏鴉河集中營，十萬猶太婦女在此營中被毒氣殺死。

這集中營裏有一個極卑劣的衛兵，以腳踢手摑猶太婦女為樂。潘女士最痛恨他，也最鄙視他，因為她最心愛的妹妹就是死在他那殘暴的手下。

有一天，集中營的工作人員在整理下一批要被毒氣殺害婦女的名單時，作了一個錯誤的決定，竟把潘女士釋放了。她重獲自由後，便週遊全世界，在六十一個國家裏宣講上帝的慈愛，引帶千萬人信奉耶穌。下面的一段話是她在自傳裏詳述她怎麼樣能以饒恕她一直在痛恨著的那個德國衛兵：

我從荷蘭到被打敗的德國來，向他們宣揚上帝樂意饒恕人的真理。德國傷害了全世界的人，所以這是他們最需要的訊息。德國人聽我講道時，面無笑容，好像不敢相信上帝能饒恕他們這滔天的大罪惡。一天晚上，我在慕尼克城一所教堂講道完畢時，便看見了他，坐在教堂的最後面。他穿著深綠色的大衣，他的頭髮比在集中營時稀疏多了。他從教堂的最後處往前行，向著我走來。不錯，他穿的是深綠色的大衣，但是我卻看見他穿著藍顏色的衛兵制服，烏鴉河集中營的慘況，立刻歷歷如在目前。

集中營裏那間大廳，頂上十分強烈的燈光，照射下來，落在一堆一堆婦女的衣服和鞋子上。這可惡又可恨的衛兵向無助又無力反抗的婦女拳打腳踢。他現在站在我面前，把手伸出來要握我的手。我卻把我的手緊貼著我的身旁。他對我說：「潘女士，我很感謝你今天晚上帶給我最寶貴的話語，妳說我一切的罪過，都被上帝投在深海的底處。妳又說上帝已把我一切的過犯都洗乾淨，我真感謝妳。」他的手仍是伸出來要握我的手，我卻不肯握他的手。我想：集中營裏千萬婦女，他絕不會記得我，但我卻深深地記住他。現在，我面對面看見這個曾極度傷害過我的人，我的血液在血管裏好像結成冰條那樣冷凍，我對這個壞人沒有任何溫暖的感覺。他再說下去：「在妳的講道中，你提說烏鴉河集中營，我曾在那裏當過衛兵。之後，我變成了基督的一個信徒，我知道上帝已經饒恕了我在集中營裏幹過的一切惡事，但是潘女士，我很想要親耳聽妳說妳也已經饒恕了我。」說完這話，他又把手伸出來，說：「妳肯饒恕我嗎？」

這時，當痛恨和報復在我心裏沸騰的時候，我竟能這樣想：「耶穌曾為這個人死，耶穌能饒恕他，難道我不能饒恕他嗎？但是，我又怎能饒恕他呢？我最痛愛的妹妹被他害死了。難道他這麼一次請求，我就可以輕輕易易地饒恕了他嗎？我站立了許久，雖然我一次再次多次得到上帝的饒恕，我卻不能饒恕這個人。我只有立時在心裏禱告說：「主耶穌啊！求祢饒恕我不肯饒恕這個人的罪。更求祢幫助我饒恕這個人。」

我要向他露出一點笑容，卻露不出來。我想要把手伸出去握他的手，卻伸不出來。我對他沒有絲毫溫暖的感覺。我又再一次禱告說：「耶穌阿，我實在沒有可能去饒恕他，求祢把祢的饒恕賜給我，叫我可以用祢的饒恕去饒恕他。」

我呆站在那裏，心意十分寒冷。我知道要饒恕人是一個人在意志上的決定，就算是心意寒冷，也可以作饒恕人的決定。我便再禱告說：「耶穌阿，請祢現在幫助我。我可以把我的手伸出去握住他的手，但是請祢賜給我握手之時心存對他的愛，對他的溫暖，和愛他的感覺。」我便機械式地把手伸出去握住他那隻久已伸出來一直在等待的手。我一握著他手的時候，有一件最不可思議又是不可想像的事發生了。好像有一道電流，從我的肩膀開始，沿著我的手臂，然後通過我的手掌，直流到他的手掌上。同時，從我心裏向這個一直被我恨得要死的人所湧流出來的愛（神聖的愛），像百尺高的巨浪把我沖倒淹沒了。這從上帝得來帶有醫治能力的熱流叫我全身感覺異常的溫暖，我便熱淚盈眶地對他說：「弟兄，我全心全意地饒恕了你！」

我曾多次感受過上帝對我的愛，卻從來沒有像現在那樣強烈的愛。我深知道這絕不是從我而出的愛，因為我曾盡力去愛我的仇敵，卻全無果效。我現在對仇敵的愛，我能給仇敵饒恕，完完全全是從上帝那裏借來的。上帝吩咐我們愛仇敵，祂便親自把祂的愛供給我們，叫我們可以用祂的愛去愛仇敵。（節錄完畢）

親愛的讀者，我希望在你的人生中，沒有像司丹博夫人，那對女兒被殺害的夫妻，那個幼年被繼父殘虐的青年，或是潘佳麗那樣悽慘的遭遇。但是人生在世，絕不能完全沒有受到別人的傷害（我們自己也會有意或無意地傷害別人），所以耶穌的饒恕之道，是為最佳最善的處世之道。我們若將之拳拳服膺，謹藏於心，便可以有快樂的人生，畢生受用不盡。

饒恕人最崇高的榜樣

饒恕人最崇高的榜樣，饒恕人最完美的模範，就是耶穌基督自己。若是沒有耶穌在被釘十字架時遺留的榜樣，我們便不能夠切實明白饒恕的真諦。祂在十字架上說了七句話，有一句話：

父阿，饒恕他們！

得蒙耶穌饒恕的個人與群眾：
為三十塊錢出賣祂的門徒猶大
為顧及自身安全而逃遁的門徒
為保守自己權位的大祭司該亞法和眾首領
為害怕干犯眾怒而屈枉公理的彼拉多
那些在彼拉多面前瘋狂地喊叫「除掉祂！除掉祂！釘祂十字架！」的群眾
那些吐唾沫在祂臉上的群眾
那些用拳頭打祂的群眾
那些用手掌打祂的群眾
那些喊叫「基督阿，祢是先知，告訴我們打祢的是誰」的群眾
發咒起誓三次不認祂的彼得

給祂穿上朱紅色袍子，把荊棘冠冕帶在祂頭上，把葦子放在祂手上，跪在祂面前戲弄祂的全營兵丁

吐唾沫在祂臉上的兵丁

拿葦子打祂頭的兵丁

釘祂在十字架上的兵丁

抽籤分祂衣服的兵丁

從十字架下過路向祂搖頭譏笑說：「祢這拆毀聖殿三日又建造起來」的群眾

向祂喊叫「祢如果真是上帝的兒子，就跳下來呀」的群眾

笑祂「救了別人，卻不能救自己。祂是以色列的王，現在應該從十字架上跳下來，我們就相信祂」的祭司長、文士和猶太人的父老們

那班百般嘲弄侮辱祂的人，如希律王的士兵和希律王自己

那個和耶穌同釘不肯悔改的強盜，他也嘲弄耶穌說：「祢不是基督嗎？救救祢自己和我們呀！」

最後，群眾、兵丁和猶太人的官長合口同聲說：「祂救了別人，可以救自己罷！祢若是猶太人的王，可以救自己罷！」

「父阿，饒恕他們！」

「父阿，饒恕他們」的意義

有人向一位神學家發這個問題：

「基督徒應該怎樣對待他們極不喜歡的親戚或他們所認識的人？」

神學家回答說：

「這是一個與基督徒實際生活十分有關係的問題。我們的親人或所認識的人中，有些人的行為和態度叫我們極度不喜歡。假如他們的行為和態度叫我們極度不喜歡，假如他們的行為和態度實在不合基督徒的體統，我們不喜歡是合理的。我們應該怎樣對待他們？

「聖經沒有說基督徒必須喜歡一切人，聖經卻說我們必須愛一切人。我們不能喜歡一個存心又惡又壞的女婿或岳父，正像耶穌不能喜歡那些用拳頭手掌打祂，或是出賣祂的人的作為。耶穌卻愛他們，祂說「父阿，饒恕他們」，是充滿了愛他們的心意，充滿了為他們前途幸福著想的意念。祂希望這些人肯悔改，得蒙饒恕，便有最美好的結果——永生。我們也應該這樣去愛我們所不喜歡和傷害我們的人，為那些逼迫我們的人禱告。愛乃是饒恕人的動機和動力。

筆者最近在教會公報（評閱宣報）看了一段論述「配進天國的信徒」，感覺用之為總結這四篇對饒恕人的討論，是最適切不過的。該段文字首先引用懷愛倫夫人論述耶穌一句話的精義：

愛人，這就是在地上表現上帝的愛。為了要把上帝的愛移植到我們的心裏來，為要使我們成為一個上帝大家庭的子女，榮耀的大君便成了我們的一分子。當我們實行祂臨別時的命令，「你們要彼此相愛，像我愛你們一樣」，當我們愛世人像祂愛世人一樣的時候，祂的使命便在我們身上完成了。我們便配進天國，因為我們的心中已經有天國的存在了。

是的，上面引述的司丹博夫人，被繼父殘虐的青年，和潘佳麗女士，都有上帝的愛，大量移植到他們的心靈裏。耶穌要把祂饒恕許許多多人的力量，移植到我們心裏來，幫助我們去饒恕一切傷害我們的人，叫我們成為配進天國的人，阿們！阿們！

第三十六章　復臨信徒與金錢

創立循道會的衛司禮約翰牧師，在他的講道中說了一段感嘆的話：當人接受了基督教的信仰，便都殷勤工作，又養成節儉的習慣。這一來，他們的財物便自自然然地綽有餘裕。富有的人又自自然然地生發驕傲心，和愛世界的心，及種種破壞基督教原則的意念。假如我們不能防止這些自然的反應，基督教便會自相矛盾，終於便不能維持下去，因為它本身定下了自我侵蝕、淪於消滅的基礎。

是的，金錢能叫人的態度改變，衛司禮約翰說得很對，細細咀嚼他這段感嘆的話，我們可以從字裏行間看見他啟示一件事：信徒與金錢的關係，不是一個純屬物質方面的問題——要賺多少錢，要怎樣用錢，要儲蓄多少，要捐獻多少等等——，它更是一個屬靈的問題：信徒管制金錢？或是金錢管制信徒。

本文研討復臨信徒與金錢的關係，就是誰管制誰的問題，誰絕對地控制誰的問題。聖經裏面有兩個論及管制和操縱的例子，第一個是被聖靈充滿的司提反。細讀使徒行傳第七和第八章就知道他是在聖靈絕對的控制之下行大奇事和神蹟的一位義烈之士，聖靈給他智慧的說話，他有天使那樣的面貌，視死如歸，像耶穌那樣為那些用石頭砍死他的暴徒禱告。

第二個例子就是那些被鬼附的人，他們是在魔鬼絕對的控制之下生活，在墳墓的洞穴裏居住，極其兇猛，沒有人能制服他們，就是用鐵鍊捆住他們，也會被掙脫，腳鐐也會被弄碎，晝夜在墳塋裏和山間喊叫，又用石頭砍斫自己。更有一個小孩子被啞吧鬼附著，鬼把他扔在火裏、水裏，要殺死他。

又把他摔在地上，叫他口流白沫、咬牙切齒、身體枯乾。

是的，信徒可以得著聖靈的幫助，對金錢有絕對的控制，可惜有些信徒，像離開保羅的底馬，被金錢管制，回到世界裏去。

有一位宗教作家說舊約時代和新約時代的一個不同之處，就是在舊約時代，財富乃是因上帝賜福而擁有。在那個時代裏，人若定意跟從上帝，遵行公義，上帝便賜財富給這個人，作為祂悅納的標記，亞伯拉罕和約伯便是兩個很好的例子。

亞伯拉罕一點也不以財物為念，所以他讓後輩姪兒羅得先行選擇肥沃的約但河平原。他又婉拒所多瑪王給他大筆的財物，說：「我已經向天地的主，至高的上帝耶和華起誓，凡屬你的東西，就是一根線，一根鞋帶，我都不拿，免得你說，我使亞伯蘭富足。」（創世記十四章廿二、廿三節）

約伯也是一個不以財物為念的人。撒但對上帝說，假如約伯失掉他的財富，他便不再事奉祢。約伯在失盡一切財富的時候，傷痛已極，他卻能說：「我赤身出於母胎，也必赤身歸回。賞賜的是耶和華，收取的也是耶和華，耶和華的名是應當稱頌的。」亞伯拉罕和約伯深知他們的財物是屬於上帝的。

舊約聖經多次警告人不可因為經濟富裕而驕傲，以西結先知說推羅王因有金子銀子而驕傲，以色列民族也因豐衣足食便忘記上帝。耶和米先知說得好：「智慧人不要因他的智慧誇口，勇士不要因他的勇力誇口，財主不要因他的財物誇口。誇口的卻因他有聰明，認識我是耶和華，又知道我喜悅在世上施行慈愛公平和公義，以此誇口。這是耶和華說的。」（耶和米書九章廿三、廿四節）。

財富為信徒帶來引誘和困擾

新約時代耶穌基督的來臨，是上帝賜予人類福氣的巔峰，財富便不再是上帝賜福的標記。所以在新約聖經裏，我們看不見像亞伯拉罕或是約伯那樣因忠於上帝而致富的人。反之，新約教導人不要貪愛錢財；耶穌指示一位富有的少年人，吩咐他要把他的全部財富分給窮人。

新約聖經有一個處理財物嶄新的觀念，耶穌說：「一個人不能事奉兩個主，不是惡這個愛那個，就是重這個輕那個。你們不能事奉上帝，又事奉瑪門。」（路加福音十六章十三節）有些聖經譯本譯為「你們不能事奉上帝，又事奉金錢。」有一位聖經學者說「瑪門」雖有金錢的意義，但它還有深一層的意義。在耶穌時代，帕勒斯聽一帶的人都操亞蘭語，耶穌也說亞蘭語。瑪門是亞蘭文，若把瑪門當作名詞使用，瑪門就是金錢之意義。但是瑪門在亞蘭文的原意，是「所信靠之物」。

我們作基督信徒的人，若把上帝作為我們所信靠的，當然不能同時也把金錢作為我們所信靠的。因為信靠上帝的人，乃是把自身前途的福樂和安全都寄託在上帝的愛中，上帝完完全全佔有和管制（我選用佔有和管制兩詞最為貼切）我們。反之，信靠金錢的人，是把自身前途的福樂和安全都寄託在金錢上面，這就是事奉瑪門，亦即降服撒但。我們不能腳踏兩船，既愛上帝也愛金錢，因為耶穌說你們不能事奉上帝，又事奉瑪門。

那位年少的富翁聽聞耶穌叫他把全部的財富分給窮人，便憂憂愁愁地離去。耶穌對門徒說：我實在告訴你們，財主進天國是難的。我又告訴你們，駱駝穿過鍼的眼，比財主進上帝的國還容易呢！門徒聽見這話很是希奇，說：這樣，誰能得救呢？耶穌看著他們說：在人這是不能的，在上帝凡事都能。

法利賽人是貪愛錢財的人，耶穌說他們是上帝所憎惡的。使徒雅各責備在末世時代富有的僱主剝削工人，積儹錢財。新約聖經多次提及教會的領袖必須是一個不貪愛錢財的人。提摩太後書第三章列舉二十種末世的敗壞現象，貪愛錢財是其中之一。保羅更說「想要發財的人，就陷在迷惑裏，落在羅網中和許多無知和有害的私慾裏，叫人沉在敗壞和滅亡中。貪財是萬惡之根，有人貪戀錢財，就被引誘離開真道，用許多愁苦把自己刺透了。」（提摩太前書六章九至十節）

金錢的本身是中性的，錢財不是盡善，也不是萬惡。有財富的人和沒有財富的人，都可能被財富所害。信徒對財富若存錯誤的態度，能破壞人與神和人與人之間的關係（廣東人說憎人富貴厭人貧）。中國人對金錢有十分超卓的看法，說物為我用，不為我有；又說貨惡其棄於地也，不必藏諸己；德者本也，財者末也（大學）。古人對安貧樂道的訓勉，十分接近聖經的教導，有衣有食，便應該知足。孔子讚賞顏回說：「賢哉回也，一簞食，一瓢飲，在陋巷，人不堪其憂，回也不改其樂。」（論語）。「子貢曰：貧而無諂，富而無驕，何如？子曰：可也。未若貧而樂，富而好禮者也。」（論語）

信徒怎樣勝過財富帶來的引誘和困擾？

今日生活在富裕國家的復臨信徒，必須先求上帝的國和祂的公義。上帝實在已把日用的需要，很充裕地加給我們了。我們是生活在必須使用金錢的社會中，我們要怎樣培養對金錢有正確的態度，使它不能佔有我們，不能絕對管制我們，使我們不至於去事奉瑪門呢？

上述作家提出三種觀念，能幫助我們培養處理金錢的正確態度：

1 「人」比金錢重要：舊約聖經諄諄教導借錢給別人的時候，不要取利息，若要拿人的衣服作抵押，必須在日落前還給他，因為他只靠著這件衣服保暖，沒有它怎能睡覺呢？新約舊約聖經都說僱主要給工人合理的工資，也不要拖延不發。我們對金錢的愛，不應該超過我們對「人」的愛。

2 矢志不要貪愛錢財：既然聖經說貪愛錢財是一切罪惡的根源，我們作基督信徒的人便須決意不貪愛錢財。在實際生活上，有錢的人和沒有錢的人都可以被誘惑去貪愛錢財。耶穌講過一個比喻說有一個財主田產豐盈，他憂慮倉房不夠貯藏的空間，便定意把它拆下，再蓋造一座更寬更大的，叫自己無後顧之憂。積穀防饑，前途已有穩定的保障，儘可放懷享受人生。

他滿心高興地對自己說：幸運的人啊，你擁有一切美好的東西，一生享用不盡，現在可以高枕無憂，盡情喫喝玩樂罷！上帝卻對他說：無知的人，今夜你要死了，你所豫備的，要歸給誰呢？

積儹錢財的人，很自然地以為金錢能為他們的前途帶來安全感，這就是信靠錢財的傾向。事實上，不管我們的銀行存款數字是多麼的大，我們的生命隨時都有結束的可能。基督信徒不應當以積聚錢財為人生的唯一目標，卻必須相信上帝十分關注我們在物質上的需要。

衛司禮約翰年輕的時候，作了一個決定：他當時的年薪是三十英鎊（美金六十五元），他決定每年的生活費用只需二十八鎊，兩鎊濟助貧苦人。因為他生活在十八世紀時代，沒有金錢貶值或通貨膨脹的顧慮，所以他一輩子裏每年的生活費用是二十八鎊。他寫了許多書，出版書籍為他帶來十分巨大的進款，最高收入達每年一千四百鎊。他卻保持每年二十八鎊的生活費用，把餘下的款項全部捐贈出去。

當然，衛司禮約翰畢生大部分的時間，過著獨身的生活，沒有兒女的負擔，所以不是人人都能過他那樣的生活。信徒應當有些積蓄，以應付人生中意想之外的需要（如疾病、失業）和意想得到的費用，如兒女的學費等等。但是衛司禮約翰牧師給我們立下一個美好的原則：信徒生活的基本需要，不應當因為收入增加而改變。我們有多餘的款項，應當幫助推進聖工，和濟助窮苦的人。

箴言書中的禱告說：「主阿，我求祢兩件事，在我未死之先，不要不賜給我。求祢使虛假和謊言遠離我，使我也不貧窮，也不富足，賜給我需用的飲食。恐怕我太富有便不認祢，說，耶和華是誰呢？又恐怕我貧窮就偷竊，以致羞辱了我上帝的名。」（箴言卅章七至九節）

本段的主題，是定意不要貪愛錢財。聖經多次採用知足一詞。保羅說：「你們存心不可貪愛錢財，要以自己所有的，安分知足」，又說：「有衣有食，就當知足」。中華古訓有言，「知足者貧亦樂，不知足者富亦憂」，「知足常足，終身不辱」，誠非虛語也。

❸ 培養分贈，給與，並樂善好施的精神。有一位作家說撒但的世界是買賣牟利的世界，上帝的世界乃是分贈和給與的世界。上帝極度喜愛分贈和給與，祂在以賽亞書呼籲一切沒有銀錢卻是口渴的人前來，不費分毫來喝水，來買酒和奶。上帝愛世人，甚至將祂的獨生子賜給他們，叫一切信祂的都得著永生的恩賜。這是雙重的贈與，雙重的恩賜。

分贈、給與和樂善好施的精神，是來自上帝的精神。耶穌在世的時候，已經有人得著了這種精神，抹大拉的馬利亞是個好例子。她的精神擊敗了瑪門的魔力。可惜耶穌的一個門徒猶大，總得不著這種精神，卻說她贈與耶穌貴價的香膏，是「浪費」的贈與。親愛的讀者們，我們捐獻給上帝的時候，有沒有「浪費」的感覺？

辭海「守財奴」條目解說人在應當使用金錢的時候，卻不肯使用，這就是守財奴。守財奴就是錢財的奴隸，也就是被錢財奴役的人，失去了自由的人。信徒若是過分地為前途憂慮，過分地任由金錢控制自身的前途，像上文所引耶穌講說擴建倉庫的財主，便要失去自由，變成錢財的奴隸。人人都以為使用金錢可以購買自由，上帝卻要分文不花地，把這自由白白送給我們。耶穌教導我們禱告，說：「我們需用的飲食，今日賜給我們」，祂更諄諄教導我們培養信靠上帝的心。筆者雖已讀過下述經文不止百十次，但是每一次再讀的時候，仍然感覺大大有動於中，故把它全段引述，希望讀者耐心尋味耶穌語重心長的美意：

「沒有人能夠伺候兩個主人。他要不是厭惡這個，喜愛那個，就是看重這個，輕看那個。你們不可能同時作上帝的僕人，又作錢財的奴隸。

所以我告訴你們，不要為了生活上所需的飲食，或者身上所穿的衣服操心。難道生命不比飲食重要，身體不比衣服重要嗎？你們看天空的飛鳥，牠們不種不收，也不存糧在倉裏，你們的天父尚且飼養牠們！你們豈不比鳥兒更貴重嗎？你們當中又有誰能夠藉著憂慮多活幾天呢？

為甚麼為衣服操心呢？看看野地的百合花怎樣生長罷！它們既不工作又不縫衣，可是我告訴你們，甚至像所羅門王那樣的榮華顯赫，他的衣飾也比不上一朵野花那麼美麗。野地的花草今天出現，明天枯萎，給扔在火爐裏焚燒，上帝還這樣打扮它們，祂豈不更要賜衣服給你們嗎？你們的信心太小了！所以不要為我們吃甚麼、喝甚麼或穿甚麼操心；這些事是不信的人所追逐的。你們的天父知道你們需要這一切東西。你們要先追求上帝主權的實現，遵行祂的旨意，祂就會把這一切都供給你們。因此，不要為明天憂慮，明天自有明天的憂慮；一天的難處一天擔當就夠了。」（馬太福音第六章廿四至卅三節現代中文譯本修訂版）

字字金玉，至理名言，讀者其勉諸，阿們！

（本文的資料取自安德烈大學商科主任的作品，謹此致謝）

第三十七章　復臨信徒與電視

筆者原先為本文所定的題目，是「復臨信徒與日常生活中的娛樂」。可是辭海對「娛樂」的解釋是快樂消遣的事情，包括許許多多的項目，如圍棋、音樂、閱讀、園藝、美術、拳術、電影或電視等等，不勝枚舉。本文為篇幅所限，不能暢論各種娛樂的項目，所以把題目改為「復臨信徒與電視」，以電視為例子，列出復臨信徒對娛樂應當採納的一些原則，請讀者把這些原則應用於自己日常生活的娛樂活動中，以達到「無論作甚麼，都要為榮耀上帝而行」的目標。

在基督教的早期著述中，提及有人看見老年的門徒約翰在空閒的時間中，玩玩他豢養的一隻小鳥，這人心中十分納悶，他想：「一位德高望重的神人，為甚麼要花時間去玩小鳥？」他向神人詢問，約翰的回答大意是說，人的精神有如一把弓，假如把弦扣在弓上，永不鬆弛下來，這條強有彈力的弓便會失去彈性，再不能把箭射出去。玩玩小鳥就是把緊張的精神鬆弛下來，使之復原，恢復它原有充沛的彈力（以上是我的一位聖經教授的論述）。

上帝對祂子民的生活、起居、工作和休閒娛樂活動，賜下一些十分美善的原則，導引他們享受快樂，美滿和健全的基督徒生活。本文首先把這些原則列舉如下，讀者閱後再行研讀本文所述電視的細節，必定更能得到進一步的省悟。

❶「少年人啊，在你年輕的時候，要快快樂樂地過日。趁你年輕的時日，心裏快樂歡暢。隨心

所欲去做你喜歡做的事，你的眼要看的就去看。但要知道一件事，上帝要審判你一生的所作所為。」（傳道書十一章九節英文新國際譯本）

所羅門兩次提及上帝渴望信徒過快樂的生活。須知一切不合上帝旨意的事，都叫信徒不能過真正快樂的生活。

❷「你們要羨慕一切真實的，可敬重的、正義的、純潔的、可愛的、有好聲譽的和值得嘉許的。」（腓立比書四章八節當代聖經譯本）

❸「你要保守你的心，勝過保守一切。」（箴言四章二十三節）

❹「是愛宴樂的人，不是愛上帝的人。」（提摩太後書三章四節照原文直譯）復臨信徒只能做愛上帝的人，決不要做愛宴樂的人。

❺使徒保羅兩次勸導我們要愛惜光陰。復臨信徒不能沉迷於任何屬世的娛樂，我們不能作球迷、棋迷、電影迷、電視迷、小說迷、甚至於紙醉金迷。迷就耽樂、沈迷、心醉於某一事物之謂。玩物喪志，費時失事，以此為甚。復臨信徒身負緊急的使命，絕對沒有可以浪費的時間。

要愛惜光陰

我們首先從第五個原則說起：要愛惜光陰。有人曾作如下的簡單計算：

每日看電視時數		3
每週七日	×	7
每周看電視時數		21

▼

每週看電視時數		21
每年週數（假期不看）	×	50
每年看電視時數		1050

▼

每年看電視時數		1050
從五歲到六十五歲	×	60
六十年間看電視時數		63000

▼

六十年間看電視時數		63000
一年內的小時數目	×	8760
六十年內看電視的年數		7.19 年

再者，上列每天看電視三小時，只是一個平均數字，即此一端，可見有些人每天看電視超過三小時，到六十五歲時，便花費了八年、九年的光陰。讀者可以想想：七至九年的時間，大可以完成碩士和博士學位，綽綽而有餘。

以電視為例

可惜在下筆寫以電視為例的時候，筆者沒有資格以過來人的身份去寫，因為我在過去七十五年歲月中，沒有花過一文錢去買電視機（這並無誇口之意，因為一點也沒有可誇之處）。記得我三十歲那年，奧林匹克世運會在澳洲舉行，澳洲便開始了電視廣播。數年後的一天晚上，一位以修理電視為業的好友把一具舊電視機送到我家，他可憐我兩個女兒受沒有電視的虐待。我們不便拒絕這起善意的贈送，於是試用了兩個星期。大女兒還好，先把學校的功課做妥，才看電視。小女兒則天天晚上先看電視，頑強地說看完電視才做功課。可是每天她看完了電視，便困倦睡覺，再沒有精神去做功課了。所以內子和我決定把電視機立即轉送給學校，一舉兩利，計之得也。

我認識一位牧師，他以過來人的身份寫了一段討論電視的話，殊能發人深省，特於此引用以與讀者分享：

「裁縫怎樣為人度身，製成最合身材的衣服，撒但也為人人製成迷惑他們的試探，迎合童年少年青年中年及老年各個時期的愛好，利用他們的弱點，引誘他們離棄上帝。

「無可置疑的，電視為人類帶來了許些福利，就如一九六三年在全球各地有七億多人可以觀看美國堅尼地總統的喪禮，一九六九年有六億群眾觀看登陸月球的偉舉。某些電視節目有教育和高尚趣味的價值。

「但是電視也把許多基督信徒帶入物質主義的路上，叫他們醉心追求屬世的宴樂。電視節目把姦淫邪盜、兇殺暴行、假藝術之名演出，以娛觀眾，叫人不覺得罪惡有甚麼可怕之處。所以一小時又一小時地坐在電視機前面（許多美國人每天看電視四至六小時），不單剝削了讀經和禱告的靈修時間，以我自身的經驗來說，更可怕的，莫過於看完了電視，心中那渴想與上帝交往的意願都煙消雲散，不復存在了。

「我是牧師，且把我的經驗告訴各位：在一段時期中，我很愛看電視，每天總要花上三四小時。後來我良心發現，知道看完電視之後，便沒有時間去靈修。我決定若看三小時電視，就算不睡覺也得要用三小時讀聖經和禱告，這才可以對得起上帝，把祂和電視同等看待，才算得是個上帝的信徒，而不是電視的信徒。

「我實行這個決定之後，過了不久，我發現對電視的興趣愈來愈減弱。原來電視台是以牟利為出發點，觀眾愛看甚麼，電視台便給他們甚麼，這是生財之道。大多數觀眾愛看色情、兇殺和暴力、電視台（電影和其他娛樂事業也是一樣）便大量供應。這就是使徒約翰為甚麼要說「不要戀慕這個罪惡的世界和世上虛擬的東西，因為人若愛世界，就不會再有愛父的心了」的原因之一。

「電視台不斷地充分滿足使徒約翰所說人性的三種要求，就是肉體的情慾、眼目的情慾、和人生的虛榮等。怪不得一位紐約大學電視媒體科教授說：世界上沒有任何製成品能像電視那樣暢銷。」

（引述到此完結）

任何事物，電視也好，追求金錢和物質的享受也好，凡能迷惑我們，叫我們不盡心盡性盡意和盡力愛上帝，以祂為首要的，都必使上帝的聖靈憂傷。

數週前在教會公報上讀到了一篇文章，是全球總會安息日學高級學課編輯所寫，題目是「數量極大但毫無價值的事物」，茲摘錄一段，共同分享：

「我還沒有加入基督復臨安息日會之前，已經絕少看電視，因為我沒有時間，更是因為我不能接受思想成熟的成年人竟然把大量毫無價值和沒有意義的事物在電視上播出。當時我還不知道聖經勸導我們要謹慎把守心靈的通道——眼睛和耳朵，如保羅所說信徒應當思念一切「真實的，高尚的、公義的、清潔的、可愛的、有德行的、可稱讚的。」（腓立比書四章）我當時只覺得電視節目的絕大部分對一個人的心智全無幫助，便不花時間去看它。

「我做過許多愚笨的事，像花了兩千七百塊錢買股票，六星期之內，股票大跌，至終只值四十五元而已。但是有一件事，我想我做得絕頂聰明。我加入基督復臨安息日會後，在結婚前與未婚妻商討婚後生活時，決定她已擁有的電視機，不能留在我們的新居。這是十六年前的決定，我們對這一個決定，一點也沒有後悔。兒女們出生前，我們沒有電視，兒女們今天長大了，我們沒有電視，希望兒女長大離家後，我們也沒有電視。下面是我家沒有電視的理由：

「我們的生活十分忙碌，實在抽不出時間看電視。最重要的理由，卻不是時間的不足，而是看電視對自身靈性具邪惡的影響。我有自知之明，深知在最優良的屬靈環境中，我要把思想集中在天國的事物上，已經感覺力不從心，萬分困難。我知道若在一週裏面（不是一天裏面）花幾小時看電視，對我的靈性生命來說，不單止是凶多吉少，簡直是置靈命於死地。我也知道，縱然沒有電視節目的阻撓時，我在「作成得救工夫」的事上已是戰戰兢兢、又恐又懼、惟危惟微。倘若有了電視機，便更不堪設想了。

「當然，我不隨便論斷那些擁有電視機和收看電視的信徒，他們當中比我更良善更聖潔的，大有人在。但是以我自身的經歷來說，我知道若是天天沉湎在電視螢光幕上，處於淫穢、兇暴和藐視上帝的氣氛中，我絕對不能與上帝保持親密的聯絡。我這樣說，是經驗之談。回想去年我有幾次在旅途中晚上看電視，每一次我都感覺我的靈性顯然地受到了靈命的劫掠。

「十九世紀德國一代大詩人歌德寫了一套戲劇，名叫浮士德。劇中有三個人在討論怎樣製作最受人歡迎的戲劇。這三個人中，一個是導演、一個是笑匠、一個是詩人。導演說：「最迎合群眾口胃的，不是笑料，不是文學，而是極大量毫無價值的事物。」換句話說，群眾所喜好的，就是極大量愚不可及和全無價值的事物。這就是荷里活電影電視界的生財之道。我絕對不肯這樣浪費時間，也不要這樣傷害自己的靈性。

「我已經說過我不論斷收看電視的信徒，我卻願意向讀者提出一個建議：把電視機封存三個月，不去看它，作為試驗，看看有甚麼效果。我知道你將會有大量的時間去為家人和親友造福，多讀一些培靈和益智的書籍，提高基督徒生活的質素。最重要的，這對你和上帝之間的關係，只有增益，絕無損害。這是我最誠懇的建議。」」（引述到此完結）

以上是兩位本會牧師對電視的經驗之談。我們不妨看看別的教派的領袖們對電視的看法。他們驚奇為甚麼在教會長大的青年到中學畢業的時候，百分之五十到七十不再回到教會來，這對守星期日的各教派來說，是極大的損失。這些領袖們在一段頗長的時間從事研究和調查，作出了下面的結論：

每兩個家庭中，有一個在兒女的睡房中安置一具電視（一家設備三具電視的，比比皆是）。每天晚上七時到九時，是最多人看電視的兩個小時，各電台播放的節目其主題盡是內容淫褻、兇殺和暴力，以恢諧、滑稽和嬉笑的方式演出。台詞對話，粗俗下流，常把父母扮作蠢笨傻瓜的角色。電視戲劇的演員中，同性戀的比虔誠的基督信徒多得多了。尤有甚者，各電視台的主辦單位和製作人中，絕大多數是以「人類為至上」的立場作出發點，去製作電視節目。這種以「人類為至上」的學說，來自十五十六世紀文藝復興運動，把古代希臘羅馬文化復興起來。因為希臘羅馬文化完全沒有基督教的成分在內，它大力否定宗教，倡導人類自身具有真理，有最善美的德行，不需要外來的幫助，所以便不需要上帝（是一種變相的無神論）。試想，從幾歲的幼童，到十八歲中學畢業的歲月中，天天花兩小時，三小時或更長的時間，沉湎在電視劇內的無神和世俗的氣氛中，他們離開教會，放棄信仰，似是最自然不過的事。後果堪虞，令人惋惜之至。（引述到此完結）

多年以來，基督復臨安息日會主辦五日戒煙運動，幫助癮君子不再吸菸。最近，有些教會領袖倡導三十日戒電視運動，目的不是叫人永遠不再看電視，而是幫助教友在一個月內，重新享有不受電視轄制的自由，再度共享與家人在晚飯彼此談話的天倫之樂，有時間去完成多年擱置的計劃，更重要的，就是有時間讀聖經，與上帝交往。又在這三十日內，學會怎樣節制看電視，怎樣選擇益智的節目。

親愛的讀者，希望你能把上述五個原則應用於日常生活的休閒娛樂中，保持與上帝有密切的交通，阿們。

第三十八章　復臨信徒與教會的關係（一）

教堂的後門

我出生在基督復臨安息日會教友的家庭，自孩童時代便在教會裏長大。到十八、十九歲時，我對教會只有兩種感覺：①人人都愛護教會，②教會洵是一個十分甜美的大家庭，是上帝為要賜我們特別的福氣而親自設立的。五十年後，我對第二種感覺仍無改變，若有的話，只是感覺教會對自己的靈智體帶來了無限的福樂，因為親嘗這個大家庭的甜美，已逾古稀的年數，感謝和讚美主不盡！祈求主幫助我保持這寶貴的感覺，直到祂再來或我自己安息主懷之日，阿們。

至於第一種感覺，是緣於幼稚和缺乏經驗而生的錯誤感覺。其實有些人不單止不愛護教會，還要傷害教會，這真是最可惜不過的現象。記得在廣州讀中學的時候，常常收到從美國寄來的英文小冊子，是一所稱為「牧人杖」的機構寄發到全世界各地的基督復臨安息日會信徒家庭的刊物（不會寄給任何別的人），內容大都是攻擊全球總會的領袖，這是一種十分傷害教會的行動。細心分析許多反對教會脫離教會最後致力傷害教會的人，為爭論教義或信條的，為數極少。正如一位學者所說，百分之九十九是為了與教會領袖不和，為了爭權奪利而脫離教會，自立門戶，甚是可哀。

一位確切知道上帝設立教會苦心的信徒，絕對不會傷害教會。

「教會」這一專有名詞，在舊約聖經裏是找不到的。但是下面所提新約時代教會的多種特色，無一不在舊約聖經的字裏行間找得到的，就如上帝呼召亞伯拉罕，揀選他的後代以色列人，作為祂自己的子民，舊約聖經稱這些人為「在曠野的會眾」，所以事實上，他們就是舊約時代的教會。

在新約聖經裏，馬太福音十六章第一次提到耶穌建立教會，說是「祂的」教會。換句話來說，教會並不是由幾個人，或是幾十個人決定要組織，便有了教會的存在。教會乃是耶穌親自降到世上來所組成的宗教團體，使男女信徒在上帝的政權之下度日。上帝乃是教會的創辦者，又是教會的最高領袖。「教會」這一詞義，希臘原文是「被呼召出來的人們」，有很豐富的含意。信徒是上帝從罪惡的世界裏呼召出來成為祂子民的人。準此，使徒彼得說：信徒是「被揀選的一族人，是御用的祭司，是神聖的邦國，是上帝的子民，為的是要你們宣揚上帝的大德，因祂曾呼召你們出離黑暗，進入奇妙的光明裏。」

有一次，耶穌在房子裏對許多人講道，有人進來對祂說：「祢的母親和祢的弟兄站在外面找祢。」耶穌回答說：「誰是我的母親呢？誰是我的弟兄呢？凡遵行上帝旨意的人，就是我的弟兄姐妹和母親了。」在教會裏面作信徒的人，應該是立志遵行上帝旨意的人。馬太記載耶穌傳道開宗明義第一句話說：「天國近了」。其後，祂不停地隨走隨傳「天國近了」的訊息。全本馬太福音有三十六次提及「天國」，都是出自耶穌的口中。在耶穌的心目中，地球上有兩個國，天國，就是上帝的國；世界，就是撒但的國。新約聖經闡明上帝的國分為兩個時期：①耶穌復臨時是榮耀的國度開始的時候；②當耶穌降世的時候，便開始了恩典的國度。上帝的教會，就是上帝恩典的國度，因為在教會裏面，上帝執掌政權，在教會裏面，上帝的旨意行在地上，如同行在天上。我們信徒若把這些道理拳拳服膺，對教會便能盡力愛護，盡力支持。

使徒保羅特別強調教會是基督的身體；人若要把教會分裂，那就等於把基督的身體分裂，是一件不可想像的惡行。他更強調基督乃是教會的頭，教會又是耶穌基督的新婦，教會與耶穌之間有最親密的關係。保羅未信耶穌之時曾逼害教會，在大馬色的路上聽聞耶穌問他說：「掃羅，掃羅，你為甚麼逼迫我？」掃羅問：「主阿，祢是誰？」主說：「我就是你所逼迫的耶穌。」逼迫教會的，就是逼迫耶穌，傷害教會的，就是傷害耶穌。為此，保羅對哥林多教會的信徒說：「你若叫基督捨命救回的弟兄陷在罪裏，你就是得罪了基督。」

筆者寫這本書的對象，是基督復臨安息日會的華人信徒，所以我認定讀者是本會教友，我也認定讀者深信上帝在末世時代設立向世人宣講耶穌再來的教會，就是基督復臨安息日會。這樣，我們便應當研討兩個很重要的問題：①為甚麼有些本會信徒離開教會，不再作本會的信徒？②我們自己是否保持對教會的愛護，把教會視為自己屬靈的家庭？本文開始時曾提及筆者出生在本會信徒的家中，饒有好處。我不曾喝過酒，也沒有吸過菸，沒有嘗過豬肉，不必戒這樣戒那樣。可是我的內子是在佛教家庭長大，後來到守星期日的教會聚會。她十八歲那年參赴本會舉辦的佈道大會，始聞三天使訊息，守安息日，基督復臨，死人景況，不潔食物（她最愛喫豬肉，肥膏愈多便愈可口，那時醫學界還不知道膽固醇為何物）等講論，茅塞為之頓開，對聖經要道產生新奇感覺，有相見恨晚之意。「半途出家」自有它的好處（或作半途加入教會的好處，是我沒有親嘗過的美味）。我曾讀過一位中途加入本會女士寫的感言，在此與讀者分享：

我不是從電話本的某頁廣告裏找到基督復臨安息日會。這個教會的教堂並不是最宏偉的建築物，它也沒有最大最優美的聖歌班。我選擇加入基督復臨安息日會，有許多原因：它對聖經預言解釋的詳盡，它對聖經道理絕對真誠的態度，它處處高舉耶穌，它為我的人生帶來真正的意義。而且，上帝的聖靈用微聲對我說：「這是你應當加入的教會！」

我第一次踏足進入教堂的時候，感覺基督復臨安息日會的信徒是像天使那般純潔和良善，是哥林多前書十三章所描述大有愛心的信徒。我對他們的仰慕十分高，他們都是聖徒，教會是聖徒所組成的團體，教會不是罪人的醫院。自然，這教會裏的一切牧師都是一流的證道人員，那位幫助我研究聖經真理，繼而為我施浸的牧師，更是如此，他們都是聖潔的神職人員。我十分喜愛這個教會的信徒和牧師，我有如獲至寶的感覺。

可惜好景不常，六個月後，我敬佩的牧師被調到別處，新來的牧師口才沒有前任牧師那麼好，他的作風也不像前任牧師那樣受歡迎。我有點不喜歡他的證道，但是新牧師看來是個十分善良的人，為甚麼我不喜歡這位善良牧師的證道呢？我便自覺有罪。難道我加入基督復臨安息日會，是因為前任牧師的口才嗎？

很湊巧，就在這個時候接二連三地發生了幾樁事。有幾家人知道我是新教友，合起來請我在安息天吃午餐。他們都是十分熱心的教友，是教會的柱石。怎知喫飯的時候，他們竟得意忘形地批評教會裏面的人，說今天崇拜聚會中獨唱那位男子，不知道他是頌讚上帝，還是炫耀他那難聽的嗓子！他們又把早上牧師的講道四馬分屍，把它弄得體無完膚。我感到極度驚訝，基督復臨安息日會的教友應當不會這樣做，我知道我自己不會這樣做。

還有，我帶鄰居的太太到我的教堂來聚會，希望她能認識耶穌。在回家路上，她說我們的教堂聚會時，太不安靜。我向她解釋了一回，心中卻知道在聚會中收捐款的時候，坐在我後排的兩位女教友談說怎樣煮豆腐，我的鄰居也聽見了。

有人告訴我，某教友騙了人的錢，叫我要當心，不要被騙。我想：基督復臨安息日會的教友絕不會騙人的錢。然而事實上竟真有其事。

安息日學分班研究學課的時候，教員忽然題我的名，問道：「請你告訴我們，善惡之爭第四百九十六面說甚麼？」難道他不知道我是新教友嗎？這叫我很難為情。一年後，一個安息日我遲到了，便坐在另一個安息日學班最後的一排，希望沒有人注意我。怎知教員停止教課，高聲向我說：「女士，請問妳是誰？」我在這小小教會赴會一年，還有人不認識我。一次，我坐在教堂最後排座位上，一位執事很粗魯地說：「不要坐在這裏，這排座位是留給有嬰孩的母親坐的！」因為我知道這是上帝在末世特別興起的真教會，雖然有一些不愉快的事件，我絕對沒有從教堂的後門溜出去的念頭（從教堂的後門溜出去，是英文的述語，意即離開教會，不再回頭）。

時日久了，這些叫我感覺訝異，以為不可能發生卻竟然發生的事，給我帶來失望的感覺。我在教會裏面看見有些近於無恥的服裝，有些聖歌班女班員塗上深色的口紅。說到佩戴金銀首飾和珠寶玉石，便更稱奇。通常新近加入教會的女士都把它們脫下來，但是信道多年的教友卻把它們戴上去。我又聽見一位資深的教友在安息日下午暢談素食的好處，星期日有人在麥當奴看見他喫漢堡包和喝咖啡。教堂舉行健康講座，有位過度狂熱的主講人提倡喝胡蘿蔔汁，說這是到天國去的必經路徑，我想我不會走這條路到天國去。我也聽聞有些人不相信懷愛倫夫人的著作，我一直以為基督復臨安息日會的教友都深信她是上帝的先知。又有一個人說懷愛倫夫人的著作，跟現代生活毫不相關，當我愈細讀，愈覺得她的教導與實際生活息息相關（也許有些人感覺得太相關了）。

最可幸的，就是我在這個教會裏面，看見有一群人，是真心誠意愛耶穌的人，他們全心全意地在等候祂回來，這班人給我很大的鼓勵。在我頭腦清醒的時候，我知道不應該看人，因為獨有耶穌是我們的模範。就算教會全體都叫耶穌失望，人人都言行不一致，我也定意要跟隨祂。為此，我便多用一些時間去讀聖經、去禱告、去細想懷師母這一句話：「雖然在外表看來，教會好像要倒塌，教會卻絕不會倒塌」，當我看見半開著的教堂後門，這句話叫我心中不存溜出去的思想。

雖然我還是在教會裏面，有一件事，叫我十分作難。記得在我受洗前，牧師每週和我研究聖經。有一天他來要跟我研究一八四四年的大失望，我高聲說：「誰要管一八四四年！」我告訴他我靈性生活中有一個難處，就是沒有能力控制自己的壞脾氣。試探來了，一次一次又一次我都打敗仗；每次我禱告求耶穌赦免我的罪，我相信祂每次赦免了我的罪。難道耶穌的福音祇是不停地赦罪嗎？福音能不能夠幫助我作一個得勝的基督徒呢？福音有這樣的能力嗎？若是沒有，我為甚麼不從大大開著的後門溜出去呢？

我雖然留在教會裏面，卻漸漸產生了反叛的思想。我到戲院去看電影一次，又一次，再一次。我喝咖啡，想著我不要走極端。我看電視，也隨便得多，甚麼都看。也許我這樣做，是要向親友，向教會，甚至向上帝顯示我可以做個叛徒。但是在夜深人靜時，細想這樣的行動，不過是把自己永遠的命運作為兒戲，心中害怕非常。我知道通常反叛的行動，乃是求救求助的先聲。

魔鬼當然看見我反叛的動作，便乘勢用幾種誘惑叫我從後門溜走。龍實在是向婦人發怒，去與她其餘的兒女爭戰，它最恨基督復臨安息日會的信徒，因為他們乃是在凡事上以上帝為首的信徒。第一種強烈難以抗拒的引誘，就是提倡靈恩運動的教會，用神蹟奇事醫病趕鬼，又在說方言。這些教會的信徒十分友善，萬分熱情（可能是過分熱情），要把人人帶進他們的教會裏。另一個誘惑：假如我肯久不久一次在安息天上班，可以得著薪金很高的職位。再來一個誘惑：跟一位非教友結婚。我想，這不就等於出離教會。我又心裏想：假如我不是一位教友，也許我對非信徒的影響力會大一些。教堂的後門不是大大開著嗎？

在這段打敗仗，反叛和猶疑的時期，極度忍耐的聖靈盡力防止我踏足在教堂的後門，所以我一直沒有溜出外邊去。不錯，我看見教會裏面有老底嘉不冷不熱的情況，但是我要再說一次，在這教會裏面，我看見一群真心誠意愛耶穌的人，他們都是十分善良的基督徒，就是為了他們的友情，我也不願意離開教會。他們的友情，叫我聯想到耶穌給我的大愛。我從別人的經驗知道，離開教會的人，絕大多數也離開了耶穌，這正是離開教會的悲劇。請看使徒保羅的話：

誰能使我們與基督的愛分離呢？難道是患難嗎？困苦嗎？逼迫嗎？饑餓嗎？赤身露體嗎？

我深信無論是死亡、是生存、是天使、是魔鬼的權勢、是現在的事、是將來的事、是在天上的、是在深處裏的，或是宇由中其他受造之物，都不能使我們與上帝的愛分離；這愛是藉著我們主耶穌基督顯明的。

羅馬書第八章

教會請了一位牧師來證道，他的話語很簡單，連小孩子也聽得懂。他一開口，便講論我打敗仗的困擾，針針見血。他說我們當然要盡力抵抗試探，但是單單靠盡力抵抗，絕對不能解決我們打敗仗的困擾。他說得對，我盡了九牛二虎之力，卻一直在打敗仗。他說單靠自己堅強的意志，也無濟於事，因為靠著我們自己，絕對不能勝過試探度基督徒得勝的生活。

使徒保羅也飽嘗打敗仗的苦惱，他說自己是罪的奴隸，更哀聲訴苦說：「我真不明白自己的所作所為，因為我一心想做的，卻做不出來；而我最討厭的惡事，反做了出來。我真是苦啊！」他多次打敗仗，陷入絕境。幸而就在同一章裏面，他也喜出望外地宣告他人生中最大的發現：「感謝上帝，祂藉著主耶穌救了我們！」（見羅馬書第七章）

牧師說有些人若不是多次打敗仗，便不能確實知道靠著自己力量去過得勝的基督徒生活，是絕對沒有可能的事。人若肯承認假如沒有上帝在人身上施行神蹟，必定要失去一切，這個人是個有希望的人。我們應當隨時來到救主耶穌面前，祈求祂說：「主啊，我無力去抵抗這個試探，請祢為我抵抗。」我們也可以向祂說：「主啊，請看我多麼軟弱，犯了這麼多罪，求祢救助我」，祂必定立時救助我們。得救的道理，就是這麼簡單。

牧師說：「我們生活在一個很複雜的時代中，我不想用太過簡單的例子，但是我卻想不出比這更好的例子。我們過基督徒的生活，有點像開汽車，有些信徒自己坐在駕車座位上駕駛，只請耶穌坐在旁邊，甚至坐在後座。當然，耶穌會任由你駕駛，任由你自作主張。你一下子把汽車開到路旁的斜坡上，險些兒連人帶車滾到山的下面去。又過一會兒，你把車子駛離公路，闖進「不准駛入」被水沖毀的小路上。耶穌坐在你旁邊或後面，固然是一件好事，祂饒恕你的過失，甚至幫助你化險為夷。但是久而久之，你自知若是這樣繼續下去，前面的路不單止是驚險萬分，終久必致車毀人亡，自己駕駛是取死之道。就在這絕境中，你對耶穌說：『主啊！求祢坐在我的座位上，為我駕駛。』這就是信徒失敗經歷中的轉捩點。」

原來我們信徒過得勝的生活，不是靠賴甚麼秘訣，而是靠賴一位救主，這位救主就是信徒最可靠的朋友，祂樂意為你駕駛，樂意為你克勝罪惡的試探。這一來，我們跟耶穌開始建立友情，是時時刻刻不停地增長的友情。對我來說，這與耶穌之間的友情，足以把教堂後門緊緊地關閉了。從前，我曾以為福音只能赦罪，卻不能防止人犯罪。我是錯了，因為我和耶穌一同生活，祂不停地聽我的禱告，不停地為我抵抗試探。我在那裏，祂也在那裏。不管我是在公共汽車上，或在辦公室裏，或在家中，雖然我不跪下卻可以隨時跟祂談話，向祂領教，說：「主啊，這件事我不知道怎樣決定，祢要我怎樣做，我就怎樣做。」

至於教會裏面牧師和教友的缺點，甚至劣行，現在對我來說，都是無關重要的小事。其實那些不盡完善的事，更是微不足道。我能記住的，就是對我有動於中的講道，安息日學教員對我靈性有幫助的講論，聖歌班和歌唱者引導會眾的思想上達天庭的頌讚，和那一群誠心愛上帝的弟兄姊妹們的交誼。假如在教會裏仍然有少數冷淡，言行不一致或言詞粗魯的人，也許他們是像我從前那樣常打敗仗，需要上帝的救助。

教會裏面再沒有人能做我的絆腳石。就算是牧師，長老從教堂的後門溜出去，我也絕對不會跟著他們溜走。我所信靠的，不是人，而是真理，是聖經，是預言之靈，最重要的，乃是我最敬最愛的耶穌，祂是我永遠活著的救主，更是與我有深交的朋友。是的，對我來說，教堂的後門，是永遠關閉的。阿們！阿們！（引述到此完結）

第三十九章　復臨信徒與教會的關係（二）

對教會恆久效忠和愛護的信徒

我披閱本會公報（評閱宣報）的「靈修欄」，發現一篇文章，題目是：「誰需要教會」？作者引用一首詩，這首詩的題目也是「誰需要教會」，它是一位非基督復臨安息日會信徒的作品，茲用散文體裁把它意譯如下：

教會啊，我雖然很不明白你；我卻十分愛你。你叫我受了許多苦；我卻欠負你一筆大債。有些時候我希望你被毀滅；但是我卻十分需要你。你做了許多違反良心和正義的事；你卻幫助我明白聖潔和公義。世界上沒有比你更假偽，更處處妥協；世界上卻也沒有甚麼能比你更純潔、更慷慨和更美麗。我常常想把我的心門關閉起來，把你拒於千里之外；卻也常常祈求上天，叫我能在你的懷抱中與世長辭。我絕對不能與你完全脫離，因為我原是你的一部分。還有，我若離開了你，我還能去投靠誰呢？

筆者不知道寫這首詩的人，是那一個教派的信徒，我知道我的教會——基督復臨安息日會——沒有做許多違反良心和正義的事，也沒有假偽妥協。我從來沒有希望教會被毀滅，或把心門關閉起來，拒教會於千里之外。但是我深深知道教會還沒有達到完全的境地，教會還有不完善之處。懷愛倫夫人蒙上帝選召，引導建立末世時代的教會，她深知她那個時代的基督復臨安息日會的缺點，說：「我要向我的兄弟和姊妹很鄭重地說：雖然基督的教會軟弱無力，又有缺欠，需要受責備，警告和勸導。教會卻是世界上獨一無二得著基督最大關懷和顧惜的對象。」（給牧師證言原文第四十九面）

我深知教會的前途十分光明，因為基督極度誠摯地愛護教會，祂在二千年前曾為教會犧牲了自己的生命。祂又應許要用道把教會洗淨，作個榮耀的教會，毫無瑕疵也絕無斑點或皺紋等等缺點的教會（見以弗所書第五章）。從懷愛倫夫人的時代，到今日廿一世紀，教會一直都「軟弱無力，又有缺欠。」教會的行政是「人」主持的行政，時常發生錯誤。所以我們作復臨信徒的人若不謹慎，我們與教會的關係便有忽上忽落或大起大跌的可能。今天有人也許狂熱地愛護教會，明天卻竟正正相反。

回想我在基督復臨安息日會七十多年的生活中，我要發出兩個問題來檢討自己與教會的關係：

1. 我在甚麼時候最甘心效忠教會，最愛護教會？
2. 我在甚麼時候最不甘心效忠教會，最不愛護教會？

這兩個問題的答案，想不到是這麼簡單：當我全神貫注在耶穌身上的時候，便是我最堅定要效忠教會，最愛護教會的時候；因為教會是耶穌的身體，耶穌是教會的頭。有一天教會要作耶穌的新婦，作祂的妻子，我又怎能不愛護教會。反之，當我全神貫注在教會領袖和教友的軟弱、缺欠，甚至證據確鑿的惡行時，很坦白和誠實地說，我怎能效忠這樣的一個教會，怎能愛護這樣的一個教會。

讀者中有許多在今日又巨大又舒適的郵船上歡度兩三週的假期，到許多城市觀光，免了天天在不同旅店下榻的麻煩。船在海上航行，遊客每天可喫五、六頓飯，還有游泳池網球場，晚上又有娛樂節目。請你們想一想，古時挪亞建造的那艘方舟，五百尺長，九十尺寬，五十尺高，沒有空調，也沒有通風設備。方舟有三層，滿了動物，女士們，妳們能想像方舟裏面是怎麼樣臭氣熏天嗎？我想比鮑魚之肆難受得多多了。想想挪亞的妻子，她在方舟裏面，不是兩三個星期，而是一年零十七日，亦即三百八十二天。試問她為甚麼願意在方舟裏面抵受這一切難堪的惡臭？為甚麼她還感覺方舟裏面可以安之若素，能置身在方舟裏面是一件十分幸福的事，更為此而感謝上帝？我想讀者應可猜對了，這是因為她時時刻刻回想到洪水開頭那四十天內，地下一切深淵的泉源都裂開，天上的水閘也全都打開時，方舟外面的暴風驟雨叫挪亞全家八口感覺方舟裏面是好得無比的托庇地方。

我深信使徒保羅寫信給以弗所城的信徒時，心中也有著相似的思想。他說以弗所城信徒的生活仍有罪的難題，但是教會外面的情況卻是糟得多多了（見以弗所書第二和第四章）。

在我本人自身的天路旅程上，我認識了一位在效忠教會和愛護教會事上叫我萬分敬佩的人，就是預言之聲創辦人利查士牧師。他曾到澳洲雪梨市佈道，我很有幸，被派為他的助理人員之一。他為上帝的教會幹過轟轟烈烈的大事；但是叫我敬佩他的，不是這些大事，而是他怎樣調整他與教會的關係。

美國教會近日經濟情況好，我所屬的區會可以撥三萬四萬元在貧困的地區舉行佈道會，可能有十位或十五位聽眾受洗加入教會。可是利查士牧師兄弟兩人在六十多年前計劃舉行佈道會，因為當時適逢不景氣，區會經濟拮据，不能給他們即使是一分錢的支助，只叫他們憑信心去做。他們努力的結果，成績很好，回來對區會會長說：「我們憑著信心去救靈，有一百位聽眾受洗歸主，赴會的群眾十分慷慨，我們付了一切費用之外，還有一大筆餘款，這張支票是送給區會，任隨區會使用。」讀者可以想像會長收到這項鉅款，明知可以應付區會許多方面的急需，理當大喜過望，連聲道謝，感謝天父的帶領和這兩位牧師的努力才是。

令人大為訝異的是，會長接過支票來，容色上完全沒有喜樂的表情，只說：「你們今後用錢更須謹慎！」兩人走出會長辦公室，弟弟忍不住哭了一場，利查士牧師也想哭，卻是欲哭無淚。若干年後這位會長辭世了，利查士牧師聽聞噩訊時，說：「這位會長是個好人，我愛他愛到今天還是愛他。」這是多麼屬靈的態度，利查士牧師的靈性修養是這麼的高。親愛的讀者，我們必須有靈性的修養，才能夠用屬靈的態度，持之以恆，忠於教會、愛護教會。在利查士牧師兄弟的心目中，認識耶穌是教會的頭，才有上述的風範。

一九三二年世運在美國洛山磯城舉行，利查士牧師計上心來，在世運場附近租了一幅空地，搭起一座巨大的帳棚，帳棚頂上樹立了一個有世運圖案佈道會的標幟，要吸引從世界各地前來的遊客。怎料在佈道會期間，區會突然決定要出賣這座帳棚，議價是一千元。利查士牧師大吃一驚，因為他那先前赴佈道會的聽眾捐出一萬元建造這所帳棚。現在正是千載一時佈道的好機會，區會竟議決要派他到另一個城市去，租用一個禮堂開佈道會。但他卻很順從地去了，因為在他的心目中，耶穌是教會的頭，他要效忠和愛護教會。

在利查士牧師畢生在教會工作的生涯裏，上述的事好像一不離二，二不離三，接踵而來，這也許是撒但試探信徒的方法。上帝感動利查士牧師使用收音機廣播傳揚耶穌的福音。他把這計劃向區會提出之後，上至區會會長下至區會辦事處的清潔工人，沒有一個不反對他的。會長對他說：「收音機廣播是新生事物（那時電視廣播還沒有問世），我從來沒有聽聞誰用它來傳播福音。還有，菸酒商人採用廣播推銷他們的毒品，可見廣播實在是撒但的工具，我們絕不能用撒但的工具去傳福音。」

請看看這位十分屬靈的信徒怎樣調整他和教會的關係。他每天晚上向赴佈道會的聽眾說：「散會後我要站在會場出口處和你們握手道別。現在是冬天，在我的大衣上有兩口衣袋，我稱這兩口衣袋為『廣播捐袋』，請把你們的金手錶、金牙齒、金耳環、金手鐲、金戒指、金錢和一切有價值的東西放在『廣播捐袋』裏。我要把這些東西變賣，資助福音廣播的工作。」聽眾果然把這兩個捐袋滿滿地多次裝滿，頭一個晚上便得了相等於今日的兩萬多元，七十多年來的預言之聲廣播就此開始了。此後的七年間，「廣播捐袋」為利查氏牧師帶來好像是用之不盡的廣播經費。預言之聲業務蒸蒸日上，成為一個世界性的龐大機構，利查士牧師卻絕沒有把他赤手空拳憑信建立的預言之聲脫離教會。在他以基督為至上的思想中，祂才是教會的頭，所以他要效忠和愛護教會。

不久前，利查士牧師在主懷安睡，我去赴他的追思禮拜。會中馬斯威博士縷述利查士牧師畢生效忠和愛護教會的事蹟時，說了一句語重深長的話：「利查士牧師愛護教會的榜樣，叫我們感覺能夠作為一個基督復臨安息日會的信徒，足以自豪，並且引以為榮。」

筆者出生在復臨信徒的家中，在教會學校受教育，畢生在教會任職，過了七十多年最幸福快樂的生活。回想起來，這七十年中有一段晦暗的日子，為時七個星期，是我與教會之間發生最不愉快關係的時間。茲從我的一篇講道摘要略述這七個星期的經過，與讀者分享：

「許多人都知道我很支持遠東分會（即今日的南北亞太分會）的工作。今天我在新加坡證道，也是應遠東分會的一個機關邀請而來。可是我告訴各位，我與基督復臨安息日會之間最不愉快的經驗，也是從遠東分會而來。

「我在澳洲讀傳道科畢業前，遠東分會所屬的一所學校問我願不願意受他們經濟資助到華盛頓本會神學院攻讀碩士課程，然後回去執教。他們的條件：不付妻子的路費，不付妻子的生活費，只付我的路費和學費。我雖然一直是一個自供自給工讀的窮學生，卻很樂意地接受這些條件，便跟遠東分會的教育部簽了一紙合約，同時著手籌劃妻子的路費，把不久以前結婚時友人送來的禮物一一出賣。我們結婚時只有一些窮苦學生的朋友，他們已經幫助我們辦理省錢的婚筵，有些人為我們炒飯，又有人為我們炸春卷，這一大批人當然不必送給我們甚麼禮物。

「最後，我把我在世界上最心愛，也是最值錢的一具二手貨打字機割愛賣掉，好不心痛！我說割愛，並不言過其實，好像割了自己身上的一塊肉那麼難受。

「船票買好了，過兩星期便要啟航了。忽然收到遠東分會來信，說：『何弟兄，我們雖然跟你簽了合約，但現在必須取消這一合約。我們很害怕在你完成碩士課程的時候，得不著新加坡移民局的入境證。』我立即打電報和寫信給遠東分會分訴，可是完全沒有回音。

「我在澳洲念書的四年間，絕對沒有想要居留澳洲，所以簽合約前六個月的時候，澳洲移民局特准一批從香港來留學的人申請居留，我和妻子沒有在限期內申請。現在我們的學生居留證期限已滿，又不能去美國，遭遞解出境，將無可避免。

「數月前為我們結婚福證的，是一位不懂華語的華人牧師，他熱切地想在澳洲第一大城雪梨市設立一個基督復臨安息日會華人教會，向華人傳道。他聽聞我的不幸遭遇時，反而大喜過望地對我說：『上帝聽了我的禱告（牢記耶穌是教會的頭，主管教會的一切事務），你在這裏向華人傳道好了。我的表弟在移民局辦事，替你申請居留權，易如反掌。

幾個星期後，我的生活和工作安定下來，遠東分會寄來一封信，說：何弟兄，我們現在再行決定要資助你到華盛頓攻讀碩士課程……。

我已經應許雪梨區會向華人傳道，當然不能轉變計劃。但是我可以很坦白和很誠實地告訴各位，感謝上帝，祂叫我心中從來沒有對遠東分會生發懷恨的意念。我在雪梨市傳道十多年間，遠東分會每年派人到雪梨市探望從遠東分會地區到澳洲求學的子弟，如江其清牧師，羅慶蘇牧師等，都是我舍下的嘉賓。耶穌是教會的頭，我們必須效忠和愛護教會。」（引述到此完結）

論到復臨信徒與教會的關係，有一位效忠和愛護教會立好模範的教友，就是基督復臨安息日會早期到中國傳揚復臨訊息的先鋒，拉路亞伯蘭先生。他大半的人生是在美國加州等地開採金礦，賺得了一大筆金錢，但不知何故，又把它失掉了。近六十歲時，他作起牧羊人來，就在這時，接受了本會真理，深信復臨訊息要傳到世界各地，便到太平洋聯合大學進修了一個學期。他要求全球總會派他到中國傳道，全球總會國外佈道委員會覺得他已是六十過外的人，年紀太大，提議他到夏威夷群島開發聖工。他和另一位書報員向夏威夷市民和岸上海軍的水手銷售福音書籍，為本會工作奠定了基礎。有不少人要求加入教會，美洲分會便派了一位牧師到夏威夷島為這班人施浸，組織本會在該島上的第一個教會。

拉路先生仍然熱切地要到中國去。他現在已向全球總會證明他能傳福音，能領人歸主，夏威夷教會的成立，是為明證。他便再一次向全球總會要求派他到中國去，聲稱他要使用在夏威夷銷售書報的方法，開發中國聖工。他們推說教會沒有錢為他印書籍，也不能支付他到中國的路費。他告訴他們不必擔憂，他可以完全自費到中國去，他只請求全球總會在名義上派他到中國去而已，他們竟然拒絕了這一個要求，誠非始料所可及。

於是拉路先生，在一八八八年乘船到達香港，在悠長的十四年間，向港內船艦的水手銷售真理書報。他印行中文單張，又請友人替他繙譯懷愛倫夫人幸福階梯中「罪人需要基督」全章，這就是本會中文出版的肇始。他又到廣州、上海、日本、婆羅洲、爪哇、錫蘭、沙勞越、新加坡、帕勒斯廳和利巴嫩等地出售真理書籍。一九〇二年全球總會派安德純牧師到香港傳道，他為拉路先生的七位慕道友施浸。拉路先生在一九〇三年病逝於香港，遺體亦安葬於香港，讀者中必有些人像我能到他安息之處憑吊和景仰這一位被全球總會（或許是出於善意）拒絕任用，到死仍效忠和愛護教會的偉人。

我在安德烈大學進修的時候，十分敬佩一位日本籍的神學教授。他的智力商數很高，著作了一本希臘文的課本，別教派的神學院也一同採用。可惜他與神學院的行政人員意見不和，神學院不聘他教課，把他調到圖書館去工作。他的學生為之大抱不平，問他說：「你多年來不能教課，這是你最心愛的工作。為甚麼你仍然堅定地效忠教會？」他回答得很簡單：「因為我愛教會！」他深知耶穌是教會的頭，上帝愛教會，我們便得愛護教會。

第四十章　復臨信徒與教會的關係（三）

基督復臨安息日會在上帝的計劃中佔有甚麼位置？

一位著書立說的牧師在本會公報（評閱宣報）發表了一篇文章；開始的一段很能發人深省，引錄如下：

「我證道的時候，向會眾發出三個問題：

（甲）你是否必須作基督復臨安息日會的教友，才可以得著救恩，才算得是上帝的兒女？會眾都搖搖頭說：不對！

（乙）天上的生命冊只登錄基督復臨安息日會教友的名字，對不對？會眾高聲回應：不對！

（丙）基督復臨安息日會以外的教會裏，有沒有上帝真正的兒女？會眾又是高聲回應：有！

「假如不作基督復臨安息日會的信徒，也可以得著救恩，名字登錄在羔羊的生命冊上，又在別的教會裏也可以作上帝真正的兒女，那麼，基督復臨安息日會還有甚麼重要性？

「當然，四五十年前，沒有人會生發上列的三個問題，因為許多本會信徒深信只有本會教友才得承受救恩成為上帝的兒女。今日我們在明白真道上顯然有了巨大的進步，但是我們應當確實要知道下列三個項目：

（甲）在上帝的計劃中，基督復臨安息日會佔有甚麼位置？

（乙）我們為甚麼要做基督復臨安息日會的教友？

（丙）為甚麼曾一度身為基督復臨安息日會教友的人，竟然脫離教會，對他們的靈性來說，絕大多數就是觸礁，就是沉沒，就是破滅？（引述至此完結）

這些都是對我們有切身關係的問題，我們必須懇求聖靈引導我們去找尋正確的答案。本文的全部內容，就是要解答上列這幾個問題。

本書的讀者，大都是基督復臨安息日會的教友，深知今日基督教派約有三百之眾，但是上帝卻在一百五十多年前，依照祂在二千年前藉著祂的僕人使徒約翰所預言的，要在末世時代興起一個教會，這個教會有兩個特色：

❶ 遵守上帝的誡命

❷ 為耶穌作見證（啟示錄十二章十七節）遵守耶穌的真道（啟示錄十四章十二節）

一．遵守上帝的誡命

在新約聖經中，「誡命」是一個專有名詞，耶穌和使徒們每次使用「誡命」一詞，都是指著十條誡命來說的。今日的各基督教派，大多遵守九條，也有遵守八條的。我很謙卑和誠懇地說：基督復臨安息日會是一個竭力遵守全十條（第四條誡命的第七日安息日）誡命的教會，就是以賽亞先知預言在大多數世人不遵守安息日的時期，（世界歷史中沒有一個安息日是絕對沒有人遵守的）必有一班上帝特選的子民出來倡導世人遵守安息日為聖。他稱他們為「修造久已荒廢之處，重建歷史悠久的根基，修補破口（十條誡命被魔鬼攻破了第四條）的人。」他引用上帝的話，說：「你若在安息日掉轉你的腳步，在我聖日不以操作為喜樂。稱安息日為可喜樂的，稱耶和華的聖日為可尊重的。而且尊敬這日，不辦自己的私事，不隨自己的私意，不說自己的私話。你就以耶和華為樂，耶和華必使你乘駕地的高處，又以你祖雅各的產業養育你，這是耶和華親口說的。」以賽亞書五十八章十二至十四節。

很可惜，在三百個基督教派中，以我的管見所及，只有四個教派是在每週的第七日（星期六）打開教堂的門歡迎教友們前來敬拜上帝，遵守安息聖日的誡命。更可惜的卻是在數年前，這四個教派中的一個，當創立人去世不久，承繼人領導信徒改守星期日，放棄守安息日這項真理。

二．為耶穌作見證，遵守耶穌的真道

我再要以極度謙卑的態度說：在餘下這三個遵守安息日的基督教派中，基督復臨安息日會盡了最大的努力，去「為耶穌作見證，和遵守耶穌的真道。」說到「為耶穌作見證」，有人為新約聖經作了一個統計，發現每三節聖經中便有一節以基督復臨為主題。所以基督復臨是新約聖經中極為重要的題目。又在過去的一百五十多年中，基督復臨安息日會時刻不停地向世人宣講耶穌為他們犧牲性命、復活、升天，今日在天上的聖所為我們工作，因信耶穌基督而得稱義和怎樣去準備好迎接祂的再來。

還有，在「遵守耶穌的真道」一事上，基督復臨安息日會更是不遺餘力和悉力以赴。耶穌在升天之前叮囑門徒最後的一句話，說：「凡我所吩咐你們的，都要教導他們遵守。」基督復臨安息日會深信這是耶穌托付我們要為祂完成的大工。耶穌藉著聖靈在聖經中吩咐信徒一些必須實行的事項，和要遵守的條例。試問在今日的基督教派中，有那一個教派肯遵守安息日；肯遵守不吃不潔淨的動物和奉獻十分之一的規例；肯相信聖經所說死人一無所知所以不應當與死人交通的教導；肯遵照耶穌的命令到世界的每一個角落宣揚永遠的福音，三天使的訊息；肯以全身入水的方式施浸？我深信讀者會回應說：這就是基督復臨安息日會（我們更深信遵守上列聖經的吩咐，這一切的行為都不能為我們賺取救恩，行為卻能證明我們是愛主的人）。

聖靈感動使徒約翰在啟示錄十二章說末代教會的第二種特色，就是「為耶穌作見證」。跟著，當約翰寫到第十九章的時候，聖靈感動他寫：「因為豫言的靈，乃是為耶穌作見證」（照原文譯）。末世時代的教會，是有先知引導的教會。基督復臨安息日會是上帝藉著懷愛倫先知引導和建立的教會。

我們現在可以逐一討論本文上述所列出的三個項目：

1 基督復臨安息日會在上帝的計劃中，佔有甚麼地位？回答：本會先賢在一八四四年已經認定在耶穌復臨之前，上帝給世人最後的訊息是啟示錄十二章十七節，十四章的三天使警告和十八章一至四節。他們也認定只有基督復臨安息日會傳揚這最後的訊息，卻同時強調自己不是上帝在世界上獨有的兒女。今日，本會仍有完全相同的認定（見基督復臨安息日會聖經評註第十二冊「教會」條）。

今日是末世時代，當百分之九十九的基督教派沒有遵守第四條誡命的時候，上帝便興起基督復臨安息日會向世人宣告要遵守安息日為聖。這個教會致力為耶穌作見證，教導人遵守耶穌的真道。

❷我們為甚麼要做基督復臨安息日會的教友？回答：因為基督復臨安息日會是上帝在末世時代的教會，信徒若明白這些現代的真理，必選擇加入上帝的陣營，幫助推進祂的聖工。

第三個項目

本文開始時所列出三個項目的第三項，說：

為甚麼有些曾一度身為基督復臨安息日會教友的人，竟然脫離教會，對他們的靈性來說，絕大多數就是觸礁，就是沉沒，就是破滅？

筆者數十年來在教會擔任牧師的工作，有最快樂的時刻，也有最憂傷的時刻。最快樂不過的時刻，就是與慕道友研究聖經，看見他們深愛耶穌，定意受洗歸信基督加入祂的教會。可惜凡做過牧師的都知道有些教友忽然一連數週不到教會來敬拜上帝，探訪他們的時候發現他們為著某些原因，要脫離教會，這是最憂傷不過的時刻。

有一次，耶穌自己也面對這樣傷心的場面。約翰福音第六章記載耶穌暢論祂是生命之糧的講道，約翰稱那些聽耶穌講道的群眾為門徒，為跟從祂的人。他們聽了，心存疑惑，竟說：「這教導太難了，誰聽得進去呢？」這群門徒中有許多退去，不再與祂同行。耶穌便問那十二個門徒說：「你們也要去麼？」這是一個十分傷心的問題，耶穌深知離開了祂，這些人的靈性就是觸礁，就是沉沒，就是破滅，也就是失去永遠的生命。

在我工作的區會，有人統計區會各教會每年離開教會不再到教堂聚會的人，高達百分之三十六，超過三分之一！太可哀了。我便翻閱我牧養的教會的記錄，在四年之間，失去了百分之一的教友，這雖然不是百分之三十六，但是百分之一也是不妥，因為這不是數字的問題，而是生命，靈命和永遠生命的損失，耶穌曾為這些人捨去祂的生命。

試想當這些人立志跟從耶穌的時候，魔鬼一定心有不甘。但魔鬼是最不容易灰心的，他好像履行英國前首相邱吉爾的名言：「永不放棄！永不放棄！」在上帝看管和控制之下（這是一個很重要的信念，魔鬼不能任意毀滅信徒）魔鬼能加害信徒，目的是叫他們失去信靠上帝的心。約伯是個好例子，他的妻子所說的話，含有這樣的意思：「你看，你的財產蕩然無存，你的十個兒女全都死了，你從腳掌到頭頂滿長毒瘡，你應該棄掉上帝，然後去死，你還是忠於上帝嗎？祂一點也沒有顧惜你保護你！」

我工作的區會研究教友離開教會的問題，發現有兩個重要的現象：

❶ 離開教會的人中，大多數同時也離開上帝，他們回到世俗裏去，過「死在罪惡過犯之中，行事為人隨從今世的風俗」的生活（見以弗所書第二章）。殊可哀痛！

❷ 離開教會的人，絕大多數是因為生活環境變遷，遭遇不如意的事，例如失業、失戀、破財、患病、車禍、火災、離婚等等。失意之餘，在窮愁潦倒的惡劣心情中，離開上帝，繼之而離開上帝的家——教會，至堪痛惜。至於為道理而離開教會的，少而又少，絕無僅有，像鳳毛麟角。

耶穌明明說信徒在世上必有苦難，但是信徒在耶穌裏面可以有平安，因為祂已經勝過了世界。我讀過一個極度感動人的真實故事，願與讀者分享：

美國早期盛行奴隸制度，這些黑人奴隸之中許多是誠心的基督信徒，熱愛上帝。反之，作主人的白種人，有許多不是基督信徒。有一位主人是無神派人士，時常跟奴隸談論宗教問題。他多次誠心實意，並非存心嘲諷發出一個問題：「我不信上帝，我卻是個富有的人，你熱愛上帝，卻一無所有。這還不止，你的人生多有憂患，我卻是萬事如意。你能告訴我這是甚麼緣故嗎？」

黑人想了好久，但每次只能很坦誠地回答：「我實在想不出甚麼答案來」。

一天，主人帶著他到野外打獵。主人看見一群野鴨，提起氣鎗瞄準打去。這種特別為打野鴨而設計的彈頭，一射出去，便分散成許多微小的珠粒，立時有幾十隻命中身亡，倒臥在地毫不動彈。同時又有幾十隻沒有被珠粒射中，便一哄而散，向天空飛走。又有十多隻雖被射中，尚不至於致命，雖然不能高飛，卻能帶著輕傷拼命逃走。黑人便動手把一隻一隻已死的鴨子撿拾起來，放進袋裏。主人見狀，吩咐他不要理會那堆已死鴨隻，首要追捕那些正在逃走的鴨子。黑人果然把那十多隻拔足逃跑的鴨子抓住放在袋裏，然後才把死鴨一一都撿起來，滿載回家。

黑人在返家路上回想這次打獵的經過，忽然有所頓悟，對主人說：「想不到今天打野鴨的經驗，給我帶來了靈感，尋出答案，可以回答你多次向我所發的問題。我擬想你就是那些立時被殺死的鴨子，魔鬼不追捕你，不加害於你，因為你已經是他的囊中之物。我卻不是他的囊中之物，我要逃脫他的掌握，所以他不停地加害於我。」主人聽了，默不作聲，認為言之有理。我要在這裏再說一次：魔鬼沒有權力任意毀滅信徒，他的行動是在上帝的看管和控制之下的。

上文曾經引述耶穌傷痛地向那班仍然留在祂跟前的十二門徒發問，說：「你們也要離開我嗎？」

彼得回答說：「主阿，祢有永生之道，我們還歸從誰呢？」新約聖經記載彼得作出極有先見之明的回答，這是第二次。彼得目光遠大，他發現除了耶穌之外，絕對沒有誰擁有永生之道。（第一次是在馬太福音第十六章）

親愛的讀者，你起初加入本會的時候，深信本會是上帝在末世時代興起的教會，這是千真萬確的。我要很誠懇地對你說，不要讓生活中的不如意事叫你離開耶穌和祂的教會。耶穌說：「惟有忍耐到底的，必然得救。」請你把這句滿帶應許和鼓勵的話，作為你人生的座右銘，阿們。

第四十一章　復臨信徒與教會的關係（四）

我為甚麼要繼續作基督復臨安息日會的教友？

我是本會出版公報、時兆、牧聲和評閱宣報的忠實讀者，閱讀這些刊物對牧師的工作大有助益；也許我們可以稱之為官方刊物。此外，我也訂閱幾份（英文，沒有中文）不是本會出版的刊物，它們也是討論本會工作的刊物。假如我們稱本會出版的刊物為「路透社」，那些不是本會出版的刊物便是「路邊社」了（這是廣東省人的幽默，筆者是廣東省人）。不久前，「路邊社」刊物登載一連串的兩種文稿。一種是以「我為甚麼要脫離基督復臨安息日會」為題，而第二種則以「我為甚麼要繼續作基督復臨安息日會的教友」為題，兩種文稿的作者，都是受過高等教育，智力商數殊不為低的人。

我首先要略述「我為甚麼要脫離基督復臨安息日會」幾位作者的理論。一位女作者是醫學和法律顧問，曾與丈夫到非州作本會的國外佈道士八年，回國後在本會一間醫院服務二十年，到退休後思想改變，懷疑上帝要救世人，為甚麼賜給世人談論救贖的聖經，是一本極其難明白的書？從此她便失去對上帝的信心，又怎能叫她不脫離上帝的教會呢。可惜而又可哀！

另一位作者說大多數他所認識的教友，在安息日早上到教堂聚會，回家吃午飯，是一週當中最豐美的飯餐。午飯後，人人呼呼入睡。他想要問：這是遵守安息日為聖日嗎？又有一位作者看見教會中有些牧師和神學教授宣傳錯誤的道理而被開除，為之大抱不平便脫離教會。我在前文曾說及「為著不同意本會道理而脫離教會的，少而又少，極為罕見」的話。我仔細閱讀一篇反對本會道理的文章，發現作者對該項道理大有誤解之處，為了誤解某項道理而棄掉多項寶貴真理，是最可惜不過的決定。

我為甚麼要繼續作基督復臨安息日會的教友？

談到第二種文稿，以「我為甚麼要繼續作基督復臨安息日會的教友」為題，給我自己帶來莫大的福氣。我手上的第二種文稿，有從「路邊社」而來，也有從「路透社」而來。為著篇幅所限，我以最謙卑和誠懇的態度，把繼續作本會教友的理由簡列出來：

❶ 基督復臨安息日會是上帝預告在末世時代要興起「遵守祂誡命，為耶穌作見證，有耶穌真道」的教會。

❷ 基督復臨安息日會對上帝的真理永遠保持樂意和熱切接受的態度。本會不以為已經得著了全部的真理，因為獨有上帝始能有全部的真理。雖然我們沒有完全明白聖經的啟示，本會卻已把整本聖經尊為最高的權威。

❸ 基督復臨安息日會滿有使命感，要到普天之下使萬民作耶穌的門徒，給信徒為人群造福無限止的機會。

❹ 一位年逾六旬，身任本會泛歐洲分會幹事的心聲：本會早期曾過度重視遵守上帝的誡命，把信徒的行為視為得救的基礎。感謝上帝的帶領，本會在追求真理的路上，已經有了進步，今日我們大力倡導「你們得救是本乎恩」的真理，愈來愈接近凡事以基督為中心的目標。

5 基督復臨安息日會有最合聖訓的健康和衛生原則的生活方式。每週休息一天，不單止消除六日工作的疲勞，最重要的，信徒能有時間與上帝和家人交往，保持精神上的健全。在肉體上，本會所提倡的衛生原則叫我們不受菸酒和毒品的傷害。根據最近的研究報告，基督復臨安息日會教友的平均壽命，比非教友長八至九年。疾病也少得多多，教友患癌症、腫瘤和心臟病的，比非教友少一半（環境污染是致病原因之一）。

6 一切在基督復臨安息日會教友家庭出生和長大的成員——我是其中的一個——在這個教會裏面得著基督的恩惠，從而接受祂為救主，這真是十分十分寶貴的經驗。我們也幸而沒有受菸酒或毒品的傷害，真叫我們感謝上帝不盡。繼續作本會教友乃是感恩圖報最好的途徑。

7 儘管今天的基督復臨安息日會有不完善之處——本會實在有不完全之處——我們仍舊要繼續作教友，因為這是上帝親手設立的末世教會。

安得烈大學有一位神學教授，生長在韓國一個極度保守的本會家庭裏。他青年時對本會存著如下的觀念：基督復臨安息日會，一切都是好的，一切都是完全的。還有，一切不是本會的，都是不好的。後來，他知道本會教友鬧離婚的人愈來愈多，他那不合實情的美夢，於焉醒悟，大可以叫他產生脫離教會的心。但他說：「若有人問我為甚麼要繼續作基督復臨安息日會的教友，他應當問我為甚麼要繼續作我妻子的丈夫。我不離開她不是因為她是世界上最美麗的女子，卻是因為在全世界上，我最愛的就是她，我也知道我再也找不著比她更可愛的人。」這便引入下一個最重要的理由——彼得的理由。

8 彼得的理由：當耶穌看見大群一直跟從祂的門徒逐一離開退去，不再與祂同行的時候，心裏無限傷痛，便向仍在祂身旁的十二門徒說：「你們也要離開嗎？」仔細想想耶穌這個問題，祂乃是說：你們也要離開「我」嗎？引致彼得回答的頭一個字，「祢」，「祢有永生之道，我們還跟從誰呢？」

所羅門王提到：上帝把追求永生的意念放在我們的心裏。秦始皇尋找長生不老之藥，是人性自然的追求。我們追求永生的盼望，永生的福樂，永生的話語（永生之道原文是永生的話語），這原是上帝放在我們心裏的意念。

本書的讀者，大都是基督復臨安息日會的教友，我們相信上帝親自引導和建立這個教會，使之在末世時代向萬民傳揚「永遠的福音」和全部永生的話語。耶穌說：祂是教會的頭，教會是祂的身體。所以我們作肢體的離開教會，就是人離開耶穌。彼得說我們若離開耶穌便是絕路，便是走投無路，是最不幸最悲慘不過的。

教會一直在危機中增長

研究基督復臨安息日會歷史的人，大都知道多次有人起而反對教會，但是教會卻沒有倒塌下來，因為上帝設立的教會絕不會傾倒。一八五〇年代，本會還沒有正式成立，只是一群復臨信徒在許多位牧師引導之下，四出傳揚耶穌復臨的喜訊。在他們中間突然有人宣傳異端，牧師中的三分之一接受異端，把許多信徒迷惑了。其餘三分之二的牧師見狀，便筋疲力竭地去駁斥這些錯誤的道理。當時懷愛倫夫人見到一個異象，她告訴這些牧師說：「你們不要花時間去駁斥異端，卻要傳揚現代的真理，傳異端的運動不久便會消散，屆時忠於復臨運動的人便要增加一倍。」兩年後，異端運動果然銷聲匿跡，信徒人數從一千增至二千。

一八六三年基督復臨安息日會正式成立，當時只有七個區會。有一個區會中的兩個領袖帶領他們的區會退出本會的組織。可是本會工作仍然繼續增長不已，因為這是上帝的教會。一八八七年，本會一位最有名望的佈道家，又是教會領袖，名叫簡立德牧師，他與教會領袖鬧意見，竟因此拒絕相信基督復臨，倡言不須遵守上帝的十條誡命。這位聲望極高的領袖起來用全力攻擊教會，歷三十二年之久，想來教會將必受到致命的傷害。怎知在這三十二年期間（他死於一九一九年），本會教友人數從二萬五千增至十七萬五千。

在本會歷史中教會遭受的損失，大概沒有能比紀路格事件更為慘重了。紀醫師也許是本會歷史中天才最橫溢智力商數最高的人物。懷雅各牧師夫婦資助他學醫。他依照懷師母的引導建立了當日本會最現代化的衛生療養院，他更興建本會第一所醫學院，訓練年輕的醫師到全球各地任醫藥佈道士。他設立第一所護士學校，又撰作了五十多本醫學和科學的巨著，到處講學。其後，他遊歷倫敦、巴黎、柏林和維也納等名城，在當代世界最有名的外科手術醫師門下進修。回到本會醫院工作，他成了美國、歐洲和世界有名的外科醫師，更盡力推廣懷愛倫夫人倡導的飲食改良，自然治療和細心照顧病人等原則。這一來，他所主持的醫院名聞全球，病人從世界各地前來求治，王孫公子，貧苦大眾，他都一視同仁。他更在美國各地和歐洲設立醫院和診療所。

紀醫師不單是天才橫溢，他更是一位精力充沛的領袖。他時常讚賞懷愛倫夫人的健康衛生原則，他依照這些原則創製了今日歐美人民早餐愛喫的玉蜀黍片，和多種代替肉類的素食品，為本會設立了食品製造的企業。他又發明許多種電療的器械，時至今日，全球各地的公立私立醫院，仍有使用這些器械的。他的證道十分感人，他又是一個慈祥的人，雖然自己沒有兒女，卻和妻子收養了四十多個無家可歸的男女孩童，教養他們成才，造福社群。

我本人有幸，能以在懷愛倫夫人的一個孫子主講預言之靈的班上進修。他說紀路格醫師當時名氣盛大，叫他漸起驕傲之心。英語有一句話說：「火車與潮漲潮退，是絕不等候任何人的。」紀醫師想要知道他的名氣是多麼大，叫他的書記通知當地火車站站長，說紀醫師要乘坐某班火車。他卻故意遲到，以覘究竟，當他來到月台的時候，站長果然在那裏恭候，不許火車按時開動。

他漸漸顯出恃才傲物，倚勢凌人的態度。至終，他睥睨一切，目中無人，便開始不滿當時全球總會會長但以理牧師和幹事施拜首牧師的領導。他說：「這兩位領袖一日在職，基督復臨安息日會絕對沒有光明前途之可言。」他說這話的時候，本會只有八萬教友，到施拜首牧師在一九五二年退休的時候，教友人數增長至八十萬之眾。上帝的教會是不會傾倒的，阿們。

懷愛倫夫人親自像母親那樣勸導他，亦全無功效。他使用不正當的手段，把醫院、食品公司和本會在墨西哥的醫療所據為己有，脫離教會，又在法庭控告教會和教會的領袖。寫到這裏，我禁不住淚盈於睫，這樣一位大有才華，在當時能以把基督復臨安息日會的醫藥工作置之於全世界的領導地位的舵手，畢竟離開教會，可堪浩嘆！

讀者也許記得在一九七〇，一九八〇年代，有好些神學家倡導異端，但是在這二十多年中，本會人數從二百萬增至一千萬，上帝的教會在祂引導之下，勇往直前。

教會對你的心意

我在教會公報和別的刊物閱讀了幾篇文章，作者們是一度曾離開基督復臨安息日會，多年在守星期日的教會做禮拜的人，重新回到本會的懷抱中。他們都感覺認識了安息日的真理和別的真理，在守星期日的教會聚會，總不能享有心安理得的快樂，總覺得不遵行上帝的命令，心中有愧，沒有平安。其中一位作者追想他離開教會的原因，是因為全神注目教友的錯失。怎知他在守星期日的教會裏，也看見會內教友有相同或相似的差錯。現在他回到基督復臨安息日會來，決意要單一注目在耶穌身上，再不注目於教友的錯行。他更知道自己也並不是全無缺點的人，他要盡力以愛心去幫助那些有錯行的弟兄和姊妹。

另一位作者追想她生長在本會信徒家中，在本會學校讀書多年，曾受洗加入教會，其後與一位非信徒結婚。數十年內，她只有幾次到本會會堂聚會。當他丈夫退休後，他們回到她長大的地區居住，到她童年時代的教會聚會。她十分幸運（可惜許多人沒有她這麼幸運），這教堂的信徒十分十分之友善，熱情地接待他們。牧師又是一位細心牧養教友的好牧人，不久，她的丈夫和兒女一同受洗加入教會，教友們為此大事慶祝。及後，她的丈夫患上不治之症，教友們給她經濟上的支持。她丈夫去世時，教友們與她一同哀哭。她便決意再受洗加入教會，把自己完全奉獻給耶穌基督。

我們身為基督復臨安息日會教友的人，應當向人人，特別是那些重新回到教會懷抱的人，顯出真誠基督徒的友善態度，讓他們充分享受在教會裏面的溫暖。

親愛的讀者，假如你曾一度離開了基督復臨安息日會，我希望你知道一件事：教會十分願望你早日回來。我們在等候你，耶穌也在等候你，希望你早日回到家裏來，阿們。

第四十二章　復臨信徒與教會的關係（五）

慈愛的上帝把我帶回教會的懷抱來

筆者在評閱宣報讀了一篇文章，覺得它是前四篇「復臨信徒與教會關係」再好不過的總結。作者是歐士本牧師，原先擔任教會牧師的工作，領導教友設立電視廣播。在四年當中，他是全區會領人受洗最多的牧師。可惜他個性過強，處處與同事和區會領袖衝突，對教會的行政吹毛求疵，結果脫離教會，自行創立廣播機構，與教會對立。這是一篇自白的文章，也可以稱之為懺悔錄，於此把它摘錄與讀者分享：

我在流動電視廣播電台（巨型貨車改裝）裏等候幾位同事來討論發展工作計劃的時候，看見桌上有一本小書，名為「餘民教會」，內容錄自懷愛倫夫人「給牧師的證言」書中的頭一章。對我來說，這不是陌生的一本書，我曾多次在證道的時候採用它的警句發揮重要的真理。

我的朋友們多次對我說：「你有妄自尊大和不可一世的氣概」，我以為他們說得對。當我拿起這本小書閱讀的時候，心裏絕對沒有感覺需要得著甚麼屬靈的幫助，不過是想打發一些時間而已。我計劃在下星期的廣播中，向聽眾宣佈基督復臨安息日會已經變成了巴比倫教會，更要呼籲這個教會的忠實信徒立即出離教會，並邀請他們來參加我所組織的獨立教會，做真真實實末世時代上帝的餘民。

怎知這不可一世的氣概很快便告消失無遺。當我讀到該小書第二十六面的時候，看見一段駭人聽聞的話：

「多年以來，我一直在說，若有人起來自稱有大亮光，卻企圖摧毀上帝藉人手建立的教會，這種人是受了大欺騙，他們所做的不是基督的工作。凡宣稱基督復臨安息日會是巴比倫或是屬於巴比倫的，最好留在家中，不要出來擾亂教會。」

這話叫我開始感覺徬徨，我再讀下去，第三十一面說：

「甚麼時候在教會內或在教會外若有人宣稱上帝的子民是巴比倫，大聲呼喊呼召信徒從教會出來，你們便應當知道這絕不是真理的訊息。不要接待這些人，也不要致祝他們順利，因為上帝沒有使用他們，上帝也沒有給他們甚麼訊息。」

這一句一句的話，好像是為我而寫。這些話叫我失去了安寧，驅策我去檢討我整個人生的動向。下午我的妻子來接我回家，我告訴她這兩片段的話，她問我說：「我們要怎樣辦？」我沒有回答她，因為我自己也沒有答案。

十七年前，我脫離了基督復臨安息日會，出來創設「預言應驗」廣播電台，白手興家，堪稱偉舉，現在已是一所擁有一千萬美元資產的機構。每月聽眾寄來支持廣播工作的款項，達二十五萬元，是一筆十分可觀的收入。我又建立了一所教會，有七百位教友，這教會轄下開辦了一間頗有規模的中學。我斥資五百萬元購買一所短波廣播電台，又在自建的辦公室大廈開設衛生食品商店和餐室。我和妻子都知道，支持我們的人大多數是出離和反對基督復臨安息日會的人。我所創辦「預言應驗」廣播電台最大的號召力，建基於大事攻擊基督復臨安息日會。假如我們頓時改弦易轍，轉而幫助教會，這些支持者便要離去，這龐大的組織便要瓦解，我們將要失去一切！

我的人生宗旨，一直是要追求真理和奉行真理，就是現在處於這個生死存亡的關頭中，我也不能放棄這一崇高的宗旨。那天夜裏，實是我人生中最長的一夜，我傷心禱告，靜心思考。我知道「餘民教會」書中的話是千真萬確的，我更知道十七年來自己在歧途上行走也是千真萬確的。更可悲的，就是懷愛倫夫人所說像我這樣的人，會帶領別人走入迷途。回想我在開始背離教會的時候，是要像以賽亞先知所說：「你要大聲喊叫，不可止息。揚聲起來好像吹角，向我百姓說明他們的過犯，向雅各家說明他們的罪惡。」怎知我容許心中的苦毒生長，竟大聲疾呼叫人出離上帝所設立傳揚末世真理的教會！

明早起來，我召集全體董事會成員聚在一起，我曾帶領這些人走入歧途。我一直以為自己是摩西、迦勒、約書亞，帶領他們前往應許之地，誰知我卻是可拉，是反叛上帝一黨的首領。這班董事會員齊集在會議廳裏，氣氛十分緊張。我們照例在每次開會時，先作一段長時間的禱告，有時每位董事都依次作禱告。

禱告完畢，我站起來，深吸一口氣，說：「各位董事，我要向你們宣佈的事，你們聽了會有甚麼樣的反應呢，我當然不能知道。假如你們要反叛我，攻擊我，不再支持我，我願意接受。你們都知道我的個性，上帝怎樣指示我，我便得遵命而行。」經過幾小時的討論，大多數的董事接納懷愛倫夫人的勸導，決定「預言應驗」廣播電台不再以攻擊全球總會為能事，更不能呼召基督復臨安息日會的信徒出離教會。我們一再合在一起懇切禱告，結束了這次扭轉大局的會議。

當我所組織那七百位教友和全美國經人造衛星收聽廣播的聽眾發現我們的立場忽然要作出一百八十度的轉變，他們大惑不解，許多人勸我要依照舊日路線而行，繼續攻擊教會領袖。當他們知道我決不會重入歧途的時候，便離開我們的組織去支持其他攻擊教會的機構。我們的收入大為減少，不得不解僱部分工作人員，取消許些廣播節目，停止擴建廣播室的工程，又把那所中學停辦，把衛生食品商店和餐室關閉。是的，四個月前我和妻子作出重入正途的決定時，知道我們會失去多年來費盡心血而得的一切。可是到了要停辦、停建、關閉和解僱員工的時候，身臨其境，真是觸目心傷。

我和妻子多次禱告到深夜，要知道上帝對我們前途的計劃。很奇怪，我們愈要在正途上行走，前景便好像愈形黯淡，我們只能抱著那獨一的希望：我們若能從起初便知道事情的結局，那麼，我們必定要選擇上帝的引導（這是懷愛倫夫人的名句）。

以上所述，是我們回歸正途開頭的一步，結尾的一步就是要與上帝的教會和好。我在電視和無線電廣播中，宣佈我要回到基督復臨安息日會的懷抱來。這宣佈一經播出，我那擁有七百會眾教會的教友，便四散離去，只剩下八十人。我們僅能盡力維持小量的福音廣播佈道工作。

我回到教會的懷抱來，請當地一個小小教會的牧師為我舉行再一次的浸禮。這教會的弟兄姊妹十分熱情接待我們，我的妻子和兒女也加入了這個教會。在過往的三年中，上帝使我知道我應當依照懷愛倫夫人的教導，去與從前跟我「有不愉快隔閡」的人恢復友好（見歷代願望第三一二面）。我便去找那些曾跟我起衝突的教會領袖會面，謀求和好。區會會長和副會長都來，我們在懇誠禱告之後，會長先說話，他說：「歐士本弟兄，自從你在我的區會工作，然後因為種種事故至終脫離教會，我們把你的名字從教會名冊上刪除，我都在場。我今日要在彼此會談之先，向你說一句話，教會在處理你的事上，亦犯了錯誤，不是完全合情合理，我為這些錯誤向你道歉，請你赦免和原諒。」

我聽了這話，有點不敢相信自己的耳朵，卻感動得滿眶眼淚。這位十多年來抨擊我的人，竟承認教會的行政有不完善之處（當然我自己更不是完全的人），我又怎樣能夠不與教會和好。此外，我也去找前時與我不和的同事面談，他們大都很樂意跟我重新和好，也為我重回教會懷抱而歡欣。

當然，反對我重歸正途的人不停地在攻擊我，這卻不能遏抑我心中的喜樂和高聲頌讚上帝。我在上帝裏面有真正的平安和喜樂。有些本會教友因為我曾稱教會為巴比倫，不理睬我。我惟有盡力克勝自己的驕傲心（有人誤以為是自尊心），要遵行上帝的旨意，尊敬和愛護祂所設立的教會。懷愛倫夫人的一句話，叫我敬服得五體投地，她說：（意譯）

在宗教和信仰的事上，世界的救贖主已經設立了祂的教會。祂絕對不會容許那些離開這教會去組織獨立團體的人去干預祂的教會（懷著保羅生平第卅一面）。

我把這句話細細咀嚼，得了很大的助益。今日在我的心中仍舊燃點著佈道的火焰，這是我最心愛的工作。我懇切祈求上帝再使用我，叫我能為祂把許多的生靈帶進祂的教會裏，藉此補償我曾一度浪費的歲月。教會還有不完全之處，她卻仍是上帝的教會。懷愛倫夫人述說耶穌所設麥子和稗子的比喻，說：

「難道上帝沒有一個活生生的教會嗎？上帝確實有一個教會，這教會現在正與罪惡爭戰，還沒有成為完全得勝罪惡的教會。教會裏面仍有不完全的教友，麥子裏面仍有稗子，我們為此而憂愁。雖然直到世界末日的時候，教會裏面仍有罪惡的存在，可是在這被罪惡污染和敗壞的末期裏，教會要作世界的亮光。不錯，教會是又衰弱，又有過失，需要受責備，受警告和勸戒。但是在全世界上獨一得著基督最大關注和照顧的，就是祂的教會。」（這又是懷愛倫夫人的金句，出自給牧師證言原文第四十五、四十九面）。

今天我細心重述往事，傷心欲絕的眼淚和喜出望外的眼淚連在一起流出來。雖然我不知道自己和家人的前途，我卻滿心快樂和感謝，因為慈愛的上帝把我帶回到教會的懷抱來。上帝愛這個教會，我也愛這個教會，阿們。

耶穌基督復臨／何漢從著．-- 3 版．-- 臺北市：
時兆，2011.08
面；　　公分
ISBN 978-986-6314-10-0（精裝）
1. 基督
242.26　　　　　　100015098

耶穌基督復臨

作　　者　何漢從

董 事 長　伍國豪
發 行 人　周英弼
出 版 者　時兆出版社
客服專線　0800-777-798
電　　話　886-2-27726420
傳　　真　886-2-27401448
地　　址　台灣台北市 105 松山區八德路 2 段 410 巷 5 弄 1 號 2 樓
網　　址　http://www.stpa.org
電　　郵　stpa@ms22.hinet.net

書店總經銷　聯合發行股份有限公司
電　　話　886-2-29178022
傳　　真　886-2-29156275
地　　址　台灣新北市新店區寶橋路 235 巷 6 弄 6 號 4 樓

文字校對　周麗娟、宋道明
美術編輯　時兆設計中心、馮聖學
法律顧問　統領法律事務所　電話：886-2-23212161

I S B N　978-986-6314-15-5
定　　價　新台幣 280 元　美金 11 元
出版日期　2011 年 08 月　3 版 1 刷

線上購買　http://store.pchome.com.tw/stpa